Second Spanish Reader

Lora Estrada

Second Spanish Reader
Bilingual for Speakers of English
Pre-Intermediate Level

LANGUAGE
PRACTICE
PUBLISHING

Second Spanish Reader
by Lora Estrada

Audio tracks www.lppbooks.com/Spanish/SecondSpanishReader_audio/En/
Homepage www.audiolego.com

Graphics: Audiolego Design
Images: Canstockphoto

2nd edition
Copyright © 2013 2018 Language Practice Publishing

This book is in copyright. Subject to statutory exception and to the provisions of relevant collective licensing agreements, no reproduction of any part may take place without the written permission of Language Practice Publishing.

Table of contents

How to control the playing speed 7

Capítulo 1 El Banco Imperial 8

Capítulo 2 Problema 12

Capítulo 3 El Detective Paul Rost 16

Capítulo 4 Ciudad Atlas 21

Capítulo 5 Un técnico de reparaciones 25

Capítulo 6 La llave de la cámara 29

Capítulo 7 El transportista 32

Capítulo 8 Un nuevo trabajo 38

Capítulo 9 Reunión personal 42

Capítulo 10 Una moche más 48

Capítulo 11 Reunión 54

Capítulo 12 Ahora o nunca 61

Capítulo 13 ¡Hola, exotismo! 67

Capítulo 14 ¿Dónde está mi dinero? 74

Capítulo 15 El juicio 80

Capítulo 16 El arma de khan 88

Capítulo 17 Billete de ida 94

Capítulo 18 Un cielo de diamantes 102

Capítulo 19 Ashur cambia de profesión 109

Capítulo 20 A un tiro de piedra del destino 115

Capítulo 21 Una sola oportunidad 122

Capítulo 22 La vida no perdona los errores 129

Capítulo 23 Crimen y castigo **138**

Capítulo 24 Patrulla de caminos **145**

Capítulo 25 El arresto **155**

Capítulo 26 No mires atrás **161**

Capítulo 27 Blanco y negro (parte 1) **168**

Capítulo 28 Blanco y negro (parte 2) **176**

Capítulo 29 Tú decides, tío **182**

Spanish-English dictionary **189**

English-Spanish dictionary **208**

Recommended books **227**

How to control the playing speed

The book is equipped with the audio tracks. The address of the home page of the book on the Internet, where audio files are available for listening and downloading, is listed at the beginning of the book on the bibliographic description page before the copyright notice.

We recommend using free **VLC media player** to control the playing speed. You can control the playing speed by decreasing or increasing the speed value on the button of the VLC media player's interface.

Android users: After installing VLC media player, click an audio track at the top of a chapter or on the home page of the book if you read a paper book. When prompted choose "Open with VLC". If you experience difficulties opening audio tracks with VLC, change default app for music player. Go to Settings→Apps, choose VLC and click "Open by default" or "Set default".

Kindle Fire users: After installing VLC media player, click an audio track at the top of a chapter or on the home page of the book if you read a paper book. Complete action using →VLC.

iOS users: After installing VLC media player, copy the link to an audio track at the top of a chapter or on the home page of the book if you read a paper book. Paste it into Downloads section of VLC media player. After the download is complete, go to All Files section and start the downloaded audio track.

Windows users: After installing VLC media player, right-click an audio track at the top of a chapter or on the home page of the book if you read a paper book. Choose "Open with→VLC media player".

MacOS users: After installing VLC media player, right-click an audio track at the top of a chapter or on the home page of the book if you read a paper book, then download it. Right-click the downloaded audio track and choose "Get info". Then in the "Open with" section choose VLC media player. You can enable "Change all" to apply this change to all audio tracks.

1

El Banco Imperial
The Imperial Bank

A

Palabras
Words

1. alto - tall
2. avenida - avenue
3. banco - bank
4. cajera - teller
5. calor - warm
6. cerca - near
7. coche - car
8. crucigrama - crossword
9. de - of
10. del detective - detective's
11. del director - manager's
12. detective - detective
13. dictáfono - dictaphone
14. director - manager
15. educado - polite
16. él - he
17. el - the
18. ella - she
19. en - in
20. es - is
21. está - is
22. esta - this
23. este - this
24. fuerte - strong
25. grande - big
26. hombre - man
27. imperial - imperial
28. interesante - interesting
29. joven - young
30. la - the
31. ligero - light
32. lunes - monday
33. mañana - morning
34. mayor - old

35. mucho - lot
36. mujer - woman
37. negra - black
38. nuevo - new
39. pistola - pistol
40. respetable - respectable
41. serio - serious
42. servicial - attentive
43. situado - located
44. soleado - sunny
45. soplando - blowing
46. también - too
47. tiene - has
48. trabajo - job
49. trabajo - work
50. un - a
51. un - an
52. una - a
53. Van Gogh - Van Gogh
54. viento - wind
55. vigilante - guard
56. y - and

B

El Banco Imperial

Es lunes. Es por la mañana. Hace calor y sol. Sopla un ligero viento.

Este es el Banco Imperial. Es grande y respetable. El Banco Imperial está situado en la Avenida de Van Gogh.

Esta es una mujer. Es joven y educada. La mujer tiene un crucigrama. El crucigrama de la mujer es interesante. La mujer está en el banco. Es cajera. Ella tiene un trabajo interesante.

Este es un hombre. El hombre también está en el banco. Es mayor y serio. Es director. Él también tiene mucho trabajo. El director tiene un coche. El coche del director está cerca del banco.

Este es el coche del director. El coche del director es negro y nuevo. Está cerca del banco.

Este es un vigilante. Es alto y fuerte. Es joven. El vigilante tiene una pistola. La pistola del vigilante es negra. El vigilante también está en el banco. Él es servicial y educado.

Este es un hombre. Es detective. El detective tiene un dictáfono. El dictáfono del detective es nuevo. El detective también está en el banco. Es serio y educado.

The Imperial Bank

It is Monday. It is morning. It is warm and sunny. A light wind is blowing.

This is the Imperial Bank. It is big and respectable. The Imperial Bank is located in Van Gogh Avenue.

This is a woman. She is young and polite. The woman has a crossword puzzle. The woman's crossword is interesting. The woman is in the bank. She is a teller. She has an interesting job.

This is a man. The man is in the bank too. He is old and serious. He is a manager. He has a lot of work too. The manager has a car. The manager's car is near the bank.

This is the manager's car. The manager's car is black and new. It is near the bank.

This is a guard. He is tall and strong. He is young. The guard has a gun. The guard's gun is black. The guard is in the bank too. He is attentive and polite.

This is a man. He is a detective. The detective has a dictaphone. The detective's dictaphone is new. The detective is in the bank too. He is serious and polite.

C

Repaso de nuevo vocabulario

1
- ¿Es hoy lunes?
- Sí, lo es.
- ¿Hace calor hoy?
- Sí, hoy hace calor y sol.

2
- ¿Es esto un libro?
- Sí, esto es un libro.
- ¿Está cerca de la lámpara?
- Sí, está cerca de la lámpara.
- ¿Y la lámpara está cerca del ordenador?
- Sí, lo está.

3
- ¿Es esto una lámpara?
- Sí, lo es.
- ¿Está encima de la mesa?
- Sí. Está encima de la mesa.
- ¿Está el ordenador también encima de la mesa?
- Sí, lo está.

4
- ¿Es esta mujer joven?
- Sí, lo es.
- ¿Es ella seria?
- Sí. Es seria y educada.

5
- ¿Es esta la pistola del vigilante?
- Sí, lo es.
- ¿Tiene el vigilante una pistola nueva?
- Sí. El vigilante tiene una nueva pistola negra.

6
- Hay un hombre respetable en el banco.
- ¿Es él joven?
- Sí, lo es. Él es joven y serio.

7
- ¿Hay un banco en la Avenida de Van Gogh?
- Sí, lo hay. Hay un banco grande en la Avenida de Van Gogh.

8
- ¿Es este el coche del director?
- Sí, lo es. El director tiene un coche nuevo.

9
- ¿Es este el ordenador de la mujer?
- Sí, lo es.

New vocabulary review

1
- *Is today Monday?*
- *Yes, it is.*
- *Is it warm today?*
- *Yes, it is warm and sunny today.*

2
- *Is it a book?*
- *Yes, this is a book.*
- *Is it near the lamp?*
- *Yes, it is near the lamp.*
- *And the lamp is near the computer?*
- *Yes, it is.*

3
- *Is it a lamp?*
- *Yes, it is.*
- *Is it on the table?*
- *Yes. It is on the table.*
- *Is the computer on the table too?*
- *Yes, it is.*

4
- *Is this woman young?*
- *Yes, she is.*
- *Is she serious?*
- *Yes. She is serious and polite.*

5
- *Is it the guard's gun?*
- *Yes, it is.*
- *Does the guard have a new gun?*
- *Yes. The guard has a new black gun.*

6
- *There is a respectable man in the bank.*
- *Is he young?*
- *Yes, he is. He is young and serious.*

7
- *Is there a bank on Van Gogh Avenue?*
- *Yes, there is. There is a big bank in Van Gogh Avenue.*

8
- *Is this the manager's car?*
- *Yes, it is. The manager has a new car.*

9
- *Is this the woman's computer?*
- *Yes, it is.*

- ¿Está el ordenador de la mujer encima de la mesa?
- Sí. Está encima de la mesa

- *Is the woman's computer on the table?*
- *Yes. It is on the table.*

2

Problema
Problem

A

Palabras
Words

1. agua - water
2. algún - any
3. allí - there
4. antes - before
5. apunta - points
6. botella - bottle
7. caja - cash register
8. calor - hot
9. cena - dinner
10. claro - sure
11. cómo - how
12. con - with
13. contesta - replies
14. cuánto - how much
15. da - gives
16. de - of
17. delincuencia - crime
18. despacho - room
19. dice - says
20. diez - ten
21. dinero - money
22. documento - document
23. dólar - dollar
24. echa - pours
25. encima de - on
26. entra - enters
27. está sentado - sits
28. están - are
29. gente - people
30. hablar - speak
31. hola - hello
32. hora - hour

33. idiota - idiot
34. impedir - prevent
35. lámpara - lamp
36. limpio - clean
37. martes - tuesday
38. mentiroso - liar
39. mesa - table
40. mil - thousand
41. mineral - mineral
42. n - in
43. nombre - name
44. nosotros - we
45. para - for
46. perder - missing
47. perdido - missing
48. personal - staff
49. piensa - thinks
50. poco - little
51. por favor - please
52. por supuesto - of course
53. pregunta - asks
54. problema - problem
55. puedo - can
56. qué - what
57. responde - answers
58. responsable - responsible
59. señala - points
60. sopla - blows
61. Sr.- Mr.
62. Srta.- Miss
63. su - his
64. supervisar - supervise
65. tiene - has
66. todo - all
67. usted - you
68. vaso - glass
69. vigilar - watch
70. yo - I

B

Problema

Problem

Es martes. Es la hora de antes de la cena. Hace calor y sol. Sopla el viento.
Este es el despacho del director del banco. El despacho es grande y limpio. Hay una mesa grande en el despacho. Hay una lámpara encima de la mesa. El director está sentado a la mesa. Tiene un problema. Un detective entra en el despacho del director.
"Hola, Sr. Vega," dice el detective.
"Hola, Sr. Rost," responde el director, "Siéntese, por favor."
"¿Cuál es su problema?" Pregunta el Sr. Rost.
"Hemos perdido algún dinero," Responde el Sr. Vega.
"¿Cuánto?" pregunta el detective.
"Diez mil dólares," responde el director.
"¿Cómo se llama la cajera?" Pregunta Paul Rost.
"La cajera se llama Lisa Pandora," contesta John Vega.
"¿De qué es responsable la señorita Pandora?" pregunta el detective.
"La Srta. Pandora es responsable del dinero y los

It is Tuesday. It is the time before dinner. It is hot and sunny. The wind is blowing.
This is the bank manager's room. The room is big and clean. There is a big table in the room. There is a lamp on the table. The manager sits at the table. He has a problem. A detective enters the manager's room.
"Hello, Mr. Vega," the detective says.
"Hello, Mr. Rost," the manager answers, "Sit down, please."
"What is your problem?" Mr. Rost asks.
"We are missing some money," Mr. Vega answers.
"How much?" the detective asks.
"Ten thousand dollars," the manager answers.
"What is the name of the teller?" Paul Rost asks.
"The teller's name is Lisa Pandora," John Vega replies.
"What is miss Pandora responsible for?" the detective asks.
"Miss Pandora is responsible for money and

documentos de la caja," responde el director.
"¿Cómo se llama el vigilante?" pregunta el Sr. Rost.
"El vigilante se llama George Titan," contesta John Vega.
"¿De qué es responsable el Sr. Titan?" pregunta el detective.
"El Sr. Titan tiene que vigilar a la gente e impedir la delincuencia," responde el director del banco.
"¿De qué es responsable usted?" pregunta el Sr. Rost.
"Yo tengo que supervisar todo el trabajo y todo el personal del banco," responde el Sr. Vega.
"¿Qué es esto?" el detective señala una botella de agua mineral que está encima de la mesa del director.
"Es una botella de agua mineral," dice el director.
"¿Puedo tomar un poco de agua?" pregunta el detective.
"Por supuesto, por favor" responde el director. Echa un poco de agua en un vaso y se la da al detective.
"Este detective es idiota," piensa el director.
"El director es un mentiroso," piensa el detective,
"¿Puedo hablar con el personal, por favor?" dice.
"Claro," contesta el director.

documents in the cash register," the manager answers.
"What is the name of the guard?" Mr. Rost asks.
"The guard's name is George Titan," John Vega replies.
"What is Mr. Titan responsible for?" the detective asks.
"Mr. Titan has to watch people and prevent crime," the manager of the bank answers.
"What are you responsible for?" Mr. Rost asks.
"I have to supervise all the work and all the staff of the bank," Mr. Vega answers.
"What is this?" the detective points to a bottle of mineral water on the manager's desk.
"This is a bottle of mineral water," the manager says.
"Can I have some water?" the detective asks.
"Of course, please" the manager answers. He pours a little water into a glass and gives it to the detective. "This detective is an idiot," the manager thinks.
"The manager is a liar," the detective thinks, "Can I speak with the staff, please?" he says.
"Sure," the manager answers.

C

Repaso de nuevo vocabulario
1
- ¿Hoy es martes o lunes, joven?
- Hoy es martes.
- ¿Ahora es la hora de antes del mediodía o de después del mediodía?
- Ahora es la hora de antes del mediodía.
- ¿Ahora está templado o hace calor?
- Ahora hace calor y sol.
2
- ¿Cómo se llama el director?
- El director se llama John Vega.
- ¿Qué debe supervisar John Vega?
- Él debe supervisar el trabajo del banco.
3
- ¿Cómo se llama el vigilante?
- Se llama George Titan.
- ¿De qué es responsable el Sr. Titan?

New vocabulary review
1
- *Is it Tuesday or Monday today, young man?*
- *Today is Tuesday.*
- *Is it the time before noon or after noon now?*
- *It is the time before noon now.*
- *Is it warm or hot now?*
- *It is hot and sunny now.*
2
- *What is the manager's name?*
- *His name is John Vega.*
- *What must John Vega supervise?*
- *He must supervise the work of the bank.*
3
- *What is the guard's name?*
- *His name is George Titan.*
- *What is Mr. Titan responsible for?*

- El Sr. Titan debe vigilar a la gente. Debe evitar la delincuencia.

4
- Tengo un problema.
- ¿Cuál es tu problema?
- Mi perrito caliente ha desaparecido.
- El director también tiene un problema.
- ¿Cuál es el problema del director?
- Su botella de agua mineral ha desaparecido.

5
- ¿Qué hay encima de la mesa de la cajera?
- Hay algún dinero y documentos encima de la mesa.
- ¿Cuántos dólares hay encima de la mesa?
- Hay mil dólares encima de la mesa.

6
- ¿Qué banco es este, joven?
- Es un banco respetable.
- ¿Está situado en la Avenida de Van Gogh?
- Sí, lo está.

7
- ¿Qué hay cerca del ordenador?
- Es un interesante crucigrama.
- ¿Qué es esa botella de encima de la mesa?
- Es agua mineral.

8
- ¿Está el dinero en la caja o en el despacho del director?
- Por supuesto, el dinero está en la caja.
- ¿Es el director un mentiroso o un idiota?
- Por supuesto que no es un idiota. Es un mentiroso.

- *Mr. Titan must watch people. He must prevent crime.*

4
- *I have a problem.*
- *What is your problem?*
- *My hotdog is gone.*
- *The manager has a problem too.*
- *What is the manager's problem?*
- *His bottle of mineral water is gone.*

5
- *What is there on the teller's table?*
- *There are some money and documents on the table.*
- *How many dollars are there on the table?*
- *There is a thousand dollars on the table.*

6
- *What bank is this, young man?*
- *It is a respectable bank.*
- *Is it located on Van Gogh Avenue?*
- *Yes, it is.*

7
- *What is this near the computer?*
- *It is an interesting crossword puzzle.*
- *What is this bottle on the table?*
- *It is mineral water.*

8
- *Is the money in the cash register or at the manager's?*
- *Of course, money is in the cash register.*
- *Is this manager a liar or an idiot?*
- *Of course, he's not an idiot. He's a liar.*

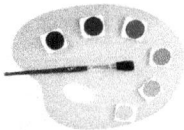

3

El Detective Paul Rost
Detective Paul Rost

A

Palabras
Words

1. abrir - open
2. años - years
3. apellidarse - last name
4. atentamente - attentively
5. cabello - hair
6. calle - street
7. cámara - vault
8. casa - house
9. casada - married
10. cerca - near
11. cierra - closes
12. cinco - five
13. cuarenta - forty
14. de - of
15. debería - should
16. delgada - slender
17. dirección - address
18. divorciada - divorced
19. educación - education
20. ellos - they
21. empleado - employee
22. entonces - then
23. fuera - out
24. gris - grey
25. guapa - beautiful
26. hacer - do

16

27. junto con - together with
28. licenciatura - bachelor's degree
29. llave - key
30. mediodía - noon
31. mi - my
32. miércoles - wednesday
33. mira - look
34. no - no
35. nombre - name
36. nombre de pila - first name
37. nublado - cloudy
38. nueve - nine
39. número - number
40. o - or
41. otro - other
42. pregunta - question
43. quién - who
44. responsabilidad - responsibility
45. rubio - fair
46. sentado - sitting
47. ser - be
48. sí - yes
49. siete - seven
50. soltera - single
51. Srta.- Miss
52. su - your
53. tarde - evening
54. tengo - have
55. tiene - has
56. treinta - thirty
57. último - last
58. veintisiete - twenty-seven

 B

El Detective Paul Rost

Es miércoles. Es mediodía. Hace calor y está nublado. No sopla viento.
El detective Paul Rost está sentado a una mesa en el despacho del director del banco. Tiene cuarenta y cinco años. Su pelo es gris. Una mujer entra en el despacho del director. Su cabello es rubio. Ella es alta y delgada. La mujer es joven y guapa.
"Hola," dice ella.
"Hola," responde Paul Rost. "Siéntese, por favor," dice el detective. La mujer se sienta.
"¿Puedo hacerle algunas preguntas?" dice el detective.
"Claro," contesta la mujer.
"¿Cuál es su nombre de pila?" pregunta el Sr. Rost.
"Mi nombre es Lisa," responde la mujer.
"¿Cómo se apellida?" pregunta el detective.
"Me apellido Pandora," dice ella.
"¿Cuántos años tiene?" dice Paul.
"Tengo treinta y siete años," dice ella.
"¿Cuál es su dirección?" pregunta el Sr. Rost.
"Mi dirección es calle Da Vinci, casa número veintisiete," responde Lisa Pandora.
"¿Qué educación tiene?" pregunta el detective.
"Tengo una licenciatura," responde Lisa.
"¿Está casada o soltera?" pregunta él.
"No estoy casada. Estoy divorciada," responde la

Detective Paul Rost

It is Wednesday. It is noon. It is hot and cloudy. The wind is not blowing.
The detective Paul Rost is sitting at a table in the bank manager's room. He is forty-five years old. His hair is gray. A woman enters the manager's room. Her hair is fair. She is tall and slender. The woman is young and beautiful.
"Hello," she says.
"Hello," Paul Rost answers. "Sit down, please," the detective says. The woman sits down.
"Can I ask you some questions?" the detective says.
"Sure," the woman answers.
"What is your first name?" Mr. Rost asks.
"My name is Lisa," the woman answers.
"What is your last name?" the detective asks.
"My last name is Pandora," she says.
"How old are you?" Paul says.
"I am thirty seven years old," she says.
"What is your address?" Mr. Rost asks.
"My address is Da Vinci street, house number twenty-seven," Lisa Pandora answers.
"What is your education?" the detective asks.
"I have a bachelor's degree," Lisa answers.
"Are you married or single?" he asks.

mujer.

"¿Cuáles son sus responsabilidades?" pregunta el Sr. Rost.

"Soy responsable de los documentos y el dinero de la caja," responde Lisa.

"¿Tiene llave de la cámara?" pregunta Paul.

"Sí, la tengo," responde la mujer.

"¿Quién abre la cámara por la mañana y la cierra por la tarde?" pregunta el detective.

"Lo hago yo junto con el director," responde la mujer.

El detective mira atentamente a la Srta. Pandora, y después al Sr. Vega.

"¿Puede el vigilante entrar en la cámara?" Pregunta el Sr. Rost.

"No, él no debería entrar," responde Lisa.

"¿Pueden entrar otros empleados?" pregunta el detective.

"No, no deberían entrar," responde la cajera.

"¿Puede sacar documentos o dinero fuera del banco?" pregunta el detective.

"No, no puedo," dice ella, y mira al director.

"¿Tiene que estar en el banco de nueve a cinco?" pregunta Paul Rost.

"Sí, tengo que estar aquí," responde Lisa Pandora.

"¿Puede dar la llave de la cámara a otros empleados?" pregunta el detective.

"No debería dársela a otros empleados" responde la mujer.

"I am not married. I am divorced," the woman answers.

"What are your responsibilities?" Mr. Rost asks.

"I am responsible for the documents and the money in the cash register," Lisa answers.

"Do you have a key for the vault?" Paul asks.

"Yes, I do," the woman answers.

"Who opens the vault in the morning and closes it in the evening?" the detective asks.

"I do it together with the manager," the woman answers. The detective looks attentively at Ms. Pandora, and then at Mr. Vega.

"Can the guard enter the vault?" Mr. Rost asks.

"No, he should not enter," Lisa answers.

"Can other employees enter it?" the detective asks.

"No, they should not enter it," the teller answers.

"Can you take documents or money out of the bank?" the detective asks.

"No, I cannot," she says and looks at the manager.

"Do you have to be at the bank from nine to five?" Paul Rost asks.

"Yes, I have to be there," Lisa Pandora answers.

"Can you give the key for the vault to other employees?" the detective asks.

"I should not give it to other employees," the woman answers.

 C

Repaso de nuevo vocabulario
New vocabulary review

1

- ¿Hoy es martes o miércoles?
- Hoy es miércoles.
- ¿Hace calor hoy?
- No. Hoy no hace calor.
- ¿Está soplando viento?
- Sí, está soplando viento.

- *Is today Tuesday or Wednesday?*
- *Today is Wednesday.*
- *Is it hot today?*
- *No, it's not. It is not hot today.*
- *Is the wind blowing?*
- *Yes, the wind is blowing.*

2

- ¿Dónde está sentado el director?
- El director está sentado en un coche.
- ¿Cuántos años tiene el director?
- El director tiene cuarenta años.
- ¿Es negro el cabello del director?
- Sí, su cabello es negro.

- *Where does the manager sit?*
- *He sits in a car.*
- *How old is the manager?*
- *The manager is forty years old.*
- *Is the manager's hair black?*
- *Yes, his hair is black.*

3

- ¿Quién está entrando en el despacho?
- Un empleado del banco está entrando en el despacho.
- ¿Quién es el empleado del banco?
- Es una cajera.
- ¿Es la cajera alta y delgada?
- Sí, lo es. Ella es alta y delgada.

4

- ¿Puedo hacerle una pregunta?
- Sí, por favor.
- ¿Es su apellido Rothschild?
- No, no lo es. Mi apellido no es Rothschild. Me llamo Bill Gates.

5

- ¿Cuántos años tiene, joven?
- Tengo treinta años.
- ¿Cuál es su dirección?
- Mi dirección es Piccadilly Street 7, Londres, Inglaterra.
- ¿Cuál es su educación?
- Tengo una licenciatura.

6

- ¿Tiene el detective una licenciatura?
- No, tiene un curso de piloto de las fuerzas armadas.
- ¿Está casado o divorciado?
- Está divorciado.
- ¿Está el director del banco también soltero?
- Sí, lo está. No está casado.
- ¿Está esta mujer casada o soltera?
- No está casada.

7

- ¿Quién es usted?
- Soy cajera.
- ¿Cuáles son sus responsabilidades?
- Soy responsable de los documentos y el dinero de la caja del banco.
- ¿Puede una cajera sacar dinero de la caja?
- No, no puede. Los empleados no pueden sacar dinero de la caja.

8

- ¿Tiene ella llave de la cámara?
- Sí, la tiene. Ella tiene llave de la cámara.
- ¿Cuándo tiene que abrir la cámara?
- Ella tiene que abrir la cámara a las 5.

3

- *Who is entering the room?*
- *A bank employee is entering the room.*
- *Who is this bank employee?*
- *She's a teller.*
- *Is the teller tall and slender?*
- *Yes, she is. She is young and beautiful.*

4

- *Can I ask you a question?*
- *Yes, please.*
- *Is your flast name Rothschild?*
- *No, it is not. My family name is not Rothschild. My name is Bill Gates.*

5

- *How old are you, young man?*
- *I'm thirty years old.*
- *What is your address?*
- *My address is 7 Piccadilly Street, London, England.*
- *What is your education?*
- *I have a bachelor's degree.*

6

- *Does the detective have a bachelor's degree?*
- *No, he has an air force pilot's degree.*
- *Is he married or divorced?*
- *He is divorced.*
- *Is the bank manager single, too?*
- *Yes, he is. He isn't married.*
- *Is this woman married or single?*
- *She isn't married.*

7

- *Who are you?*
- *I'm a teller.*
- *What are your responsibilities?*
- *I am responsible for the documents and money in the bank's cash register.*
- *Can a teller take money from the cash register?*
- *No, she cannot. The employees can't take money from the cash register.*

8

- *Does she have a key for the vault?*
- *Yes, she does. She has a key for the vault.*
- *When does she have to open the vault?*
- *She has to open the vault at 5 o'clock.*

9

- ¿Está el director mirando al vigilante?
- No, no lo está. El director está mirando atentamente al detective.
- ¿Podría él darle una llave al vigilante?
- No, él no podría.

10

- ¿Puedo hacerle una pregunta, joven?
- Sí, por favor pregunte.
- ¿Quién es esta empleada guapa y delgada?
- Esta es la directora de nuestra oficina.
- ¿Está casada?
- No, no está casada. Está divorciada.
- ¿Cómo se llama?
- Se llama Anna.
- ¿Cómo se apellida?
- Se apellida Bergman.

9

- *Is the manager looking at the guard?*
- *No, he is not. The manager is looking attentively at the detective.*
- *May he give a key to the guard?*
- *No, he may not.*

10

- *Can I ask you a question, young man?*
- *Yes, please ask.*
- *Who is this beautiful slender employee?*
- *This is the manager of our office.*
- *Is she married?*
- *No, she is not married. She's divorced.*
- *What is her name?*
- *Her name is Anna.*
- *What is her last name?*
- *Her last name is Bergman.*

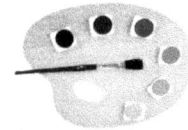

4

Ciudad Atlas
Atlas City

A

Palabras
Words

1. adiós - bye
2. aéreas - air
3. aeródromo - airfield
4. afueras - suburbs
5. ahora - now
6. algo - something
7. allí - there
8. alrededor - around
9. aquí - here
10. arriba - up
11. autobús - bus
12. baja - low
13. bien - ok
14. cafetería - café
15. caldera - boiler
16. casa - house
17. caso - case
18. centro - center
19. cercano - nearby
20. cien - hundred
21. ciudad - city
22. cocina - kitchen
23. colegio - school
24. como - as
25. cuando - when
26. cuarto de baño - bathroom
27. cultiva - grows
28. descuelga - picks up
29. despensa - pantry
30. dormitorio - bedroom

31. dos - two
32. empezando - beginning
33. empezó - began
34. escuchar - hear
35. estaba - was
36. estación - station
37. estudio - study
38. extraño - strange
39. flor - flower
40. fresco - cool
41. fuerza - strength
42. garaje - garage
43. gente - people
44. gracias - thank you
45. grande - big
46. hace - it's
47. hola - hello
48. hospital - hospital
49. iré - I'll come
50. jardín - garden
51. jueves - thursday
52. libre - spare
53. masculina - male
54. minuto - minute
55. moderno - modern
56. momento - moment
57. muchos - many
58. ocurriendo - happening
59. ópera - opera
60. pequeña - small
61. piloto - pilot
62. piso - floor
63. principal - main
64. privado - private
65. pueblo - town
66. quiere decir - means
67. recibidor - hall
68. ruidos - noises
69. se jubiló - retired
70. sensación - sensation
71. sirvió - served
72. sótano - basement
73. suena - sounds
74. teatro - theatre
75. teléfono - telephone
76. teniendo - having
77. tienda - shop
78. tren - train
79. universidad - university
80. varios - several
81. venir - come
82. ver - see
83. vive - lives
84. voz - voice

B

Ciudad Atlas

Atlas City

El detective Paul Rost vive en una casa pequeña. La casa tiene dos pisos. Hay una cocina, un cuarto de baño y un recibidor en la planta baja. Hay un dormitorio, un estudio y una habitación libre en la primera planta. En el sótano se encuentra un cuarto de calderas y una despensa. El garaje está cerca de la casa. La casa tiene un jardín grande. Paul cultiva algunas flores allí.
La casa está situada en la calle Picasso. Hay un aeródromo de las fuerzas aéreas cerca. La calle está situada en las afueras. La ciudad se llama Atlas. Alrededor de cien mil personas viven en esta ciudad. Hay cinco estaciones de autobús y dos estaciones de tren. La ciudad tiene varios

The detective Paul Rost lives in a small house. The house has two floors. There are a kitchen, a bathroom, and a hall on the ground floor. There are a bedroom, a study and a spare room on the first floor. A boiler room and a pantry are located in the basement. The garage is near the house. The house has a large garden. Paul grows some flowers there.
The house is located on Picasso street. There is an air force airfield nearby. The street is located in a suburb. The name of the city is Atlas. About a hundred thousand people live in this city. There are five bus stations and two railway stations there. The city has several schools and

colegios y universidades. Hay un hospital grande y moderno en el centro de Atlas. Hay unos cuantos bancos en la calle principal. La calle principal se llama Avenida de Van Gogh. El teatro y la ópera están situados allí. El pueblo tiene muchas tiendas y cafeterías.

Es jueves. Es por la tarde. Hace fresco. No sopla viento.
El detective Paul Rost está en casa. Sirvió en las fuerzas aéreas cuando era joven. Era piloto. El Sr. Rost se jubiló hace cinco años. Empezó a trabajar como detective privado entonces. Ahora está empezando a trabajar en este caso sobre el banco. Tiene una sensación extraña.
El detective está cenando. En este momento suena el teléfono. El detective descuelga el teléfono.
"Hola," responde Paul Rost.
"Hola. Hola Paul. Soy Bruno. ¿Cómo está?" dice una voz masculina.
"Estoy bien, gracias. ¿Cómo está usted?" responde el detective.
"Estoy bien. ¿Puede venir un minuto? Aquí está pasando algo raro," dice Bruno.
"¿Qué quiere decir?" pregunta el detective.
"Oigo ruidos extraños en la casa. ¿Puede venir ahora mismo, por favor?" pregunta Bruno.
"Sí, iré ahora mismo. Lo veo en cinco minutos," responde Paul Rost.
"Gracias. Adiós, "dice Bruno.
"Adiós, Bruno," dice el Sr. Rost.

universities. A large modern hospital is in the centre of Atlas. There are a few banks on the main street. The name of the main street is Van Gogh Avenue. The Drama Theatre and the Opera Theatre are located there. The town has many shops and cafes.

It is Thursday. It is evening. It is cool. The wind is not blowing.
The detective Paul Rost is at home. He served in the air force when he was young. He was a pilot. Mr. Rost retired five years ago. He began to work as a private detective then. Now he is beginning to work on this case about the bank. He has a strange feeling.
The detective is having his dinner. At this moment the phone rings. The detective picks up the phone.
"Hello," Paul Rost answers.
"Hello. Hi Paul. This is Bruno speaking. How are you?" a male voice says.
"I'm well, thank you. How are you?" the detective answers.
"I'm OK. Can you come over for a minute? Something strange is happening here," Bruno says.
"What do you mean?" the detective asks.
"I hear some strange noises in the house. Can you come right now, please?" Bruno asks.
"Yes, I'll come right now. See you in five minutes," Paul Rost answers.
"Thank you. Bye, " Bruno says.
"Bye, Bruno," Mr. Rost says.

C

Repaso de nuevo vocabulario
1
- Hola, Anna. Soy Alexander.
- Hola, Alexander.
- ¿Cómo estás?
- Estoy bien, gracias. ¿Y tú?
- Yo también bien, gracias.
2
- ¿Trabaja en un aeródromo de las fuerzas aéreas, joven?

New vocabulary review
1
- Hello, Anna. It's Alexander.
- Hello, Alexander.
- How are you?
- I'm okay, thanks. How are you?
- I'm okay too, thanks.
2
- Do you work at an air force airfield, young man?

- No. Trabajo en una estación de autobús.
- ¿Qué hace en la estación de autobús?
- Soy conductor de autobús.

3
- ¿Vives en una casa pequeña?
- No. Tengo una casa grande.
- ¿Está tu casa en el centro de la ciudad?
- Mi casa está a las afueras.
- ¿Tienes garaje?
- No tengo garaje. Tengo un bonito jardín. Cultivo flores allí.

4
- ¿Dónde está la calle del garaje?
- La llave está en casa, en el estudio.
- ¿Está encima de la mesa del estudio?
- Sí, lo está.

5
- ¿Dónde está situada la ópera?
- Está situada en la Avenida de Van Gogh.
- ¿Y dónde está el teatro?
- Está situado en la calle Beethoven.

6
- Necesito ir al médico. ¿Hay hospital en esta ciudad?
- Sí, lo hay. Hay un hospital moderno en la ciudad.
- ¿Dónde está situado?
- Está situado en el centro de la ciudad, cerca del teatro.

7
- ¿Qué fuiste antes de jubilarte?
- Fui piloto. Serví en las fuerzas aéreas.
- ¿Y qué era ella antes de jubilarse?
- Era cajera.

8
- ¿Puede venir en un minuto?
- Puedo llegar en diez minutos. ¿Le parece bien?
- Está bien. Nos vemos en diez minutos.
- Nos vemos. Adiós.

9
- ¿Qué está ocurriendo aquí?
- Aquí está ocurriendo algo extraño.
- ¿Qué quieres decir?
- Quiero decir que hay ruidos extraños.
- Está sonando el teléfono de la primera planta. El receptor está en el dormitorio, encima de la mesa.

- *No, I don't. I work at a bus station.*
- *What do you do at the bus station?*
- *I'm a bus driver.*

3
- *Do you live in a small house?*
- *No, I don't. I have a big house.*
- *Is your house in the city centre?*
- *My house is in the suburbs.*
- *Do you have a garage?*
- *I don't have a garage. I have a beautiful garden. I grow flowers there.*

4
- *Where is the key from the garage?*
- *The key is at home in the study.*
- *Is it in the study on the table?*
- *Yes, it is.*

5
- *Where is the Opera Theatre located?*
- *It's located on Van Gogh Avenue.*
- *And where is the Drama Theatre?*
- *It's located on Beethoven Street.*

6
- *I need to go to the doctor. Is there a hospital in this city?*
- *Yes, there is. There is a modern hospital in the city.*
- *Where is it located?*
- *It's located in the city centre near the Drama Theatre.*

7
- *What were you before you retired?*
- *I was a pilot. I served in the air force.*
- *And what was she before she retired?*
- *She was a teller.*

8
- *Can you come over in a minute?*
- *I can come in ten minutes. Is it okay?*
- *It is okay. See you in ten minutes.*
- *See you. Bye.*

9
- *What's happening here?*
- *Something strange is happening here.*
- *What do you mean?*
- *I mean that there are some strange noises.*
- *It is the telephone ringing on the first floor. The receiver is in the bedroom on the table.*

5

Un técnico de reparaciones
A repairman

A

Palabras
Words

1. a ellos - them
2. a través de - through
3. acusado - charged
4. agarrar - grab
5. alguien - someone
6. ascensor - elevator
7. así que - so
8. atascado - stuck
9. ayuda - help
10. bajo - short
11. botón - button
12. brazo - arm
13. buen - good
14. comisaría - police station
15. conducto - shaft
16. de nada - you are welcome
17. de repente - suddenly
18. del - by
19. demasiado - too
20. dentro - inside
21. después - then
22. difícil - difficult
23. donde - where
24. empezar - start
25. entender - understand
26. escaleras - stairs
27. espere - wait
28. estos - these
29. fantasma - ghost
30. fuertemente - tightly

31. giran - turn
32. golpe - knock
33. grande - large
34. gritar - shout
35. grito - shout
36. hablar - speak
37. here - aquí
38. intento - attempted
39. ir - go
40. izquierda - left
41. llama - name
42. llega - arrives
43. mal - bad
44. mandó - ordered
45. mano - hand
46. marcharse - leave
47. más tarde - later
48. médico - doctor
49. nada - nothing
50. nadie - nobody
51. otra vez - again
52. palabra - word
53. pasar - past
54. pastilla - pill
55. pero - but
56. pesado - heavy
57. policía - police
58. por - through
59. por qué - why
60. puerta - door
61. pulsa - presses
62. que - what
63. quería - wanted
64. quiero - want
65. recibir - meet
66. recto - straight
67. reparar - repair
68. respondió - answered
69. robo - robbery
70. saber - know
71. salir - get out
72. sé - know
73. se aproximan - approach
74. sonríe - smiles
75. soy - am
76. subir - climb up
77. tapa - lid
78. técnico de reparaciones - repairman
79. tira - pull
80. trabajo - job
81. ventana - window
82. ventilación - ventilation

B

Un técnico de reparaciones

A repairman

Paul Rost llega a la casa de Bruno tras cinco minutos. Bruno lo recibe en la puerta. Bruno es un hombre bajo y pesado.
"Hola. ¿Qué ruidos son, Bruno?" pregunta el detective.
"Alguien está hablando en la casa, pero ahora no hay nadie allí," responde Bruno.
"¿Es un fantasma?" dice Paul, y sonríe.
"No es un fantasma, sino un hombre. Estoy seguro," responde Bruno. Entran en la casa.
"¿Dónde es?" pregunta el detective.
"Venga aquí, a la derecha," dice Bruno. Atraviesan un gran recibidor que lleva a las escaleras. Empiezan a subir. De repente se oyen unos fuertes golpes y una voz. La voz grita

Paul Rost arrives to Bruno's house after five minutes. Bruno meets him at the door. Bruno is a short, heavy man.
"Hi. What are the noises, Bruno?" the detective asks.
"Someone is talking in the house, but there is nobody there now," Bruno answers.
"Is it a ghost?" Paul says and smiles.
"It is not a ghost, but a man. I'm sure," Bruno answers. They come into the house.
"Where is it?" the detective asks.
"Come here, to the right," Bruno says. They go through a large hall to the stairs. They start to climb up. Suddenly they hear heavy knocks and a voice. The voice shouts out some words, but it is

algunas palabras, pero es difícil entenderlas. No pueden comprender de dónde procede la voz. Así que siguen recto, pasan una ventana grande y llegan a una pequeña puerta. Es un ascensor. Bruno pulsa un botón que hay al lado de la puerta. La puerta se abre y entran en el ascensor. El ascensor los lleva a la primera planta. Oyen los ruidos y los gritos otra vez. Cuando salen del ascensor, comprenden de dónde viene la voz. Giran a la izquierda y se aproximan a un conducto de ventilación. Abren la tapa del conducto y ven a un hombre dentro.
"Estoy atascado. Ayúdenme a salir de aquí, por favor," pide. Ellos tiran de sus manos y sale.
"Gracias. Ahora tengo que ir al médico," dice, y quiere marcharse.
"Espere un minuto," dice el detective, y lo agarra fuertemente del brazo, "¿Por qué entró en el conducto de ventilación?" le pregunta al hombre.
"Entré para reparar la ventilación. Soy técnico de reparaciones," respondió.
"¿Quién le mandó hacerlo? Esta es mi casa pero no sé nada de eso," dice Bruno.
"Venga conmigo a la comisaría de policía," dice el detective.
"Pero soy técnico de reparaciones. Me encuentro mal. Quiero tomar una pastilla," dice el hombre.
"Hay una buena pastilla en la comisaría de policía. Le ayudará," dice Paul, y lleva al hombre a la comisaría de policía.
Más tarde llama a Bruno y le dice: "Ese hombre ha sido acusado de intento de robo. Quería entrar en la casa a través del conducto de ventilación, pero está demasiado gordo, así que se quedó atascado."
"Gracias por la ayuda, Paul," dice Bruno.
"De nada. Es mi trabajo, Bruno," responde el detective.

difficult to understand these words. They cannot understand where the voice is coming from. So they go straight ahead, past a large window to a little door. This is an elevator. Bruno presses a button near the door. The door opens and they enter the elevator. The elevator takes them up to the first floor. They hear the knocks and screams again. When they get out of the elevator, they understand where the voice comes from. They turn left and approach a ventilation shaft. They open the lid of the shaft and see a man inside.
"I'm stuck. Help me get out of here, please," he asks. They pull him by the hands, and he gets out.
"Thank you. I have to go to the doctor now," he says and wants to leave.
"Wait a minute," says the detective and grabs him tightly by the arm, "Why did you get into the ventilation shaft?" he asks the man.
"I got in there to repair the ventilation. I am a repairman," the man answered.
"Who ordered this work? This is my house but I know nothing about it," Bruno says.
"You are coming with me to the police station," the detective says.
"But I am a repairman. I am feeling sick. I want to take a pill, " the man says.
"There is a good pill at the police station. It will help you," Paul says and takes the man to the police station.
He calls Bruno later and says: "That man has been charged with attempted robbery He wanted to get into the house through the ventilation shaft. But he is too fat, so he got stuck."
"Thank you for the help, Paul," Bruno says.
"You are welcome. It is my job, Bruno," the detective answers.

C

Repaso de nuevo vocabulario

1

- ¿Qué pasa?
- Alguien ha robado a esta mujer.
- ¿Quién la ha robado?

New vocabulary review

1

- *What is going on?*
- *Someone has robbed this woman.*
- *Who robbed her?*

- Unas personas. Dígame, por favor, ¿dónde está la comisaría de policía?
- Vaya a la izquierda. Hay un ascensor cerca de las escaleras. Salga en el segundo piso.

2
- ¿Qué es esta puerta?
- Ahí no hay nada. Es un conducto de ventilación.
- Ayúdame a abrir esta puerta.
- ¿Por qué quieres abrir esta puerta?
- Hay ladrones ahí.
- ¿Estás seguro?
- Sí, estoy seguro.
- Espera. La policía ya está de camino.

3
- Joven, entre en el recibidor y espere, por favor.
- Gracias. Tiene una bonita casa.
- Sí, pero es demasiado grande.
- ¿Es nueva su casa?
- No, no es nueva. Por eso tengo que reparar las ventanas y las escaleras.

4
- ¿Quién fue acusado de intento de robo?
- Nadie fue acusado.
- ¿Estás seguro?
- Sí, lo estoy. La policía está funcionando mal otra vez.

- Some people. Tell me, please, where is the police station?
- Go left. There is an elevator near the stairs. Get out on the second floor.

2
- What is this door?
- There is nothing there. This is a ventilation shaft.
- Help me open this door.
- Why do you want to open this door?
- There are robbers there.
- Are you sure?
- Yes, I'm sure.
- Wait. The police is already on its way here.

3
- Young man, go into the hall and wait, please.
- Thank you. You have a beautiful house.
- Yes, but it's too big.
- Is your house new?
- No, it's not new. That's why I have repair the windows and the stairs.

4
- Who was charged with the robbery attempt?
- Nobody was charged.
- Are you sure?
- Yes, I am. The police is working badly again.

6

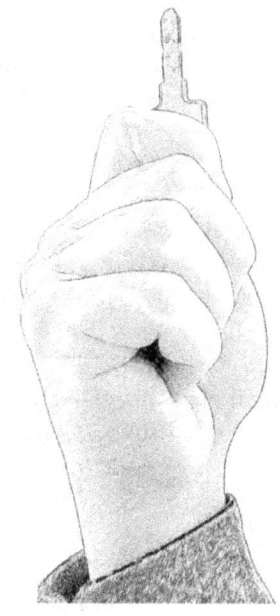

La llave de la cámara
The vault key

A

Palabras
Words

1. algo - anything
2. alrededor - about
3. bien - ok
4. cogí - took
5. confiar - trust
6. cuatro - four
7. culpa - fault
8. de pie - standing
9. de veras - really
10. depósito - repository
11. día - day
12. echar - fire
13. iba - were going
14. lloviendo - raining
15. más - more
16. media - half
17. mes - month
18. necesitar - need
19. niebla - foggy
20. ocurrió - happened
21. ocurrir - happen
22. perdí - lost
23. responder - answers
24. saluda - greets
25. si - if
26. sorpresa - surprise
27. todos - all
28. traer - bring
29. viernes - Friday

B

La llave de la cámara

Es viernes. Es por la mañana. Hace fresco y hay niebla. No sopla viento. Está lloviendo.
Paul Rost llega al Banco Imperial para hacer algunas preguntas al vigilante George Titan. Entra. El vigilante George Titan está de pie junto a la puerta.
"Hola," dice el detective.
"Hola," responde el vigilante.
"¿Puedo hacerle algunas preguntas?" pregunta el detective.
"Claro," responde el vigilante.
El director del banco John Vega se acerca a ellos y saluda al detective.
"Pueden pasar a mi despacho," dice. Entran en el despacho del director y se sientan.
"¿Confía en todos los empleados del banco?" pregunta el detective.
"Sí, confío en todos los empleados del banco," responde el vigilante. Mira al detective, después a John Vega.
"¿Puedo pedirle que salga del despacho?" dice Paul Rost a John Vega.
"Claro. Llámeme si me necesita," el director sonríe y sale del despacho. El detective mira a George Titan.
"¿Confía en el director del banco?" pregunta.
"Sí, confío. Confío en el director del banco," dice George.
"¿De veras? ¿Por eso quiso echarle hace un mes?" pregunta Paul Rost.
"Fue culpa mía. Perdí la llave de la cámara," responde el vigilante.
"¿Cómo ocurrió?" pregunta el detective.
"Ocurrió hace alrededor de un mes. Tengo que llevarme la llave de la cámara del despacho del director del banco todos los días a las cuatro y media. Después tengo que traerla al depósito de llaves. Cogí la llave del director aquel día, pero no la traje al depósito," dice el vigilante, "La perdí."
"¿Perdió la llave cuando iba del despacho del director hacia el depósito?" pregunta el detective

The vault key

It's Friday. It's morning. It's cool and foggy. The wind is not blowing. It's raining.
Paul Rost arrives to the Imperial Bank to ask the guard George Titan some questions. He comes in. The guard George Titan is standing at the door.
"Hello," the detective says.
"Hello," the guard replies.
"Can I ask you a few questions?" the detective asks.
"Sure," the guard replies.
The bank manager John Vega comes up to them and greets the detective.
"You can come into my room," he says. They go into the manager's room and sit down.
"Do you trust all the bank's employees?" the detective asks.
"Yes, I trust all the bank's employees," the guard answers. He looks at the detective, then at John Vega.
"Can I ask you to go out of the room?" Paul Rost says to John Vega.
"Sure. Call me if you need me," the manager smiles and leaves the room. The detective looks at George Titan.
"Do you trust the manager?" he asks.
"Yes, I do. I trust the bank manager," George says.
"Really? Is that why he wanted to fire you a month ago?" Paul Rost asks.
"It was my fault. I lost the vault key," the guard answers.
"How did it happen?" the detective asks.
"It happened about a month ago. I have to take the vault key from the bank manager every day at half past four. Then I have to bring it into the key repository. I took the key from the manager that day, but didn't bring it to the repository," the guard says, "I lost it."
"You lost the key, when you were going from the manager's to the repository?" the detective asks in surprise.
"Yes, I did," George Titan says and looks at his

con sorpresa.
"Sí, eso es," dice George Titan y se mira las manos, y después al detective.
"¿Quiere decir algo más?" pregunta el detective.
"No, no quiero. Nada más," responde el vigilante.
"Bien. Gracias por responder a mis preguntas," dice el detective Rost.

hands, then at the detective.
"Do you want to say anything else?" the detective asks.
"No, I don't. Nothing else," the guard answers.
"Okay. Thank you for answering my questions," detective Rost says.

C

Repaso de nuevo vocabulario
1
- ¿Hoy es viernes o jueves?
- Hoy es viernes.
- ¿Hace calor o fresco hoy?
- Hoy hace fresco y hay niebla.
- ¿Es fuerte el viento?
- No hace viento, pero llueve mucho.

2
- ¿Confías en el médico?
- Sí, confío.
- Yo no. El médico es extraño.
- ¿Qué quieres decir?
- No sonríe.

3
- Por favor, dígale a Anna que se ponga al teléfono.
- ¿Quién es?
- Soy el médico. Debe venir al hospital hoy.
- ¿Hoy? ¿Está seguro?
- Sí, estoy seguro.

4
- Joven, ¿en qué piso está situado el banco?
- El banco está situado en el segundo piso.
- ¿Se puede subir por las escaleras?
- Sí, puede subir por las escaleras o en el ascensor.

5
- Tengo que ir al hospital todos los días.
- ¿Estás enfermo?
- No, estoy bien. Trabajo en el hospital porque soy médico.

New vocabulary review
1
- *Is today Friday or Thursday?*
- *Today is Friday.*
- *Is it hot or cool today?*
- *It is cool and foggy today.*
- *Is the wind strong?*
- *There is no wind, but it's raining heavily.*

2
- *Do you trust this doctor?*
- *Yes, I do.*
- *And I do not. This doctor is strange.*
- *What do you mean?*
- *He doesn't smile.*

3
- *Please ask Anna to take the phone.*
- *Who's asking?*
- *This is a doctor. She must come to the hospital today.*
- *Today? Are you sure?*
- *Yes, I'm sure.*

4
- *Young man, what floor is the bank located on?*
- *The bank is located on the second floor.*
- *Can you take the stairs?*
- *Yes, you can take the stairs or by the elevator.*

5
- *I have to go to the hospital every day.*
- *Do you feel sick?*
- *No, I'm well. I work there as a doctor.*

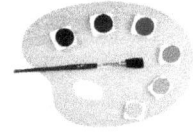

7

El transportista
The mover

A

Palabras
Words

1. alrededor - around
2. apestar - stink
3. apestoso - stinky
4. asqueroso - disgusting
5. bala - bullet
6. caer - fall down
7. cajón - drawer
8. calcetines - socks
9. callar - shut up
10. cama - bed
11. camión - truck
12. cargar - load
13. casa - house
14. cigarrillo - cigarette
15. compañero - colleague
16. correr - run
17. cosa - thing
18. cosas - things
19. dar - give
20. debajo - under
21. decir - say
22. déjame - let me
23. dólares - dollars
24. dueño - owner

25. eh - hey	55. pan - bread
26. en - in	56. pequeño - small
27. esposas - handcuffs	57. perder - lose
28. está tumbado - lays	58. periódico - newspaper
29. exactamente - exactly	59. persona - person
30. extraño - strange	60. plato - plate
31. fuera - outside	61. poner - put
32. gustar - like	62. pornográfica - pornographic
33. hermano - brother	63. probablemente - probably
34. increíble - incredible	64. propia - own
35. intentar - try	65. reir - laugh
36. ir - go	66. revista - magazine
37. ladrón - thief	67. sacan - carry out
38. lejos - far	68. saltar - jump
39. libre - free	69. sillón - armchair
40. llevar - carry	70. sitio - location
41. maloliente - smelly	71. sofá - couch
42. más - more	72. solo - alone
43. más apestoso - stinkiest	73. suelo - ground
44. mirando - looking	74. tarde - late
45. mundo - world	75. tatuaje - tattoo
46. muy - very	76. tira - throws down
47. nadie - nobody	77. todo - all
48. nerviosamente - nervously	78. transportar - move
49. nervioso - nervous	79. transportista - mover
50. ocultar - hide	80. tú - you
51. oler - smell	81. tuyas - yours
52. olisqueando - sniffing	82. veinte - twenty
53. olisquear - sniff	83. visto - seen
54. otro - other	

B

El transportista

Es viernes por la tarde. Fuera está cálido y soleado. Sopla un ligero viento.
Paul Rost está regresando a casa del banco. Un hombre extraño se acerca a él no lejos de su casa.
"Eh, hermano, ¿vives en esta calle?" pregunta el extraño.
A Paul no le gusta este hombre. Así que dice: "No, no vivo. Vivo bastante lejos de aquí."
"¿Puedes ayudarme?" pregunta el extraño.
"¿Cómo exactamente?" dice Paul.
"Soy transportista. Mi compañero está enfermo. Y

The mover

It's Friday afternoon. It is warm and sunny outside. A light wind is blowing.
Paul Rost is coming back home from the bank. A strange man comes up to him not far from his house.
"Hey, brother, do you live on this street?" the stranger asks.
Paul doesn't like this man. So he says: "No, I don't. I live far from here."
"Can you help me?" the stranger asks.
"How exactly?" Paul says.

tengo que cargar algunas cosas en el camión y transportarlas a otro sitio. Te daré veinte dólares si me ayudas a cargar las cosas en el camión," dice el extraño.
"Bueno, tengo algún tiempo libre," dice Paul. El hombre va a la casa de Paul Rost. La puerta de la casa está abierta.
"Pasa. Es aquí," dice el transportista.
Paul Rost entra en su propia casa. Intenta ocultar su sorpresa.
"El dueño no está aquí, pero sé qué es lo que quiere transportar. Vamos, coge este sillón," Dice el transportista. Cogen el sillón y lo sacan fuera.
"El dueño es un auténtico apestoso," dice el hombre.
"¿Qué?" pregunta Paul Rost.
"Este sillón apesta a cigarrillos. ¿No lo hueles?" pregunta el transportista.
"¿De veras?" el detective olisquea su sillón. "Sí, probablemente apesta," dice.
"¡Huele a cigarrillo!" dice el hombre nerviosamente. Paul mira hacia su brazo y ve allí un tatuaje: "¡No hay tiempo que perder!" Cargan el sillón en el camión y vuelven a entrar en la casa. El hombre da vueltas y mira las cosas.
"¡Aquí también apesta! Ahora esta mesa," dice. Cogen la mesa y la llevan fuera. El cajón de la mesa se abre y cae de él un poco de pan, un plato, calcetines y un periódico.
"¿Qué es eso? ¡Mira eso! Un poco de pan, calcetines, un plato y un periódico están encima de la mesa. ¡Es la persona más apestosa del mundo! ¡Es un auténtico apestoso!" grita el hombre nerviosamente. Paul tira la mesa, salta sobre el hombre y cae al suelo con él.
"¡Cállate!" grita, "¡Cállate! ¡Ladrón asqueroso!" Paul está muy nervioso, "¡Tú eres el apestoso! ¡Tú sí que eres apestoso!"
Paul Rost pone las esposas al hombre y dice: "¡Esta es mi casa! ¡Y ése es mi sillón! ¡Y esta es mi mesa y mi plato! ¡Tú, ladrón asqueroso y apestoso! ¿No hay tiempo que perder? ¿De veras?"
El hombre está tumbado en el suelo. Intenta comprender qué está pasando.
"Bueno, ¿es esta tu casa? Es increíble..." el hombre finalmente lo comprende. Mira al

"I'm a mover. My colleague is ill. And I have to load some things into the truck and move them to another location. I'll give you twenty dollars if you help me load the things into the truck," the stranger says.
"Well, I have some free time," Paul says. The man goes to Paul Rost's house. The house door is open.
"Come in. It's here," the mover says.
Paul Rost goes into his own house. He tries to hide his surprise.
"The owner is not here, but I know what he wants to move. Come on, take this armchair," the mover says. They take the armchair and carry it outside.
"The owner is a real stinker," the man says.
"What?" Paul Rost asks.
"This armchair stinks of cigarettes. Don't you smell?" the mover asks.
"Really?" the detective sniffs his armchair. "Yes it probably stinks," he says.
"It smells like a cigarette!" the man says nervously. Paul looks at his arm and sees a tattoo there: "No time to lose!" They load the armchair in the truck and go back into the house. The man walks around and looks at things.
"It stinks here too! Now this table," he says. They take the table and carry it outside. The table drawer opens and some bread, a plate, socks and a newspaper fall out of it.
"What's that? Look at this! Some bread, socks, a plate and a newspaper are in the table. He is the stinkiest person in the world! He is a real stinker!" the man shouts nervously. Paul throws down the table, jumps on the man and falls down to the ground with him.
"Shut up!" he shouts, "Shut up! Disgusting thief!" Paul is very nervous, "You're the stinker! You're a stinker yourself!"
Paul Rost puts on handcuffs on the thief and says: "This is my house! And that is my armchair! And this is my table and my plate! You disgusting stinky thief! No time to lose? Really?"
The man lays on the ground. He tries to understand what is going on.
"Well, is this your house? That's incredible.." the man understands it at last. He looks at the detective. Then he starts laughing.

detective. Después empieza a reirse.
"¿Así que tú eres el apestoso? ¿Estas cosas son tuyas?" ríe.
"¡Sí, tú eres un ladrón asqueroso y apestoso! ¿No perder el tiempo? ¡Vamos a la comisaría de policía ahora!" grita Paul nerviosamente.
"¡Les contaré todo!" grita el hombre, "Sobre tus calcetines y tu pan, y sobre el viejo sillón maloliente. Y... ¡Y sobre las revistas pornográficas de debajo de la cama!"
"¿Qué? ¡¿Qué?!" el detective apunta al hombre con una pistola, "¿De qué estás hablando?"
"Déjame ir. Soy un hombre pequeño y tengo muchos problemas. Solo déjame ir y no contaré nada a nadie," dice el hombre.
"¿Qué revistas pornográficas?" dice el detective nerviosamente.
"Si no me dejas ir, lo contaré. Contaré todo lo que he visto y... y... ¡todo lo que no he visto! Por favor, déjame ir," pide el hombre.
Paul piensa un poco. Separa la pistola. Después le saca las esposas al hombre y dice: "Si te vuelvo a ver ¡te meteré una bala!"
El hombre se levanta del suelo y sale corriendo. Paul Rost entra en la casa y se sienta en el sofá. Mira a su alrededor. Olisquea el aire. "Sí, probablemente apesta," piensa. Vive solo. ¿Por qué? No puede responder. Nadie puede responder esa pregunta.

"So you're the stinker? Are these things yours?" he laughs.
"Yes, you are a disgusting stinky thief! Don't waste the time? Go to the police station now!" Paul shouts nervously.
"I'll tell them everything!" the man shouts, "About your socks and bread, and about the smelly old armchair. And.. and about the porn magazines under the bed!"
"What? What?!" the detective points a gun at the man, "What are you talking about?"
"Let me go. I am a small man and I've got many problems. Just let me go, and I won't tell anything to anybody," the man says.
"What porn magazines?" the detective says nervously.
"If you don't let me go, I'll tell. I will tell everything that I've seen .. and .. all that I haven't! Please, let me go," the man asks.
Paul thinks a little. He puts the gun away. Then he takes the handcuffs off the man and says: "If I see you again, you'll get a bullet!"
The man gets up from the ground and runs away. Paul Rost goes into the house and sits down on the couch. He's looking around. He is sniffing the air. "Yes, it probably stinks," he thinks. He lives alone. Why? He can't answer. Nobody can answer this question.

C

Repaso de nuevo vocabulario

1
- ¿Hoy es viernes o jueves?
- Hoy es viernes.
- ¿Está cálido fuera?
- Hoy está cálido y hace sol fuera.

2
- ¿Estás enfermo?
- No, estoy bien. ¿Por qué lo preguntas?
- Hay una pastilla encima de la mesa.
- ¿Quieres esta pastilla?
- No, gracias.

3
- ¿Tienes revistas pornográficas?

New vocabulary review

1
- *Is today Friday or Thursday?*
- *Today is Friday.*
- *Is it warm outside?*
- *Today, it is warm and sunny outside.*

2
- *Are you ill?*
- *No, I'm well. Why do you ask?*
- *There is a pill on the table.*
- *Do you want this pill?*
- *No, thanks.*

3
- *Do you have porn magazines?*

- No tengo ninguna revista pornográfica. ¿Y tú?
- Yo tampoco tengo ninguna revista pornográfica. No me gustan las revistas pornográficas.
- A mí tampoco me gustan.

4
- ¿Por qué estás nervioso?
- No estoy nervioso. ¿Por qué lo preguntas?
- Pusiste calcetines en un cajón, junto al pan.

5
- ¿Tienes un hermano?
- Tengo dos hermanos y una hermana.
- ¿Vive tu hermana en esta casa?
- No, no vive. Ella vive lejos, en otra ciudad.
- ¿Y dónde viven tus hermanos?
- Mis hermanos viven conmigo.

6
- ¿Qué son esas cosas que están en el sofá?
- Son mis cosas.
- ¿Quieres que te ayude a cargar tus cosas en el coche?
- Sí, por favor.

7
- ¡Mira mi tatuaje!
- No me gusta tu tatuaje.
- Pues a mí me gusta. Es el tatuaje más bonito del mundo.

8
- El aire aquí apesta. Huélelo.
- Sí. El aire aquí es muy apestoso.
- Ahí hay un montón de coches y autobuses viejos. Así que el aire es asqueroso.
- Sí. Todo lo que está alrededor huele. Es un lugar muy apestoso.

9
- ¿Es este su periódico, joven?
- Sí, lo es. ¿Por qué lo pregunta?
- Quiero mirarlo. ¿Puedo?
- ¡Por supuesto que no! ¿Tal vez también le gustaría mirar una revista pornográfica?

10
- Sentémonos en el sofá.
- De acuerdo. Por fin podemos sentarnos.
- ¡Mira debajo de la mesa! Hay alguien acostado allí.
- Es mi compañero. Está intentando esconderse de la policía.

- I don't have any porn magazines. And you?
- I don't have any porn magazines, either. I don't like porn magazines.
- I don't like them either.

4
- Why are you nervous?
- I'm not nervous. Why do you ask?
- You put socks into a drawer together with bread.

5
- Do you have a brother?
- I have two brothers and a sister.
- Does your sister live in this house?
- No, she doesn't. She lives far away in another city.
- And where do your brothers live?
- My brothers live with me.

6
- What are these things on the couch?
- They are my things.
- Do you want me to help you load your things into the car?
- Yes, please.

7
- Look at my tattoo!
- I do not like your tattoo.
- But I like it. It's the most beautiful tattoo in the world.

8
- The air here stinks. Smell it.
- Yes. The air is very stinky here.
- There are a lot of old cars and buses here. So the air is disgusting.
- Yes. Everything around smells. It is a very stinky place.

9
- Is this your newspaper, young man?
- Yes, it is. Why do you ask?
- I want to look at it. Can I?
- Of course not! Maybe you would also like to look at a porn magazine?

10
- Let's sit on the couch.
- Okay. At last we can sit down.
- Look under the table! Somebody is lying there.
- This is my colleague. He is trying to hide from the police.
- Why? Did he commit a crime?

- ¿Por qué? ¿Cometió un crimen?
- Sí, lo ha cometido. Ha cometido un crimen.
- ¿Qué crimen cometió?
- Mi compañero robó el Banco Imperial.
- ¿Robó el banco?
- Exactamente.
- Vamos a esposarlo.
- De acuerdo.

11
- Quiero tener un puesto de cajero en el banco.
- Puede haber una vacante para cajero en el Banco Imperial.
- He estado intentando tener exactamente ese puesto todo el mes.
- El director del Banco Imperial es mi hermano. Si quieres, te dirigiré a él.
- Sí, por favor dirígeme a él.

12
- Mira. ¿Está tu compañero oliendo las flores?
- No, no lo está. Este es el dueño de la casa.
- ¿Puedes hablarme sobre el dueño de la casa? ¿Es una buena persona?
- Por supuesto, te hablaré sobre él. Es la persona más rara del mundo.
- ¿Rara?
- ¡Exactamente!
- ¿Por qué?
- Le gusta tirar platos desde el segundo piso al jardín.
- ¿De veras?
- ¡Yo mismo lo vi! Y salta en la cama todos los días.
- ¡A mí también me gusta saltar en la cama!

- Yes, he has. He committed a crime.
- What crime did he commit?
- My colleague robbed the Imperial Bank.
- He robbed the bank?
- Exactly.
- Let's handcuff him.
- Okay.

11
- I want to get a position as a teller at a bank.
- There may be a vacancy for a teller at the Imperial Bank.
- I have been trying to get exactly this position all month.
- The manager of the Imperial Bank is my brother. If you want, I'll direct you to him.
- Yes, please direct me to him.

12
- Look. Is this your colleague smelling the flowers?
- No, it's not. This is the owner of the house.
- Can you tell me about the owner of the house? Is he a good person?
- Of course, I'll tell you about him. He is the strangest person in the world.
- Strange?
- Exactly!
- Why?
- He likes to throw plates from the second floor into the garden.
- Really?
- I saw it myself! And he jumps on the bed every day.
- I like jumping on the bed too!

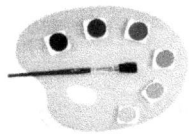

8

Un nuevo trabajo
A new job

A

Palabras
Words

1. agradecer - appreciate
2. amigo - friend
3. ayudarme - help me
4. bebe - drinks
5. bien - well
6. camisa - shirt
7. camiseta - T-shirt
8. claro - clear
9. claro - light
10. descubre - finds out
11. diciendo - saying
12. dormir - sleep
13. electricista - electrician
14. en punto - o'clock
15. escucha - listen
16. ese - that
17. está regando - is watering
18. frío - cold
19. hierba - grass
20. hijo - kid
21. insiste - insist
22. lleva - is wearing
23. más - more
24. miedo - afraid
25. mujer - wife
26. noche - night
27. ofrece - offers
28. pagar - pay
29. peligroso - dangerous
30. profesión - profession

31. querido - dear
32. sábado - Saturday
33. sencillo - simple
34. tejanos - jeans
35. tonterías - nonsense
36. trabajo - job
37. tú mismo - yourself
38. un poco - a little bit
39. vaquera - denim
40. vino - wine
41. ya - already
42. zumo - juice

B

Un nuevo trabajo

Es sábado. Son las siete de la tarde. Fuera está nublado y hace un poco de frío. Sopla un viento fuerte.
Un hombre bajo está regando la hierba al lado de la casa número 156 de la Avenida de Van Gogh. Lleva tejanos y camisa vaquera. Se llama Alexander Hephaestus. Es electricista de profesión. John Vega sale de la casa. Lleva tejanos y una camiseta. Se sienta a una mesa pequeña que hay en la hierba. Hay algunas botellas de zumo, agua y vino encima de la mesa.
"Ven a sentarte conmigo, Alexander," dice John Vega. Alexander viene y se sienta.
"Sírvete tú mismo, querido amigo," le ofrece John "Toma un poco de zumo o agua."
"Gracias, John," responde Hephaestus. Se echa un poco de agua y bebe.
"Gracias por ayudarme. De veras agradezco tu ayuda," dice el Sr. Vega.
"Eres mi amigo, así que aquí me tienes, John," responde Alexander.
"¿Cómo están tu mujer y tus hijos?" dice John Vega.
"Gracias. Están bien," responde Alexander.
"Escucha, necesito tu ayuda en el banco otra vez," dice John Vega.
"No puedo. Ya lo sabes," responde su amigo.
"Es un trabajito muy sencillo. Puedes hacerlo rápidamente y ganar mil dólares," dice el Sr. Vega.
"No quiero hacerlo. John, tengo miedo. Esto es muy peligroso," responde Alexander.
"¡No es peligroso y lo sabes! Ya has hecho trabajos como ése," insiste John.
"Sabes que no puedo. Si la policía lo descubre..." dice Alexander Hephaestus.

A new job

It's Saturday. It's seven o'clock in the evening. It is cloudy and a little bit cold outside. A strong wind is blowing.
A short man is watering the grass near house number 156 on Van Gogh Avenue. He is dressed in jeans and a denim shirt. His name is Alexander Hephaestus. He is an electrician by profession. John Vega goes out of the house. He is dressed in jeans and a t-shirt. He sits down at a small table on the grass. There are some bottles of juice, water and wine on the table.
"Come and sit with me, Alexander," John Vega says. Alexander comes and sits down.
"Help yourself, my dear friend," John offers him, "Have some juice or water."
"Thank you, John," Hephaestus answers. He pours some water for himself and drinks.
"Thank you for helping me. I really appreciate your help," Mr. Vega says.
"You're my friend, so I'm here, John," Alexander answers.
"How are your wife and kids doing?" John Vega says.
"Thank you. They're fine," Alexander answers.
"Listen, I need your help in the bank again," John Vega says.
"I can't. You know that," his friend answers.
"It's a very simple little job. You can do it quickly and get a thousand dollars," Mr. Vega says.
"I don't want to do it. John, I'm afraid. This is very dangerous," Alexander answers.
"It's not dangerous and you know it! You've already done such work," John insists.
"You know that I can't. If the police finds out..."

"¡La policía no lo sabrá! ¿Quieres más dinero? ¡Te daré dos mil! ¡Y no digas que no puedes! ¿Está claro?" grita John.
"Tengo miedo, John. ¡No puedo dormir por las noches!" dice Alexander.
"¡Tonterías! ¡Pago mucho dinero por un trabajo pequeño! ¡Y me estás diciendo que no puedes dormir por las noches! Entra el martes por la mañana. ¿Lo entiendes? Y no digas que no puedes. Eso es todo," dice el Sr. Vega.
"Pero John…" dice Alexander, pero John Vega se levanta y entra en la casa. Alexander Hephaestus se levanta y se va a casa.

Alexander Hephaestus says.
"The police won't know! Do you want more money? I'll give you two thousand! And don't say that you can't! Is that clear?" John shouts.
"I'm afraid, John. I can't sleep at night!" Alexander says.
"Nonsense! I pay a lot of money for a small job! And you are saying that you can't sleep at night! Come in Tuesday morning. Got it? And don't say that you can't. That is all," Mr. Vega says.
"But John…" Alexander says, but John Vega gets up and goes into the house. Alexander Hephaestus gets up and goes home.

C

Repaso de nuevo vocabulario

1
- ¿Hoy es sábado o viernes?
- Hoy es sábado.
- ¿Hace sol fuera?
- Está nublado y hace un poco de frío fuera.

2
- ¿Tienes miedo de los ladrones?
- ¡No tengo miedo de los ladrones!
- De acuerdo. ¡Dame tu dinero!
- No tengo dinero. Joven, ¿quiere un interesante crucigrama y cinco años de tiempo libre para resolverlo?

3
- ¿Cuál es tu profesión?
- Soy conductor. ¿Y tú?
- Soy policía. Y este hombre es un asqueroso ladrón.
- ¿Es ser asqueroso ladrón una profesión?
- Asqueroso ladrón es probablemente un diagnóstico.

4
- ¿Quieres un poquito de vino?
- ¿Por qué solo un poquito de vino? ¡Quiero mucho vino!
- ¿De veras? ¡Yo también quiero mucho vino! Pero no hay vino.
- ¿Y qué tienes?
- Hay agua mineral. ¿Quieres una poca?
- No, no quiero.

New vocabulary review

1
- *Is today Saturday or Friday?*
- *Today is Saturday.*
- *Is it sunny outside?*
- *It is cloudy and a little cold outside.*

2
- *Are you afraid of robbers?*
- *I am not afraid of robbers!*
- *Got it. Give me your money!*
- *I don't have any money. Young man, do you want an interesting crossword puzzle and five years of free time to solve it?*

3
- *What is your profession?*
- *I'm a driver. And you?*
- *I'm a policeman. And this man is a nasty thief.*
- *Is a disgusting thief a profession?*
- *A disgusting thief is probably a diagnosis.*

4
- *Do you want a little wine?*
- *Why only a little wine? I want a lot of wine!*
- *Really? I want a lot of wine too! But there is no wine.*
- *And what do you have?*
- *There is a mineral water. Do you want some?*
- *No, I don't.*
- *But I insist.*

- Insisto.
- Gracias, no quiero ninguna.

5
- ¿Por qué te vas?
- Tengo que atender algunos asuntos.
- ¿Qué asuntos?
- No es asunto tuyo.

6
- Mis tejanos son muy caros.
- ¡Eso no es nada! Yo tengo una camisa vaquera.
- ¡Eso no es nada! Yo tengo muchos niños.
- ¡Eso no es nada! ¡Yo tengo mucho dinero!
- ¿Eres millonario?
- Bueno, no. Trabajo con dinero. ¡Soy cajero!

7
- Mira, mi mujer lleva una camiseta nueva.
- ¿Solo lleva una camiseta?
- No, no solo. También lleva tejanos.

8
- ¿Quién está al lado de tu casa?
- Es la policía. Nos robaron los muebles.
- ¿Eran nuevos los muebles?
- Bueno, no. Los muebles eran viejos.
- ¿Eran muy viejos?
- Sí. La silla tenía doscientos años y la mesa trescientos.

9
- ¿Es peligroso dormir en la hierba del jardín por la noche?
- ¡Por supuesto que no!
- ¿Estás seguro?
- ¡Por supuesto! Llévate una pistola y unas esposas y puedes dormir en el jardín. Si tienes miedo de dormir en la hierba, entonces duerme en un árbol.

10
- Aquí hay un poco de agua, un poco de zumo y un poco de vino. Sírvete, por favor.
- Gracias. ¿Y tú?
- Yo también me sirvo. Bien, ¿te gusta?
- Sí, mucho. ¿Es todo tuyo?
- No, no lo es.
- ¿No? ¿Quién es el dueño?
- No lo sé. El vino es bueno, ¿verdad?

- Thanks, I don't want any.

5
- Why are you leaving?
- I have to take care of some business.
- What business?
- It is not your business.

6
- My jeans are very expensive.
- That's nothing! And I have a denim shirt.
- That's nothing! And I have a lot of children.
- That's nothing! And I have a lot of money!
- Are you a millionaire?
- Well, no. I work with money. I'm a teller!

7
- Look, my wife is wearing a new t-shirt.
- Is she wearing only a t-shirt?
- No, she's not. She is wearing jeans, too.

8
- Who is standing near your house?
- This is the police. Our furniture was stolen.
- Was the furniture new?
- Well, no. The furniture was old.
- Was it very old?
- Yes. The chair was two hundred, and the bed was three hundred years old.

9
- Is it dangerous to sleep on the grass in the garden at night?
- Of course not!
- Are you sure?
- Of course! Take a gun and some handcuffs with you, and you can sleep in the garden. If you are afraid to sleep on the grass, then sleep in a tree.

10
- Here is some water, some juice and some wine. Help yourself, please.
- Thanks. And you?
- I help myself too. Well, do you like it?
- Yes, very much. Is it all yours?
- No, it is not.
- Not? Who is its owner?
- I don't know. The wine is good, isn't it?

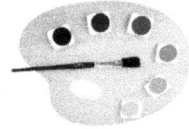

9

Reunión personal
Personal meeting

A

Palabras
Words

1. abrir - open
2. acera - sidewalk
3. amigo - friend
4. añade - adds
5. atentamente - attentively
6. basura - rubbish
7. bolsillo - pocket
8. caro - expensive
9. cerradura - lock
10. chica - girl
11. compartimento - compartment
12. comprar - buy
13. convencido - convinced
14. de todas formas - anyway
15. demandar - demand
16. desear - wish
17. detenerse - stop
18. devolver - return
19. domingo - Sunday
20. encantar - love
21. encontré - found
22. gustaría - would like
23. importante - important
24. indignación - indignation

25. información - information
26. inspeccionar - inspect
27. invitar - invite
28. ladrón - thief
29. largo - long
30. llevar - take
31. lugar - place
32. mañana - tomorrow
33. marcar - dial
34. mía - mine
35. nerviosismo - nervously
36. nuestro - our
37. pasajeros - passengers
38. pausa - pause
39. personal - personal
40. pie - foot
41. porquería - garbage
42. practicar - practice
43. protestar - protest
44. quedarse - stay
45. quinientos - five hundred
46. razón - reason
47. regalo - gift
48. reunión - meeting
49. robado - stolen
50. robó - stole
51. seis - six
52. silencio - silence
53. sonríe - smiles
54. sorprendido - surprised
55. tarjeta - card
56. teléfono - phones
57. va - goes
58. vender - sell

B

Reunión personal

Es domingo. Son alrededor de las nueve de la mañana. Fuera hace fresco y hay niebla. Sopla un ligero viento.
Paul Rost va al banco. El banco está cerca, así que va a pie. Un coche se detiene al lado de la acera. Lisa Pandora está dentro del coche.
"Buenos días, Paul," dice ella.
"Buenos días, Lisa," responde Paul.
"¿Va a nuestro banco?" pregunta ella.
"Sí, Lisa," dice Paul.
"Yo puedo llevarlo. ¿Le gustaría?" ofrece la chica.
"Gracias. Me encantaría," el detective entra en el coche.
"Me robaron el teléfono que tenía en el coche ayer por la noche," dice Lisa.
"¿De veras?" el detective está sorprendido.
"Sí. A través de la ventanilla," añade Lisa.
"¿Es caro el teléfono?" pregunta el detective.
"No, no lo es. El teléfono no es nuevo. Pero guarda alguna información que no debería caer en manos equivocadas," dice Lisa. Paul inspecciona atentamente el compartimento de pasajeros. Recoge algo del suelo.
"¿Es esta su tarjeta bancaria?" pregunta él.

Personal meeting

It is Sunday. It is about nine o'clock in the morning. It is cool and foggy outside. A light wind is blowing.
Paul Rost is going to the bank. The bank is near so he goes on foot. A car stops near the sidewalk. Lisa Pandora is sitting in the car.
"Good morning, Paul," she says.
"Good morning, Lisa," Paul answers.
"Are you going to our bank?" she asks.
"Yes, Lisa," Paul says.
"I can give you a lift to the bank. Would you like that?" the girl offers.
"Thank you. With pleasure," the detective gets into the car.
"Someone stole my phone out of the car last night," Lisa says.
"Really?" the detective is surprised.
"Yes. Through the window," Lisa adds.
"Is the telephone expensive?" the detective asks.
"No, it's not. The phone is not new. But there is some information that should not get into the wrong hands," Lisa says. Paul carefully inspects the passenger compartment. He picks up something from the floor.

"No, no es mía," responde Lisa. Paul saca su teléfono.

"¿Cuál es el número del teléfono robado?" pregunta Paul. La Srta. Pandora le dice el número y el detective lo marca.

"Al habla," responde una voz masculina.

"Usted tiene mi teléfono. ¿Puede devolvérmelo?" pregunta Paul. Sigue una pausa. Después el hombre responde: "Su teléfono es basura. No lo necesito. Así que puedo vendérselo de nuevo."

"¿Vendérmelo de nuevo?" dice el detective con sorpresa. "Pero usted no lo compró," protesta.

"No me importa. Probablemente contiene alguna información importante si tiene tantas ganas de recuperar esta porquería, ¿no?" pregunta el ladrón. "¿Tengo razón?" añade. Lisa está mirando a Paul con nerviosismo.

"Es el regalo de un amigo. Lo quiero porque es un regalo," dice Paul. "Bueno, ¿cuánto quiere?" pregunta el detective.

"¡Quinientos dólares!" demanda el hombre.

"Pero este teléfono es basura. ¡Acaba de decirlo!" responde indignado el detective. Lisa toma la mano de Paul con nerviosismo.

"¡Bueno, como quiera!" dice el hombre.

"De acuerdo. Le daré quinientos dólares," dice el detective mirando a Lisa, "En cualquier caso, encontré una tarjeta bancaria a nombre de Roman Kowalski en el coche. ¿Lo conoce?" pregunta Paul. El hombre permanence en silencio unos instantes. Después dice: "Déme la tarjeta. Conozco a ese hombre."

"Se la venderé por seiscientos dólares," dice el detective.

"¡Quédesela! ¡De todas formas no hay dinero en la tarjeta!" grita la voz con indignación a través del teléfono.

"De acuerdo, Rom Kowalski, creo que la policía se alegrará de tenerla," dice Paul.

"Vale, ¡le daré quinientos dólares! ¡Démela!" pide el ladrón.

"Bueno, me ha convencido," el detective sonríe y añade, "¿Puede venir al Banco Imperial en diez minutos?"

"¡Sí, puedo! ¡Estaré allí en diez minutos! ¡No dé la tarjeta a la policía!" pide el hombre. El ladrón llega al banco diez minutos más tarde y devuelve el

"Is it your bank card?" he asks.

"No, it's not mine," Lisa replies. Paul pulls out his phone.

"What is the phone number of the stolen phone?" Paul asks. Ms. Pandora tells the number and the detective dials it.

"Speaking," a man's voice answers.

"You've got my phone. Can you give it back to me?" Paul asks. A pause follows. Then the man replies: "Your phone is rubbish. I don't need it. So I can sell it back to you."

"Sell it back to me?" the detective says in surprise. "But you did not buy it," he protests.

"I don't care. It probably has some important information if you want to get this garbage back so much?" the thief asks. "Am I right?" he adds. Lisa is looking at Paul in agitation.

"This is my friend's gift. It is dear to me as a gift," Paul says, "Well, how much do you want?" the detective asks.

"Five hundred dollars!" the man demands.

"But this phone is rubbish. You have just said it!" the detective replies indignantly. Lisa takes Paul's hand nervously.

"Well, as you wish!" the man says.

"Okay. I'll give you five hundred dollars," the detective says looking at Lisa, "By the way, I found a bank card in the name of Roman Kowalski in the car. Do you know him?" Paul asks. The man keeps silent for a minute. Then he says: "Give me the card. I know this man."

"I'll sell it to you for six hundred dollars," the detective says.

"Keep it! There is no money on the card anyway!" the voice shouts indignantly through the phone.

"Okay, Rom Kowalski, I think the police will be happy to take it," Paul says.

"Okay, I'll give you five hundred dollars! Give it to me!" the thief asks.

"Well, you convinced me," the detective smiles and adds, "Can you come to the Imperial Bank in ten minutes?"

"Yes, I can! I'll be there in ten minutes! Don't give the card to the police!" the man asks. The thief comes to the bank ten minutes later and gives the phone back.

teléfono.
"¡No necesito dinero! ¡Déme la tarjeta!" pide. Paul esposa rápidamente al ladrón.
"Aquí está su tarjeta," mete la tarjeta en el bolsillo del ladrón, "Lo llevaré a un lugar donde va a poder practicar cómo abrir cerraduras con su tarjeta durante largo tiempo," añade, y entrega el ladrón a la policía. Después vuelve al banco.
"Paul, muchas gracias por su ayuda," dice Lisa, "¿Puedo invitarlo a cenar mañana por la noche?"
"Claro. Estaré encantado," responde el detective.
"Ya sabe mi teléfono, ¿verdad?" sonríe Lisa.
"Sí, lo sé," responde Paul.
"Entonces llámeme mañana a las cinco, ¿de acuerdo?" pide Lisa.
"Claro," responde Paul.

"I don't need money! Give me the card!" he asks. Paul quickly handcuffs the thief.
"Here's your card," he puts the card in the thief's pocket, "I'll take you to a place where you can practice opening locks with your card for a long time," he adds and hands the thief over to the police. Then he returns to the bank.
"Paul, thank you very much for your help," Lisa says, "Can I invite you to dinner tomorrow night?"
"Sure. I'll be very glad," the detective answers.
"You already know my phone, right?" Lisa smiles.
"Yes, I do," Paul answers.
"Then give me a call tomorrow at five o'clock, okay?" Lisa asks.
"Sure," Paul answers.

C

Repaso de nuevo vocabulario

1
- ¿Hoy es domingo o sábado?
- Hoy es domingo.
- ¿Qué hora es?
- Son alrededor de las nueve.
- En cualquier caso, ¿hace calor o frío fuera?
- Fuera hace fresco.

2
- ¿Te gusta el trabajo del banco?
- No demasiado. Pero yo hago un trabajo importante. Y tengo que trabajar con cuidado.
- ¿Tienes información financiera importante?
- ¿Qué quieres decir?
- Quiero decir información financiera privada sobre los clientes del banco.
- Sí, la tengo. Es parte de mi trabajo.
- Véndeme la información financiera privada sobre los clientes del banco.
- Creo que mi marido podría ayudarte.
- ¿Qué es tu marido?
- Es policía.

3
- ¿Por qué está protestando este hombre?
- El banco perdió sus documentos financieros privados.

New vocabulary review

1
- *Is today Sunday or Saturday?*
- *Today is Sunday.*
- *What time is it?*
- *It's about nine o'clock.*
- *By the way, is it hot or cold outside?*
- *It is cool outside.*

2
- *Do you like the job at a bank?*
- *Not very much. But I do important work. And I have to work carefully.*
- *Do you have important financial information?*
- *What do you mean?*
- *I mean private financial information about the bank's clients.*
- *Yes, I do. That's part of my work.*
- *Sell me the private financial information about the bank's clients.*
- *I think my husband could help you.*
- *What is your husband?*
- *He is a policeman.*

3
- *Why is this man protesting?*
- *The bank lost his private financial documents.*
- *Are they important documents?*

- ¿Son documentos importantes?
- No, no son para nada importantes.
- ¿Quién los perdió exactamente?
- Yo lo hice.

4

- Aquí están sus documentos financieros y su dinero.
- Gracias.
- Eche un vistazo, ¿está todo bien con sus documentos?
- Espere un minuto... ¿Pero dónde está mi dinero?
- Le estoy preguntando, ¿está todo bien con sus documentos?
- Los documentos están bien. ¿Pero dónde está mi dinero?
- Yo soy solo responsable de los documentos. El director del banco es el responsable del dinero.
- ¿Y dónde está?
- Lo echaron hace un mes.

5

- ¿Sabe a qué hora abre el banco, señorita?
- El banco abre a las nueve de la mañana.
- ¿Y a qué hora cierra?
- Cierra a las cinco de la tarde.
- ¿Y qué va a hacer cuando salga de trabajar?
- Todavía no lo sé. Tal vez vaya a una cafetería. ¿Por qué?
- ¿Puedo invitarla a cenar?
- Me encantaría cenar con usted. En cualquier caso, ¿puede venir el director con nosotros?
- ¿Por qué?
- ¡También me ha invitado a cenar!

6

- En cualquier caso, Sr. director, este cliente está pidiendo que le devuelvan su dinero.
- Dígale que su dinero está bien.
- ¿Qué quiere decir?
- Quiero decir que su dinero ha sido robado y que la policía se está ocupando de él.

7

- En cualquier caso, ¿tienes un mapa de la ciudad?
- Sí, lo tengo. ¿Te gustaría consultarlo?
- No, no es eso. Quiero enseñarte la calle en la que me robaron dinero del bolsillo.
- ¿De veras? ¿Cuándo ocurrió?
- Ocurrió hace dos días y estoy muy enfadado.

- *No, they're not important at all.*
- *Who exactly lost it?*
- *I did.*

4

- *Here is your financial documents and money.*
- *Thank you.*
- *Take a look, is everything alright with your documents?*
- *Wait a minute... But where is my money?*
- *I'm asking, is everything alright with your documents?*
- *The documents are alright. But where is my money?*
- *I'm responsible for documents only. The manager of the bank is responsible for the money.*
- *And where is he?*
- *He was fired a month ago.*

5

- *Do you know when the bank opens, miss?*
- *The bank opens at nine o'clock in the morning.*
- *And when does it close?*
- *It closes at five o'clock in the evening.*
- *And what are you going to do after work?*
- *I don't know yet. Maybe, I'll go to a café. Why?*
- *Can I invite you to dinner?*
- *I will gladly have dinner with you. By the way, can I take our manager with us?*
- *Why?*
- *He is inviting me to dinner, too!*

6

- *By the way, Mr. manager, this client is requesting his money back.*
- *Tell him his money is alright.*
- *What do you mean?*
- *I mean his money has been stolen and the police is working with it.*

7

- *By the way, do you have a map of the city?*
- *Yes, I do. Would you like to look at it?*
- *No, I don't. I want to show you the street where my money was stolen from my pocket.*
- *Really? When did it happen?*
- *It happened two days ago and I'm very angry.*
- *Did you tell the police about it?*

- ¿Se lo dijiste a la policía?
- No, no lo hice.
- ¿Por qué?
- Porque ya he robado dinero a otra gente.

8
- En cualquier caso, ¿vas a trabajar a pie o en bus?
- Voy a pie cuando hace frío o llueve y en bus cuando hace calor y sol.
- Eso es raro. ¿Por qué?
- Hay mucha gente en el bus cuando hace frío o llueve y no puedo subir.
- ¿Y cuando hace calor y sol?
- Entonces hay demasiada gente en la acera.

9
- En cualquier caso, ¿no le sorprende a este cliente que hayan robado su dinero de nuestro banco?
- Sí, Sr. director, ¡Está muy sorprendido y enfadado!
- ¿De veras? ¿Deberíamos invitarlo a cenar?
- Creo que él querrá invitarlo a usted.
- ¿Está seguro?
- Sí, lo estoy. Viene con una pistola y esposas.
- ¡Ayuda!

- *No, I didn't.*
- *Why?*
- *I've already stolen some money from other people.*

8
- *By the way, do you go to work on foot or by bus?*
- *I go on foot when it's cold or raining and by bus when it's warm and sunny.*
- *That's strange. Why?*
- *There are too many people on the bus when it's cold or raining, and I can't get on it.*
- *And when it's warm and sunny?*
- *Then there are too many people on the sidewalk.*

9
- *By the way, isn't this client surprised, that his money was stolen from our bank?*
- *Yes, Mr. manager, he is vey surprised and angry!*
- *Really? Should we invite him to dinner?*
- *I think he will want to invite you himself.*
- *Are you sure?*
- *Yes, I do. Here he is coming with a gun and handcuffs.*
- *Help!*

10

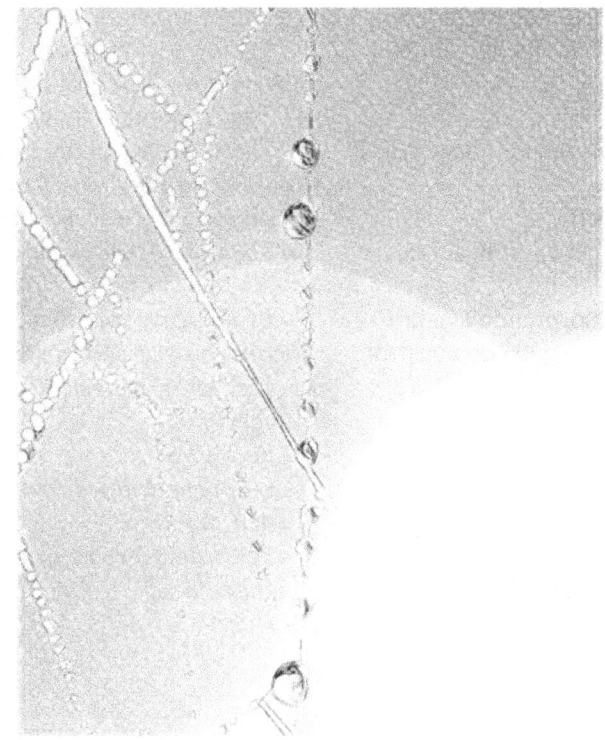

Una moche más
One more night

A

Palabras
Words

1. abrió - opened
2. acabar - conclude
3. acción - action
4. agradable - nice
5. al lado - near
6. altitud - altitude
7. alto - high
8. árbol - tree
9. ardiendo - burning
10. arriba - up
11. as - ace
12. atacando - attacking
13. avión - aeroplane
14. avión - plane
15. azul - blue
16. cabeza - head
17. caer - fall
18. cara - face
19. casi - almost
20. catapultar - catapult
21. cayendo - falling
22. cerca - close
23. cielo - sky
24. colgar - hang

25. combate - combat
26. consciencia - conscience
27. contemplar - stare
28. coordinar - coordinate
29. cuarto - fourth
30. debajo - below
31. debe - must
32. destelleando - glittering
33. destellear - glitter
34. detrás - behind
35. doce - twelve
36. durmiendo - sleeping
37. empezar - begin
38. enciende - lights
39. encima - above
40. enemigo - enemy
41. entre - between
42. envolver - wrap
43. eso - that
44. espiral - swoop
45. estrella - star
46. estupendamente - excellently
47. explosión - explosion
48. gallineta - redfish
49. golpe - hit
50. hacer - make
51. horror - horror
52. hoy - today
53. humo - smoke
54. ido - gone
55. inmediatamente - immediately
56. junto a - next to
57. lado - beside
58. lanzar - launch
59. lanzó - launched
60. lentamente - slowly
61. levantarse - get up
62. listo - ready
63. lucha - fight
64. luna - moon
65. luz - light
66. mal - bad
67. matar - kill
68. menos - less
69. metro - meter
70. misil - missile
71. mostrar - show
72. niños - children
73. nube - cloud
74. ojo - eye
75. paracaídas - parachute
76. pasar - pass
77. patrullar - patrol
78. pesadilla - nightmare
79. pies - feet
80. pizza - pizza
81. policía - police
82. porche - porch
83. proyectil - rocket
84. puede - may
85. quedar - stay
86. quiero decir - mean
87. radar - radar
88. rápido - fast
89. rasgar - tear
90. realidad - reality
91. rojo - red
92. rosa - pink
93. rotación - rotation
94. rotar - rotate
95. sangre - blood
96. segundo - second
97. señal - signal
98. sentir - feel
99. silencio - silence
100. solamente - only
101. su - his
102. sudor - sweat
103. sueño - dream
104. también - too
105. tarea - task
106. telaraña - cobweb
107. tercero - third
108. todas partes - everywhere
109. todavía - still
110. tres - three
111. uno - one
112. velocidad - speed
113. verticalmente - vertically
114. vibrar - vibrate
115. volando - flying
116. y - and

B

Una noche más

El cielo es azul. Hay cielo por todas partes. Paul Rost está en un avión de combate. Está solo. Mira a derecha e izquierda. Hay cielo por todas partes. Hay algunas nubes por debajo y algunas estrellas por encima. El avión vibra un poquito. Casi hay silencio dentro del avión. Todo el ruido se queda atrás. Unos pocos minutos de silencio entre las estrellas y las nubes. Su aeródromo está lejos. Está muy lejos. Paul está a una altitud de treinta mil pies sobre el suelo. Él patrulla el cielo. Es una tarea sencilla si no hay aviones enemigos. Paul Rost oye una señal. El radar muestra un avión extraño. El silencio se acaba. Paul vuela hacia abajo para encontrarse con el enemigo. El radar muestra un segundo avión, después un tercero, luego un cuarto. Debe ir. Paul baja en espiral hacia el suelo. Los enemigos bajan en espiral también. Empiezan a atacar. Él no puede huir. La lucha comienza. Los enemigos coordinan mal sus acciones, así que Paul también empieza a atacar. Paul ve que los proyectiles están volando cerca. Va a la derecha y ve un avión delante de él. Paul lanza un misil e inmediatamente asciende. Ve el humo de la explosión por debajo, detrás de él. Este está listo. Vuela hacia arriba casi en vertical. Pero ¿qué es eso? Un avión enemigo también vuela hacia arriba en vertical a su lado. El piloto está mirando a Paul. Está muy cerca. El piloto lleva su avión estupendamente. Es un verdadero as. Se miran a los ojos. El tiempo casi se detiene. Paul comprende que el piloto quiere matarlo. Lo ve en su cara. Los aviones vuelan juntos hasta una altura de veinte mil metros. ¿Dónde están los otros enemigos? Mira en el radar. En ese momento siente un golpe. El avión ha desaparecido. Se cae. Paul ve su avión ardiendo y cayendo. La catapulta lo echó del avión. Se cae. No puede abrir el paracaídas. Está demasiado alto. El paracaídas solo se puede abrir a una altura de seis mil metros o menos. La alta velocidad empieza a rotarlo. Es muy peligroso. Puede perder la consciencia. Intenta detener la rotación,

One more night

The sky is blue. The sky is everywhere. Paul Rost is in a fighter plane. He is alone. He looks to the right and to the left. The sky is everywhere. There are some clouds below and some stars above. The plane vibrates a little bit. It is almost quiet inside the plane. All the noise remains behind. A few minutes of silence between the stars and clouds. His airfield is far away. It is very far away. Paul is at the altitude of thirty thousand feet above the ground. He patrols the sky. It is a simple task if there are no enemy airplanes. Paul Rost hears a signal. The radar shows a strange airplane. The silence ends. Paul flies the plane down to meet the enemy. The radar shows the second plane, then the third, then the fourth. He must go. Paul swoops down to the ground. The enemies swoop down too. They begin attacking. He can't get away. The fight begins. The enemies coordinate their actions badly, so Paul begins attacking too. Paul sees that shells are flying close by. He goes to the right and sees a plane in front of him. Paul launches a rocket and immediately goes up. He sees some smoke from the explosion down behind him. This one is ready. He flies almost vertically upwards. But what is that? An enemy plane flies vertically upwards beside him too. The pilot is looking at Paul. He is very close. The pilot flies his plane excellently. He is a true ace. They look eye to eye. The time almost stops. Paul understands that the pilot wants to kill him. He sees it in his face. Planes fly up side by side to the hight of twenty thousand meters. Where are the other enemies? He looks at the radar. He feels a hit at this moment. The plane is gone. He falls down. Paul sees his plane burning and falling down. The catapult threw him out of the plane. He falls down. He cannot open the parachute. It's too high. The parachute can be opened only at the height of six thousand meters or less. High speed begins to rotate him. It's very dangerous. He may lose consciousness. He tries to stop the rotation, but he can't do it. Because of the rapid rotation

pero no puede hacerlo. Debido a la rápida rotación la sangre se le sube a la cabeza. En sus ojos lo ve todo rojo. La altura es de doce mil metros. Abre el paracaídas. El paracaídas lo envuelve. Él cae y rota. El cielo—las nubes, las nubes—el cielo, el cielo—las nubes... Rasga el paracaídas con las manos y… se sienta en la cama. El sudor corre por su cara. Mira sus manos, después al suelo de la habitación. Debe levantarse. Se levanta y camina hacia la ventana. La pesadilla se va lentamente...

Paul Rost sale al porche. Hay algunas estrellas y la luna en el negro cielo. Hay silencio en el jardín. Paul enciende un cigarrillo y se sienta en el porche. Algunas telarañas cuelgan de los árboles hasta el suelo. Varias gotas de agua en las telarañas destellean a la luz de la luna. ¿Está durmiendo todavía? Paul se pasa la mano por la cara. A continuación abre los ojos de nuevo. Es la realidad. Varias telarañas y gotas están destelleando a la luz de la luna. Es muy agradable. Pero ese horror, tres minutos atrás también era casi realidad. Un coche de policía pasa por delante de la casa. El policía ve a Paul en el jardín. El coche se detiene. El policía sale del coche, se acerca y se sienta junto a Paul. No dice nada. También enciende un cigarrillo. Se sientan y contemplan el cielo. El cielo empieza a volverse rosa.

"¿Los sueños vuelven a no dejarte dormir?" pregunta el policía.

"Sí, un poquito," responde Paul, "¿Cómo están Anna y los niños?" pregunta.

"Están bien. Vente mañana y compruébalo tú mismo. Quiero decir hoy. Anna hará una pizza de gallineta," dice el policía.

"Gracias, Andrew," dice Paul, "Hoy no puedo. Tengo una reunión."

"Ven mañana o pasado mañana," dice Andrew.

"Gracias, amigo. Por supuesto que iré," responde Paul.

blood goes up to the head. He sees all red in his eyes. The height is twelve thousand meters. He opens the parachute. The parachute wraps around him. He falls and rotates. The sky—the clouds, the clouds—the sky, the sky—the clouds... He tears the parachute with his hands and... sits up in his bed. Some sweat runs down his face. He looks at his hands, then at the floor of the room. He must get up. He gets up and walks to the window. The nightmare goes away slowly..

Paul Rost goes out on the porch. There are some stars and the moon in the black sky. It is quiet in the garden. Paul lights up a cigarette and sits down on the porch. Some cobwebs hang from the trees down to the ground. Some water drops on the cobwebs glitter in the moonlight. Is he still sleeping? Paul passes his hand over his face. Then he opens his eyes again. It is reality. Some cobwebs and drops are glittering in the moonlight. It's very nice. But this horror three minutes ago was almost reality too. A police car drives past the house. The policeman sees Paul in the garden. The car stops. The policeman gets out of the car, comes up and sits down next to Paul. He doesn't say anything. He lights up a cigarette too. They sit and stare at the sky. The sky begins to turn pink.

"The dreams don't let you sleep again?" the policeman asks.

"Yes, a little bit," Paul answers, "How is Anna and children?" he asks.

"They are fine. Come over tomorrow and see for yourself. I mean today. Anna will make a pizza with red fish," the policeman says.

"Thank you, Andrew," Paul says, "I can't today. I have a meeting."

"Come tomorrow or the day after tomorrow," Andrew says.

"Thank you, friend. Of course I'll come," Paul answers.

C

Repaso de nuevo vocabulario

1
- ¿Hoy es lunes o domingo?
- Hoy es domingo.
- ¿Y qué hora es ahora?
- Ahora son casi las nueve.
- En cualquier caso, ¿hace calor o fresco fuera?
- Hace frío fuera.

2
- Mira este coche. ¡El conductor es un verdadero as!
- ¡Pero conduce el coche demasiado peligrosamente!
- ¡Qué velocidad! ¡Este as quiere ascender verticalmente!
- Probablemente quiere atacar al árbol. Necesita una catapulta y un paracaídas.

3
- ¿Sabes qué es esa explosión en el banco?
- El director está abriendo una caja fuerte.
- ¿Intentó abrirla con la llave?
- Abre la caja fuerte con la llave en horas de trabajo. Pero ahora no está trabajando.

4
- Aquí hay un montón de árboles altos. Es muy bonito.
- ¡Está la luna y varias estrellas en el cielo!
- Cierto. Y algunas nubes están volando lentamente por encima de la ciudad.
- Qué noche más bonita.
- ¡Mira! El cielo ya ha empezado a volverse rosa.
- Sí, la noche está acabando.
-¡Eh, vosotros dos! ¡La mañana ya ha empezado y todavía no hemos robado este banco! Coged las cajas con el dinero y metedlas en el coche. ¡Deprisa!
- De acuerdo, Sr. director.
- ¡No me llaméis director, idiotas! ¿Y si alguien lo oye?
- De acuerdo, Sr. Vega.
- ¿Por qué tengo que trabajar con estos idiotas?

5
- ¿Quieres fumar?
- No fumo, gracias.

New vocabulary review

1
- Is it today Monday or Sunday?
- Today is Sunday.
- And what time is it now?
- It's almost nine o'clock now.
- By the way, is it hot or cool outside?
- It's cold outside.

2
- Look at this car. The driver is a true ace!
- But he drives the car too dangerously!
- What speed! This ace wants to go up vertically!
- He probably wants to attack the tree. He needs a catapult and a parachute.

3
- Do you know what this explosion at the bank is?
- The manager is opening a safe.
- Did he try to open the safe with a key?
- He opens the safe with a key during working hours. But now he isn't at work.

4
- There are a lot of tall trees here. It is very beautiful here.
- There is a moon and some stars in the sky!
- True. And some clouds are flying slowly above the city.
- What a beautiful night.
- Look! The sky has already started to turn pink.
- Yeah, the night is coming to an end.
- Hey, you two! The morning has already begun and we haven't robbed this bank yet! Take the boxes with money and put them into the car. Hurry up!
- Okay, Mr. manager.
- Don't call me a manager, idiots! What if someone hears?
- Okay, Mr. Vega.
- Why do I have to work with these idiots?

5
- Do you want to smoke?
- I don't smoke, thanks.

- Yo voy a fumar.
- No se puede fumar aquí.
- ¿Por qué?
- Es peligroso. Hay varios misiles en esas cajas.
- ¡Lancemos un misil!

6
- Aquí hay una pizza de gallineta. ¡Sírvete!
- ¿Por qué apesta?
- No lo sé. Es la primera vez que hago pizza.
- Entonces no quiero. Gracias.
- ¿Por qué? ¡Sírvete! ¡Me encantará!
- No, gracias.
- ¡Pero insisto!

7
- En cualquier caso, ¿cuándo vamos a una cafetería, hoy o mañana?
- Iremos a una cafetería pasado mañana.
- ¿Por qué pasado mañana? ¡Yo quiero ir hoy o mañana!
- ¡Hoy o mañana te comerás la pizza que tú mismo hiciste!
- ¿Y tú?
- ¡A mí me encantará!

8
- En cualquier caso, ¿sabes que la policía debe patrullar las calles siempre, día y noche?
- ¿Es necesario de noche?
- Sí, lo es. Alguien roba muebles por la noche.

9
- Tenemos que coordinar bien nuestras acciones. Intentaré persuadir a los clientes para que depositen su dinero en nuestro banco.
- ¿Y yo qué haré?
- Y tú les dirás por qué no pueden recuperar su dinero.

- And I'll smoke.
- One can't smoke here.
- Why?
- It's dangerous. There are some rockets in these boxes.
- Let's launch a rocket!

6
- Here is a pizza with red fish. Help yourself!
- Why does it stink?
- I don't know. I cooked pizza for the first time.
- I don't want it then. Thanks.
- Why? Help yourself! I'll be very glad!
- No, thank you.
- But I insist!

7
- By the way, when will we go to a café, today or tomorrow?
- We will go to a café the day after tomorrow.
- Why the day after tomorrow? I want to go today or tomorrow!
- Today and tomorrow you will eat the pizza that you made yourself!
- And you?
- And I'll be very glad!

8
- By the way, do you know that the police must always patrol streets by day and at night?
- Is it necessary at night?
- Yes, it is. Somebody steals furniture at night.

9
- We have to coordinate our actions well. I'll try to persuade the clients to put their money in our bank.
- And what will I do?
- And you will tell them why they can't get their money back..

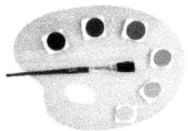

11

Reunión
Meeting

A

Palabras
Words

1. a veces - sometimes
2. acabar - finish
3. acariciar - pet
4. actuó - acted
5. acuerdo - agreement
6. agradecido - pleased
7. ahora - now
8. ahora mismo - right now
9. anuncio - add
10. aprendí - learnt
11. broma - kidding
12. cafeteria - café
13. camarero - waiter
14. carta - menu
15. chiste - joke
16. cocina - kitchen
17. cocinero - cook
18. comer - eat
19. comida - food
20. comido - eaten
21. completamente - completely
22. costa - shore
23. creer - believe
24. cuidadosamente - thoroughly
25. dado - give
26. dálmata - Dalmatian
27. devolverme - return
28. educadamente - politely
29. eliminar - remove
30. enhorabuena - congratulations

31. gané - won
32. genial - great
33. gracias - thank you
34. gran - great
35. guapa - pretty
36. hablar - talk
37. igual - same
38. inocente - naive
39. invitarlo - invite
40. italiana - Italian
41. job - trabajo
42. la mejor - best
43. levanta - picks up
44. limpieza de casas - house-cleaning
45. llegada - arrival
46. mejor - better
47. océano Índico - Indian Ocean
48. pedir - order
49. pena - pity
50. perro - dog
51. podría - could
52. preocupado - worry
53. proponer - suggest
54. quién - who
55. quizás - maybe
56. realmente - really
57. rechazar - refuse
58. rica - tasty
59. sabido - known
60. semana - week
61. servicio - service
62. sobre - envelope
63. sonriendo - smiling
64. sorda - deaf
65. sorteo - lottery
66. spaghetti - spaghetti
67. también - too
68. tipo - guy
69. toda - all
70. trabajador - worker
71. trayecto - drive
72. triste - sadly
73. vacaciones - vacations
74. viajar - travel
75. visita - visit

B

Reunión

Paul llama a Lisa a las cinco de la tarde.
Lisa responde la llamada, diciendo "Hola."
"Hola Lisa, soy Paul," dice Paul.
"Hola Paul, soy Lisa," responde Lisa.
"Podemos vernos e ir a una cafeteria ahora mismo. ¿Está de acuerdo?" pregunta Paul.
"Estoy de acuerdo. ¿Podría parar a recogerme en el banco?" pregunta Lisa.
"Sí. La recogeré en diez minutos," acuerda Paul.
"De acuerdo, hasta ahora," dice Lisa. Paul se encuentra con Lisa en el banco y van a una cafetería.
"Paul, ¿le gusta la cocina italiana?" pregunta Lisa.
"¿Pizza y spaghetti?" sonríe Paul, "Sí, me gusta."
"Vamos al Café Verona," propone Lisa.
Paul está de acuerdo: "Vamos."
Llegan al café y entran. Hay poca gente. Se sientan junto a la ventana. El camarero les trae la

Meeting

Paul calls Lisa at five o'clock in the evening.
Lisa answers the call, saying "Hello."
"Hi Lisa, this is Paul," Paul says.
"Hi Paul, this is Lisa," Lisa replies.
"We can meet and go to a cafe right now. Do you agree?" Paul asks.
"I agree. Could you stop by the bank to pick me up?" Lisa asks.
"Yes. I will pick you up in ten minutes," Paul agrees.
"Okay, see you soon," Lisa says. Paul meets Lisa at the bank and they go to a cafe.
"Paul, do you like Italian cooking?" Lisa asks.
"Pizza and spaghetti?" Paul smiles, "Yes, I like it."
"Let's go to cafe Verona," Lisa suggests.
Paul agrees: "Let's go."
They arrive at the cafe and go inside. There are a

carta. Piden comida y bebida. El camarero les trae su pedido. Ellos comen y hablan.
"Gracias por devolverme mi teléfono," dice Lisa.
"Pan comido. Ese tipo es idiota," responde Paul.
"Da igual, creo que actuó muy acertadamente. En cualquier caso, ¿le gusta esta pizza?" pregunta Lisa.
"Es genial. Yo hago pizza a veces, pero no está tan rica. El cocinero hizo un gran trabajo," dice Paul.
"¿De veras sabe hacer pizza? Me gustaría probarla," sonríe Lisa.
"Venga a hacerme una visita y le haré la mejor pizza," responde Paul.
"Muchas gracias, Paul. Iré con total seguridad. Y en ese caso, también me gustaría invitarlo a usted. Ahora mismo," dice Lisa.
Paul está sorprendido: "¿Ahora mismo?"
"¿Por qué no? ¡Acábese la pizza y vámonos!" responde Lisa.
Lisa es una mujer joven muy guapa, y por eso Paul Rost está muy preocupado.
"Gracias, ¿pero quizás en otro momento? Por ejemplo, ¿mañana?" rechaza educadamente.
"¡No me diga que no! ¡Vamos ahora mismo!" dice ella, sonriendo. "¡Le daré mi pizza y usted me dirá quién la hace mejor!"
Pagan al camarero y salen del café. El trayecto hasta la casa de Lisa dura alrededor de diez minutos. Lisa abre la puerta y entran en la casa. Dentro de la casa hay un perro.
"Paul, le presento a Smoky," dice Lisa.
Paul acaricia al perro: "Hola, Smoky," dice.
"Smoky es un dálmata. Este es mi segundo perro. La primera también era una dálmata, pero era sorda," dice Lisa con una sonrisa triste.
"¿Su perra era completamente sorda?" pregunta Paul.
"Sí, era completamente sorda. Más tarde aprendí que uno de cada diez dálmatas es sordo. La di," dice Lisa.
"¿A dónde la llevó?" pregunta Paul.
"Puse un anuncio en el periódico y se la llevaron," responde Lisa.
"Es una pena. Yo me la habría quedado, de haberlo sabido," dice Paul.
"Pero yo no se la habría dado," dice Lisa. Paul la mira sorprendido. Lisa ríe.

few people at the cafe. They sit down by the window. The waiter brings them a menu. They order food and drinks. The waiter brings them their order. They sit, eat, and talk.
"Thank you for returning my phone," says Lisa.
"Big deal. That guy is just an idiot," Paul replies.
"All the same, I think that you acted very wisely. By the way, how do you like this pizza?" Lisa asks.
"It's great. I make pizza sometimes, but it isn't as tasty. The cook did a great job," Paul says.
"Really, you can make pizza? I'd like to try it," Lisa smiles.
"Come for a visit, and I'll make the very best pizza," Paul replies.
"Thanks so much, Paul. I will definitely come. And in that case, I also want to invite you for a visit. Right now," says Lisa.
Paul is surprised: "Right now?"
"Why not? Finish your pizza and let's go!" Lisa answers.
Lisa is a very pretty young woman, and that is why Paul Rost is very worried.
"Thank you, but maybe another time? For instance, tomorrow?" he refuses politely.
"Don't refuse! Let's go right now!" she says, smiling. "I will give you my pizza, and you will tell me, whose is better!"
They pay the waiter and leave the cafe. The drive to Lisa's house takes about ten minutes. Lisa opens the door and they go into the house. Inside the house there is a dog.
"Paul, meet Smoky," Lisa says.
Paul pets the dog: "Hi, Smoky," he says.
"Smoky is a Dalmatian. This is my second dog. The first one was also a Dalmatian, but she was deaf," Lisa says with a sad smile.
"Your dog was completely deaf?" Paul asks.
"Yes, she was completely deaf. I later learned that one in ten Dalmatians is deaf. I gave her away," Lisa says.
"Where did you take her?" Paul asks.
"I placed an ad in the newspaper and they took her away," Lisa replies.
"It's a pity. I would have taken her, if I'd known," Paul says.
"But I wouldn't have given her to you," says Lisa.

"Estoy de broma," dice ella, "A veces es tan inocente."
"Todo el mundo es inocente en ocasiones, ¿o no?" pregunta Paul.
"¡En cualquier caso!" Lisa corre hacia la mesa y levanta una especie de sobre, "Mire, ¡gané un sorteo! ¡Me regalaron unas vacaciones para dos personas en la costa del océano Índico!"
"¿Ganó un sorteo? ¡Genial! Enhorabuena, Lisa," dice Paul.
"Y ... me gustaría invitarlo a usted, Paul, a viajar conmigo al océano Índico," dice Lisa.
Paul mira a Lisa. Esta es realmente una gran sorpresa. Está muy agradecido.
"Estoy muy agradecido. ¿Pero seguro que no es otro chiste?" Paul no puede creerlo.
"No. Esta vez hablo en serio. Lo estoy invitando a venir conmigo al océano Índico," dice Lisa, mirando a Paul.
"Si no está bromeando, Lisa, de acuerdo. Me encantará ir con usted," admite Paul.
Por la tarde, Paul llama al servicio de limpieza de casas y les pide que limpien su casa cuidadosamente.
"Me voy una semana pasado mañana. Por favor, limpien mi casa antes de mi llegada. Y... hay algún tipo de olor aquí... ¿Podrían eliminar ese olor?" pregunta Paul.
"Por supuesto, limpiaremos toda la casa y eliminaremos el olor," responde el trabajador de limpieza de casas.

Paul looks at her in surprise. Lisa laughs.
"I'm kidding," she says, "You're so naive sometimes."
"All people are naive sometimes, aren't they?" Paul asks.
"By the way!" Lisa runs up to the table and picks up some kind of an envelope, "Look, I won a lottery! I got a vacation for two on the shore of the Indian Ocean!"
"You won a lottery? Cool! Congratulations, Lisa," Paul says.
"And ... I would like to invite you, Paul, to travel with me to the Indian Ocean," says Lisa.
Paul looks at Lisa. This is truly a big surprise. He is very pleased.
"I am very pleased. But this is probably another a joke?" Paul can't believe it.
"No. This time I'm serious. I'm inviting you to come with me to the Indian Ocean," Lisa says, looking at Paul.
"If you're not kidding, Lisa, I agree. I'll be very happy to go with you," agrees Paul.
In the evening, Paul calls the house-cleaning service and asks them to thoroughly clean his house.
"I am going away for a week the day after tomorrow. Please clean my house before my arrival. And... there's some kind of smell here ... Could you remove that smell?" Paul asks.
"Of course, we will clean the entire house and remove the smell," the house-cleaning worker replies.

C

Repaso de nuevo vocabulario

1
- ¿Hoy es lunes o martes?
- Hoy es lunes.
- ¿Y qué hora es?
- Es alrededor de la una.
- En cualquier caso, ¿hace calor o fresco fuera?
- Fuera hace frío pero sol.

2
- ¡Quiero ir a la costa!
- Vayamos la semana que viene.

New vocabulary review

1
- *Is today Monday or Tuesday?*
- *Today is Monday.*
- *And what time is it?*
- *It is about one o'clock.*
- *By the way, it is hot or cool outside?*
- *It is cold but sunny outside.*

2
- *I want to go to the ocean shore!*
- *Let's go next week.*

- ¡Pero yo quiero ir a la costa mañana!
- Ahora mismo no hay dinero.
- ¿Eres director de banco y no tienes dinero? Eso es muy raro.
- Bueno, vale. Mañana. Sacaré algún dinero de la caja fuerte del banco y nos iremos pasado mañana.

3
- El conductor del bus es muy educado.
- ¿De veras?
- Sí. Cuando una chica entró en el bus con un perro, le pidió educadamente que se bajara del bus.
- ¿Y ella aceptó?
- Probablemente no. ¡Mira, ahora el conductor está escapando del perro!

4
- Me gustan los clientes inocentes.
- ¿Por qué, Sr. Director?
- Creen cada palabra que digo. ¡Es simplemente genial!

5
- ¡Esta comida huele tan deliciosamente!
- ¿Quieres un poco? Sírvete. Toma.
- Gracias.
- De nada.
- Esta comida está muy rica. Y tú, ¿por qué no comes?
- No como esta comida. Es la comida de mi perro.

6
- Finalmente, ¡el banco me devolvió mi dinero!
- ¿Cuánto dinero te devolvieron?
- No lo sé. Me dieron muchos de los muebles de su oficina. Ahora tengo que venderlos y recuperar el dinero.
- ¿Cómo se llama ese banco?
- ¿Por qué quieres saberlo? ¿Quieres depositar tu dinero allí?
- No. No quiero acabar allí.

7
- ¿Por qué está preocupado ese hombre?
- ¡Ganó mucho dinero en el sorteo!
- ¿Y tú por qué estás tan triste?
- Ese hombre es mi compañero.

8
- Hola. ¿Es el restaurante?
- Sí. ¿En qué puedo ayudarle?
- Quiero reservar una pequeña mesa para esta

- But I want to go to the ocean shore tomorrow!
- There is no money right now.
- You are a bank manager and you have no money? That is very strange.
- Well, alright. Tomorrow I'll take some money from the bank safe, and we'll go the day after tomorrow.

3
- This bus driver is very polite.
- Really?
- Yes. When a girl with a dog entered the bus, he politely asked her to leave the bus.
- And she agreed?
- Probably not. Look, the driver is now running away from her dog!

4
- I like naive customers.
- Why, Mr. Manager?
- They believe every word I say. It's just great!

5
- This food smells so delicious!
- Want some? Help yourself. Here.
- Thank you.
- You're welcome.
- This food is very tasty. And you, why aren't you eating?
- I don't eat this food. This food is for my dog.

6
- Finally, the bank returned my money!
- How much money did they return?
- I do not know. They gave me a lot of their office furniture. Now I have to sell it and get the money.
- What's the name of that bank?
- Why do you want it? Do you want to put your money there?
- No. I don't want to end up there.

7
- Why is this man worried?
- He won a lot of money in the lottery!
- And why are you so sad?
- This man is my colleague.

8
- Hello. Is this the restaurant?
- Yes. How can I help you?
- I want to reserve a small table for this evening.

noche.
- ¿Para qué hora?
- Para las ocho. Y por favor, haga pizza de gallineta.
- ¿Viene usted solo?
- No. Vamos dos - yo y mi perro.
- Pero en nuestro restaurante no aceptamos perros.
- No se preocupe. No entraremos. Comeremos fuera, junto a la puerta.

9
- ¿Señora, puedo acariciar a su perro?
- Por supuesto que puede, joven. No tenga miedo. Es un dálmata.
- No tengo miedo a los perros. Si un perro empieza a atacar lo mejor es gritar. Así se escapará.
- Eso no va a ayudarle. Mi dálmata es sordo.

10
- ¿Quieres comer spaghettis?
- Sí. ¡Me encantan los spaghettis!
- Entonces prepara unos pocos para los dos.
- ¿Hablas en serio?
- Sí, no estoy de broma.
- ¡Pero se supone que cocina la mujer, no el marido!
- ¿Y que se supone que hace el marido?
- ¡Se supone que un marido inteligente debe tumbarse en el sofá y ver TV!
- Eh, marido inteligente. ¿Quieres llevarte una gran sorpresa?
- ¡Sí!
- Deberías limpiar la casa.
- ¡Pues yo no estoy de acuerdo! No soy limpiador.
- Si te niegas, no cocinaré. No soy cocinera.

11
- Quiero poner un anuncio en el periódico.
- ¿Qué tipo de anuncio?
- Ofrezco un marido inteligente para una buena casa.
- ¡Pero yo soy tu marido!
- ¿Por qué debería quererte? Te niegas a limpiar y a cocinar. Solo aceptas tumbarte en el sofá y ver TV.
- ¡Pero puedo hacer muchas cosas!
- ¿De veras? ¿Qué tipo de cosas, por ejemplo?
- Por ejemplo, puedo abrir cajas fuertes y robar casas.

- For what time?
- For eight o'clock. And please make a pizza with red fish.
- Are you alone?
- No. There are two of us - me and my dog.
- But dogs aren't allowed in our restaurant.
- Do not worry. We won't go inside. We'll eat outside by the door.

9
- Ma'am, can I pet your dog?
- Of course you can, young man. Don't be afraid. This is a Dalmatian.
- I'm not afraid of dogs. If a dog begins to attack, you need to yell. Then it will run away.
- That won't help you. My Dalmatian is deaf.

10
- Do you want to try some spaghetti?
- Yes. I really like spaghetti!
- Then make some for both of us.
- Are you serious?
- Yes. I'm not kidding.
- But the wife is supposed to cook, not the husband!
- And what is a husband supposed to do?
- An intelligent husband is supposed to lie on the couch and watch TV!
- Hey, intelligent husband, do you want a great surprise?
- Yes!
- You should clean the house.
- But I do not agree! I'm not a house-cleaner.
- If you refuse, I won't cook. I'm not a cook.

11
- I want to place an advertisement in the newspaper.
- What kind of advertisement?
- I'm giving away an intelligent husband to a good home.
- But I'm your husband!
- Why would I want you? You refuse to clean and cook. You only agree to lie on the couch and watch TV.
- But I can do many things!
- Really? What kind of things, for example?
- For example, I can blow up safes and rob

- Pero ya abriste una caja fuerte una vez. ¡Después de aquello no te tumbaste en el sofá durante cinco años!
- Qué mal que no me comprendas.
- ¿Dónde debería poner el anuncio - donde pone "Perros" o en "Cosas para la casa"?"

houses.
- But you already blew up a safe once. After that, no one lay on the couch for five years!
- It's too bad that you don't understand me.
- Where should I place the advertisement - under the rubric of "Dogs" or "Things for the home?"

12

Ahora o nunca
Now or never

 A

Palabras
Words

1. alarma - alarm
2. amar - love
3. arreglando - repairing
4. arreglar - repair
5. billete - bill
6. bolsa - bag
7. caja fuerte - safe
8. cajera - teller
9. calabaza - cabbage
10. cambiaron - exchanged
11. cien - hundred
12. coger - take
13. colocar - put
14. comprobar - check
15. concluir - conclude
16. conejo - rabbit
17. continuar - continue
18. desgracia - misfortune
19. despacho - office
20. dibujo - picture
21. Dios - God
22. dólares - dollar
23. en lugar de - instead
24. en voz alta - loud
25. engañar - cheat
26. engañaron - cheated
27. esta noche - tonight
28. explicar - explain
29. falso - false
30. funcionar - work
31. gastar - spend
32. herramienta - tool
33. horrible - terrible
34. idiota - idiot
35. interesar - interest
36. justificar - justify
37. legal - legal
38. mil - thousand

39. nunca - never
40. pasillo - corridor
41. planeando - planning
42. registrado - registered
43. siempre - always
44. sistema - system
45. sobre - envelope
46. suplicar - plead
47. tranquilidad - quietly
48. ya - already

Ahora o nunca

Es martes por la mañana y Alexander Hephaestus, electricista, está colocando sus herramientas en la bolsa. Su mujer se acerca y lo mira.
"¿A dónde vas?" dice ella.
"Voy a hacer una cosa," responde Alexander.
"¿Estás planeando ayudar a Vega otra vez?" pregunta su mujer. Alexander Hephaestus no responde. Permanece en silencio y continúa colocando sus herramientas en la bolsa. Su mujer lo coge del brazo.
"Por favor, Alexander, no vayas con Vega. Te ocurrirá alguna terrible desgracia. Piensa en nuestros hijos," suplica ella.
"Vega me ordena hacer este trabajo," dice Alexander.
"¿Le dijiste que ya no haces este tipo de trabajos?" pregunta ella.
"Me manda que lo haga. No puedo hacer nada al respecto. ¡Debo ir y hacer el trabajo! ¿Entiendes?" grita.
"¡No vayas! ¡Por favor, piensa en mí y en los niños! ¿Qué pasará con nosotros si te coge la policía?" suplica su mujer.
"¡Y tú deberías pensar en lo que haría Vega si yo no hago este trabajo!" grita Alexander.
"¡Vega siempre te engaña! ¡Eres un idiota inocente! ¡Y él también es idiota! ¿Qué conseguiste por el último trabajo?" grita la mujer.
"Sacó diez mil dólares del banco. Después los cambiaron por cinco mil dólares limpios. Y me dio dos mil" se justifica Alexander.
"¿Cambió diez mil dólares por cinco mil dólares limpios?" pregunta ella.
"El dinero robado estaba registrado en el banco. No puedes gastarlo. ¿No sabes eso?" dice Alexander.

Now or never

It is Tuesday morning and Alexander Hephaestus, an electrician, is putting his tools in his bag. His wife comes up to him and watches him.
"Where are you going?" she says.
"I'm going to do this one thing," Alexander answers.
"Are you planning to help Vega again?" his wife asks. Alexander Hephaestus doesn't reply. He remains silent and continues to put his tools in his bag. His wife takes him by the arm.
"Please, Alexander, don't go to Vega. A terrible misfortune will happen to you. Think about our children," she pleads.
"Vega demands me to do this job," Alexander says.
"Did you tell him that you no longer do this kind of work?" she asks.
"He demands that I do it. I can't do anything about it. I must go and do the job! Do you understand?" he shouts.
"Don't go! Please, think of me and the children! What will happen to us if you get caught by the police?" his wife pleads.
"And you should think of what Vega would do, if I don't do this job!" Alexander shouts.
"Vega always cheats you! You're a naive idiot! And he is also an idiot! What did you get for the last job?" the woman shouts.
"He took ten thousand dollars out of the bank. Then they exchanged them for five thousand clean dollars. And he gave me two thousand," Alexander justifies himself.
"He exchanged ten thousand dollars for five thousand clean dollars?" she asks.
"The stolen money was registered at the bank. You can't spend it. Don't you know that?"

"¿Estás seguro de que te dio billetes de dólar? ¿O pone realmente en el billete "Amamos la calabaza" en lugar de "Confiamos en Dios"?" protesta ella.
"Lo engañaron cuando cambió el dinero robado por dinero limpio," se justifica Alexander.
"¡Lo engañaron porque es idiota! ¿Crees que podría comprar comida para nuestros hijos con esos dólares? ¿Amamos la calabaza?" protesta ella.
Alexander Hephaestus está callado.
"Por favor, Alexander, no vayas. Podría ocurrirte alguna terrible desgracia," suplica de nuevo.
Alexander Hephaestus coge su bolsa de herramientas y se va.

El electricista Alexander Hephaestus llega al banco. Va junto al director del banco, John Vega.
"Hola, Sr. Vega," saluda el electricista al director.
"Buenos días," saluda el director al electricista, "Volvemos a tener problemas con el sistema de alarma. ¿Puedes arreglarlo hoy?"
"Primero necesito comprobar por qué no funciona," responde el electricista. El director y el electricista van a la caja fuerte. El director abre la caja y entran. El electricista empieza a comprobar la alarma. Después dice: "Necesito una hora para hacer todo."
"No tenemos tanto tiempo. Te doy media hora para hacer todo," dice el director con tranquilidad.
"Empieza, Alexander," concluye, y va a su despacho. Cinco minutos más tarde Lisa Pandora, la cajera, entra en el despacho del director.
"Buenos días, Sr. Vega," saluda la cajera al director.
"Buenos días, Srta. Pandora," saluda el director a Lisa Pandora, "¿Cómo está?" pregunta.
"Gracias. Estoy bien. ¡Pero parece que usted está teniendo problemas!" dice la cajera en voz alta y lanza un billete sobre la mesa, "¿Por qué pone 'Amamos la calabaza' en lugar de 'Confiamos en Dios' en este billete de cien dólares? ¿Y por qué hay un dibujo de un conejo en vez de Ben Franklin?" protesta.
"Tranquila, tranquila Lisa. Por favor," suplica John Vega. Va hacia la puerta, la abre y mira al pasillo. Allí no hay nadie. Después cierra la

Alexander says.
"Are you sure he gave you dollar bills? Does it really say on the dollar bill, 'We Love Cabbage' instead of 'In God We Trust?'" she protests.
"They cheated him when he exchanged the stolen money for clean money," Alexander justifies himself.
"He was cheated because he is an idiot! Do you think I could buy food for our children with these dollars? We love cabbage?" she protests.
Alexander Hephaestus is silent.
"Please, Alexander, don't go. A terrible misfortune could happen to you," she pleads again. Alexander Hephaestus takes his bag of tools and leaves.

The electrician Alexander Hephaestus arrives at the bank. He goes to the bank manager, John Vega.
"Hello, Mr. Vega," the electrician greets the manager.
"Good morning," the manager greets the electrician, "We are having problems with the alarm system again. Can you fix it today?"
"I first need to check why it isn't working," replies the electrician. The manager and the electrician go to the safe. The manager opens the safe, and they go inside. The electrician starts checking the alarm. Then he says: "I need one hour to do everything."
"We don't have that much time. I give you half an hour to do everything," the manager says quietly.
"Begin, Alexander," he finishes and goes into his office. Five minutes later Lisa Pandora, a cashier, comes into the manager's office.
"Good morning, Mr. Vega," the cashier greets the manager.
"Good morning, Ms. Pandora," the manager greets Lisa Pandora, "How are you?" he asks.
"Thank you. I'm fine. But it looks like you are having problems!" the cashier says loudly and throws a bill onto the table, "Why does it say, 'We love cabbage?' instead of 'In God We Trust' on this hundred dollar bill? And why is there a picture of a rabbit on it instead of Ben Franklin?" she protests.
"Quiet, quiet, Lisa. Please," John Vega pleads.

puerta y vuelve a la mesa: "Puedo explicarlo todo. Me engañaron cuando cambié el dinero por billeres limpios. Me dieron billetes falsos," se justifica el director del banco.
"John Vega, no me interesan sus problemas," insiste Lisa Pandora, "Necesito billetes legales, no falsos. ¡Déme mi dinero!" dice en voz alta, y lanza los billetes falsos con los conejos sobre la mesa.
"Por favor, tranquilícese, Lisa," suplica otra vez Vega, "Lo haré todo. Llévese estos billetes falsos," dice el director en voz baja, y saca el dinero falso de encima de la mesa, "Lisa, escuche. El electricista Alexander Hephaestus está aquí. Está arreglando la alarma," dice el director en voz baja, "Esta noche no funcionará la alarma. Podría sacar mucho dinero de la caja fuerte. Y no sería el dinero de los conejos, Lisa. Estos serán billetes de cien dólares reales," dice Vega en voz baja, "Ahora vaya a trabajar. Yo lo haré todo," concluye. La cajera Lisa Pandora no responde. Se levanta y sale del despacho del director.

He walks to the door, opens it and looks out into the corridor. There's no one there. Then he closes the door and goes back to the table: "I can explain everything. They cheated me when I exchanged money for clean bills. They gave me fake bills," the bank manager justifies himself.
"John Vega, I am not interested in your problems," Lisa Pandora insists, "I need regular bills, not fake ones. Give me my money!" she says loudly, and throws the fake bills with the rabbits onto the table.
"Please, be quiet, Lisa," Vega pleads again, "I'll do everything. Take these fake bills away," the manager says quietly and removes the fake money from the table, "Lisa, listen. The electrician Alexander Hephaestus is here. He is fixing the alarm," the manager says quietly, "Tonight the alarm won't work. I could take a lot of money out of the safe. And it won't be the money with the rabbits, Lisa. These will be real hundred-dollar bills," Vega says quietly, "Now go to work. I'll do everything," he concludes. The cashier Lisa Pandora doesn't reply. She gets up and leaves the manager's office.

C

Repaso de nuevo vocabulario
1
- ¿Es martes o miércoles?
- Hoy es martes.
- ¿Sabes qué hora es?
- Lo comprobaré en mi teléfono. Exactamente las dos.
- Gracias. En cualquier caso, ¿está seco o llueve fuera?
- Está seco, pero hace frío y viento.
2
Una conversación con una cajera del banco:
- ¿Qué tipo de billetes le gustarían - grandes o pequeños?
- Déme unos cuantos grandes y unos cuantos pequeños.
- ¿Le gustan los billetes con dibujos de conejos?
- ¿Qué?
- No tenemos billetes de cien dólares con dibujos

New vocabulary review
1
- Is it Tuesday or Wednesday?
- Today is Tuesday.
- Do you know what time is it?
- I will check my phone. Exactly two o'clock.
- Thank you. By the way, is it dry or raining outside?
- It is dry, but cold and windy outside.
2
A conversation with a bank cashier:
- What kind of bills would you like - large or small?
- Give me a few large ones and a few small ones.
- Do you like bills with pictures of rabbits?
- What?
- We are out of hundred-dollar bills with pictures of Ben Franklin. But the bank manager

de Ben Franklin. Pero el director del banco trajo otro tipo de billetes de cien dólares. ¿Cuáles le gustan más - los de conejos o los de perros?

3

- En cualquier caso, ¿sabes que le ocurrió una gran desgracia?
- ¿De veras? ¿Qué le ocurrió?
- Su mujer lo entregó a una buena casa.
- ¿Dónde?
- Ahora vive en una gran casa. No tienen perro, así que él protege la casa y el jardín.
- ¿Y saben que él es el ladrón?
- Probablemente no.

4

- Sr. director, los clientes dicen que nuestro banco los está engañando.
- Usted sabe que nunca engañamos a nuestros clientes.
- Por supuesto, Sr. director.
- Piense en ello. Trabajamos normalmente. Tenemos un personal normal.
- No puede decirlo mejor, Sr. director. ¡Nuestros empleados son estupendos!
- Nuestro banco está registrado en todas partes.
- Exacto, Sr. director.
- Escuche, ¿por qué deberíamos engañarlos, si ellos mismos nos traen su propio dinero?
- Estoy de acuerdo con usted.
- Tenemos un nuevo sistema de alarma.
- Completamente nuevo, Sr. director.
- De acuerdo, ahora apaguémoslo. Entremos en la caja fuerte. Quizás haya algo interesante allí.
- Ya he apagado la alarma, Sr. director.
- ¡Bien hecho!

5

- Escucha, limpié la casa el sábado pasado.
- Y yo hice pizza ayer por la mañana.
- Yo arreglé la TV el jueves pasado.
- Yo cociné spaghettis con gallineta anteanoche.
- ¿Entonces por qué debería ir a buscar vino a la tienda?
- Porque yo no bebo vino. ¡Pero tú sí!

6

- Creo que estos billetes son falsos.
- Yo no lo creo. ¿Por qué crees eso?
- ¿Suele hacer dibujos de Bill Gates en los billetes de dólar?

brought other kinds of hundred-dollar bills. What kind do you like better - with pictures of rabbits or dogs?

3

- *By the way, do you know that a great misfortune happened to him?*
- *Really? What happened to him?*
- *His wife gave him away to a good home.*
- *Where?*
- *He lives in a big house now. They don't have a dog, so he protects the house and the garden.*
- *And they know that he is the robber?*
- *Probably not.*

4

- *Mr. manager, customers say that our bank is cheating them.*
- *You know that we never cheat our customers.*
- *Of course, Mr. manager.*
- *Think about it. We work in a normal way. We have a normal staff.*
- *You can't put it any better, Mr. manager. Our employees are just great!*
- *Our bank is registered everywhere.*
- *Exactly, Mr. manager.*
- *Listen, why should we cheat them, if they bring their own money themselves?*
- *I agree with you.*
- *We have a new alarm system.*
- *Completely new, Mr. manager.*
- *Okay, now turn it off. Let's go into the safe. Maybe there is something interesting in there.*
- *I already turned off the alarm, Mr. manager.*
- *Well done!*

5

- *Listen, I cleaned the house last Saturday.*
- *And I made a pizza yesterday morning.*
- *I repaired the TV last Thursday.*
- *I cooked spaghetti with red fish the night before yesterday.*
- *Then why should I go for wine to the store?*
- *Because I don't drink wine. And you do!*

6

- *I think that these bills are fake.*
- *And I don't think so. Why do you think so?*
- *Are there really pictures of Bill Gates on dollar bills?*

- Este no es Bill Gates.
- ¿Entonces quién es?
- No lo sé. Tal vez algún presidente. Pero no es Bill Gates. Estoy seguro.
- ¿Y por qué es rojo este billete?
- Sí. Eso es realmente extraño. Todos los otros billetes son legales, azules, y solamente este es rojo.

- This isn't Bill Gates.
- Who is it, then?
- I don't know. Maybe some president. But it isn't Bill Gates. I'm sure.
- And why is this bill red?
- Yes. That is truly strange. All the other dollar bills are regular, blue, and only this one is red.

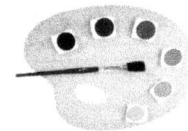

13

¡Hola, exotismo!
Hello, exotics!

 A

Palabras
Words

1. acabar - finish
2. actuar - act
3. adivinado - guessed
4. aduanas - customs
5. aeropuerto - airport
6. al otro lado - other side
7. algún - any
8. ambos - both
9. antiguo - old
10. atención - attention
11. aterrizar - land
12. autoridad - authority
13. ayudar - help
14. bar - bar
15. barra - bar
16. batalla - battle
17. bordo - board
18. brillante - brilliant
19. brisa - breeze
20. buen - good
21. buscar - search
22. calle - street
23. cama de agua - waterbed
24. cerrada - locked
25. con vistas a - overlooking
26. contener - contain
27. control - control
28. cruce - intersection
29. dar vueltas - spin
30. dedo - finger
31. deportes - sports
32. desaparecido - gone

33. descanso - rest
34. doble - double
35. ducha - shower
36. enviar - send
37. equipaje - luggage
38. esperando - waiting
39. estar - be
40. eufórico - euphoric
41. exacto - exactly
42. exótico - exotic
43. exotismo - exotics
44. experiencia - experience
45. familia - family
46. ganar - win
47. hacer ver - pretend
48. hecho - done
49. hora - hour
50. hotel - hotel
51. ilegalmente - illegal
52. imaginarse - imagine
53. incluso - even
54. informar - inform
55. inspección - inspection
56. intentando - trying
57. intercambiaron - exchanged
58. ir - go
59. junto con - together
60. línea - line
61. llamar - call
62. llevarse - take
63. local - local
64. madre - mother
65. mafioso - mob
66. maleta - suitcase
67. mar - sea
68. mensaje - message
69. miembro - member
70. militar - military
71. millón - million
72. millonario - millionaire
73. morir - die
74. muebles - furniture
75. música - music
76. norte de África - North of Africa
77. nota - note
78. ocultar - hide
79. padre - father
80. país - country
81. papá - dad
82. papel - paper
83. pasaporte - passport
84. personal - staff
85. poco amablemente - unkindly
86. por lo tanto - therefore
87. preguntar - ask
88. preocuparse - worry
89. prestar - pay
90. prisión - prison
91. proveedor - provider
92. que - that
93. quedarse - stay
94. quince - fifteen
95. razonablemente - reasonably
96. reciente - recent
97. recoger - pick up
98. reflejar - reflect
99. regresa - returns
100. repentino - sudden
101. responder - answer
102. silla - chair
103. SIM - SIM
104. sin - without
105. soborné - bribed
106. soldado - soldier
107. sonido - sound
108. super-ladrón - super-theft
109. taxi - taxi
110. terraza - terrace
111. texto - text
112. tienda - store
113. todavía - still
114. una vez - once
115. urgentemente - urgently
116. verde - green
117. vestido - dress
118. viajando - traveling
119. vida - life
120. vista - view
121. yo mismo - myself

B

¡Hola, exotismo!   *Hello, exotics!*

Paul Rost y Lisa Pandora llegan al aeropuerto. El amigo de Paul, Andrew, los lleva hasta allí en su coche. Entran. Paul lleva una bolsa de deportes grande. Lisa lleva dos maletas grandes. Paul le ayuda con las maletas. Son pesadas, pero le hace ver que son ligeras para él.
"¿Pesan las maletas, Paul?" pregunta Lisa.
"En absoluto," responde Paul, y señala con el dedo: "Tenemos que ir allí."
El personal del control de aduanas y pasaportes conoce a Paul Rost. Por lo tanto, pasan a través de aduanas y control de pasaportes sin inspección. Andrew y el personal le desean buen viaje. Paul y Lisa suben al avión.
Unas horas más tarde su avión aterriza. La vista es por todas partes bonita y exótica. Llegan al hotel y se registran.
"Tienen una terraza con vistas al mar y una gran cama de agua doble," dice un miembro del staff del hotel.
"¿Cama doble?" Lisa sonríe y mira a Paul. Paul mira por la ventana con vergüenza.
"Paul, ¿podría por favor comprarme una tarjeta SIM para el proveedor de servicios telefónicos local? Necesito llamar a mi madre urgentemente," pide Lisa, "Lo esperaré en la habitación, ¿de acuerdo?" añade.
"Por supuesto, Lisa," acepta Paul, y se dirige a un miembro del staff del hotel: "¿Dónde puedo comprar una tarjeta SIM para el proveedor de servicios telefónicos local?" pregunta.
"Salga del hotel y gire a la izquierda. Camine hasta el cruce y vuelva a girar a la izquierda. Hay una tienda que se llama exactamente Tarjeta SIM," responde el miembro del staff.
Paul va a la tienda, y Lisa sube a la habitación del hotel. Quince minutos más tarde, Paul regresa al hotel y sube a la habitación. Sobre la mesa hay una nota: "Estoy en la ducha. Saldré enseguida."
Paul sonríe y camina hasta la silla. El vestido de Lisa está encima de la silla. Retira el vestido y se sienta. Paul oye el sonido del agua y música en el

Paul Rost and Lisa Pandora arrive at the airport. Paul's friend, Andrew, drives them there in his car. They go inside. Paul has a large sports bag. Lisa has two large suitcases. Paul helps her with the suitcases. They are heavy, but he pretends that they are light for him.
"Are the suitcases heavy, Paul?" Lisa asks.
"Not at all," Paul answers, and points his finger: "We need to go there."
The staff of the customs and passport control know Paul Rost. Therefore, they pass through customs and passport control without an inspection. Andrew and the staff wish him a good vacation. Paul and Lisa get on the plane.
A few hours later their plane lands. Everywhere there are beautiful and exotic views. They arrive at the hotel and register.
"You have a terrace overlooking the sea and a large double waterbed," says a hotel staff member.
"Double bed?" Lisa smiles and looks at Paul. Paul looks out the window in embarrassment.
"Paul, could you please buy me a SIM card for the local phone service provider? I urgently need to call my mother," Lisa asks, "I'll wait for you in the room, okay?" she adds.
"Of course, Lisa," Paul agrees, and addresses a hotel staff member: "Where can I buy a SIM card for the local phone service provider?" he inquires.
"Go out of the hotel and turn left. Walk to the intersection and turn left again. There is a store called just SIM Card," the staff member replies.
Paul goes to the store, and Lisa goes up to the hotel room. Fifteen minutes later, Paul returns to the hotel and goes up to the hotel room. On the table there is a note: "I'm in the shower. I'll come out soon."
Paul smiles and walks over to the chair. Lisa's dress is on the chair. He takes the dress and sits in the chair. Paul hears the sound of water and music in the bathroom. He smells the dress. His

cuarto de baño. Huele el vestido. Su cabeza empieza a dar vueltas.

"Es todo tan repentino," piensa Paul. "Hace una semana ni siquiera conocía a Lisa. Y ahora estoy con ella en este país exótico." Sale a la terraza. Por todas partes hay árboles verdes y flores. Muy por debajo está el mar azul. Paul se siente eufórico con el olor del mar. Diez minutos más tarde regresa a la habitación y va a la puerta del cuarto de baño. Llama a la puerta: "Lisa, ¿le falta mucho?" pregunta. No hay respuesta. "¿Está usted bien?" pregunta, y vuelve a llamar.

A continuación llama una vez más, fuerte. No hay respuesta. Intenta abrir la puerta, pero está cerrada. Llama al staff del hotel y les pide que vayan a su habitación urgentemente. Un minuto más tarde, los miembros del staff entran y abren la puerta. No hay nadie en el cuarto de baño. Paul mira al staff. Los miembros del staff miran a Paul. Paul busca sus cosas y las de Lisa. Su bolsa de deportes está en el suelo. El equipaje de Lisa ha desaparecido. Solamente su vestido está sobre la silla. Paul ve que los miembros del staff están intentando ocultar sus sonrisas.

Sale del hotel y entra en un bar al otro lado de la calle. Se sienta, bebe agua mineral y empieza a reflexionar. Un hombre está sentado a su lado y pone su mano sobre la barra. Paul mira la mano y ve un tatuaje que dice: "¡No hay tiempo que perder!" Paul levanta la vista y ve al ladrón de muebles.

"Hola," dice el ladrón.

"Oh, el super-ladrón... ¿Cómo está?" pregunta Paul, mirándolo con sorpresa.

"Me llamo Peter Ashur. Escuche. Usted es un buen tipo. Quiero ayudarle. No se preocupe por Lisa. Está viajando en bus a otra ciudad," dice.

"¿Así que ustedes dos trabajan juntos?" sonríe el detective poco amablemente.

"Está llevando las maletas a John Vega, que la está esperando en un hotel," continúa rápidamente el ladrón, sin prestar atención a las palabras de Paul. "Ella piensa que hay dinero en las maletas. No sé cuánto. Pero, de hecho, el dinero está en estas maletas," el ladrón señala con la mano hacia abajo. Paul mira y ve las maletas de Lisa. El ladrón rápidamente continúa: "Soborné a los

head begins to spin.

"It's all so sudden," Paul thinks. "A week ago I didn't even know Lisa. And now I am with her in this exotic country." He goes out to the terrace. Everywhere there are green trees and flowers. Far below, there is the blue sea. A light breeze blows from the sea. Paul feels euphoric from the smell of the sea. Ten minutes later he returns to the room and goes to the bathroom door. He knocks on the door: "Lisa, will you be much longer?" he asks. There is no answer. "Are you okay?" he asks, and knocks again.

Then he knocks once again, loudly. There is no answer. He tries to open the door, but it is locked. He calls the hotel staff and asks them to come to his room urgently. A minute later, staff members come in and open the door. There is no one in the bathroom. Paul looks at the staff. The staff members look at Paul. Paul searches for his and Lisa's things. His sports bag is on the floor. Lisa's luggage is gone. Only her dress lies on the chair. Paul sees that the staff is trying to hide their smiles.

He leaves the hotel and walks into a bar across the street. He sits down, drinks mineral water and begins to reflect. A man sits down next to him, and puts down his hand on the bar. Paul looks at the hand and sees a tattoo that says: "Do not waste time!" Paul looks up and sees the furniture thief.

"Hi," the thief says.

"Oh, super-thief... How are you?" Paul asks, looking at him in surprise.

"My name is Peter Ashur. Listen. You're a good guy. I want to help you. Don't worry because of Lisa. She is riding a bus to another town," he says.

"So the two of you work together?" the detective smiles unkindly.

"She is taking the suitcases to John Vega, who is waiting for her in a hotel," the thief quickly continues, not paying attention to Paul's words. "She thinks that there is money in her suitcases. I don't know how much. But, in fact, the money is in these suitcases," the thief points down with his hand. Paul looks down and sees Lisa's suitcases. The thief quickly continues: "I bribed the loaders

cargadores del aeropuerto e intercambiaron las maletas. Ella tiene exactamente las mismas maletas, pero contienen papeles en lugar de dinero," sonríe Ashur.
"A veces actúa razonablemente," dice el detective sorprendido, "¿Ahora probablemente desea vivir aquí como millonario?" añade.
"Eso no es importante ahora mismo. ¿Puede ayudarme?" pregunta Peter Ashur.
"¿Quiere que vuelva a ayudarle a cargar muebles?" pregunta Rost.
"Mi padre está en la prisión Hal Hut. No está lejos de aquí. Es un anciano. No quiere morir en la cárcel. Pero se quedará allí el resto de sus días si no le ayudo," dice Ashur.
"¿Por qué está en prisión? ¿También le gusta el olor de los muebles de otras personas?" pregunta Paul.
"Mi padre no hizo nada malo. Lo condenaron a veinte años de cárcel y solamente envió mensajes con chistes sobre los gobernantes del país," dice Peter Ashur.
"Debería haber adivinado que procede de una familia brillante. ¿Cómo quiere que le ayude?" pregunta Paul Rost.
"Tengo que encontrar un buen piloto de aviones. Debo sacar a mi padre de este país," dice Ashur.
"¿A dónde quiere llevar a su padre?" pregunta Paul.
"Quiero llevarme no solo a mi padre sino también a otras pocas personas al norte de África esta noche. Puedo manejar un avión, pero por allí hay batallas y yo no tengo experiencia militar. Pero usted es un antiguo piloto militar y puede hacer el trabajo. Le pagaré dos cientos mil dólares. ¿Qué dice?" ofrece Ashur.
"¿Tengo que llevar un avión al norte de África? ¿Cree que soy tan idiota como usted?" protesta Paul.
"Sí," dice el hombre, y toma un sorbo de agua, "Soborné al personal del aeropuerto local. Quiero que saque a mi padre de aquí en ese avión. Y usted puede ganar un montón de dinero," insiste Ashur.
"Sería un completo imbécil si le creyera. Y... sería mejor para usted que no volviéramos a vernos," dice Paul Rost. Se levanta y se va.

at the airport here and they switched the bags. She has the exact the same suitcases, but they contain paper instead of money," Ashur smiles.
"Sometimes you act reasonably," the detective says in surprise, "Now you probably want to live here as a millionaire?" he adds.
"That isn't important right now. Can you help me?" Peter Ashur asks.
"You want me to help you load furniture again?" Rost asks.
"My father is in the Hal Hut prison. It isn't far from here. He is an old man. He doesn't want to die in prison. But he will stay in prison for the rest of his life if I don't help him," Ashur says.
"Why is he in prison? He also likes the smell of other people's furniture?" Paul asks.
"My father didn't do anything wrong. He was given twenty years in prison, and he only sent out text messages with jokes about the rulers of this country," Peter Ashur says.
"I should have guessed that you're from a brilliant family. How do you want me to help you?" Paul Rost asks.
"I have to find a good airplane pilot. I have to take my father out of this country," Ashur says.
"Where do you want to take your father?" Paul asks.
"I want to take not only my father but a few other people to North Africa tonight. I can fly a plane, but there are battles over there and I don't have any military experience. But you are a former military pilot and you can do this job. I'll pay you two hundred thousand dollars. What do you say?" Ashur offers.
"I have to fly a plane to North Africa? Do you think that I'm an idiot just like you?" Paul protests.
"Yes," the man says and takes a drink of water, "I bribed the staff of the local airport. I want to take my dad out of here on this plane. And you can earn a lot of money," Ashur insists.
"I'll be a great fool if I believe you. And... It would be better for you if we never meet again," Paul Rost says. He gets up and leaves.
"You idiot! I will do this job myself and keep all the money!" the man shouts after him.
Paul goes to the hotel and packs his things. Then

"¡Idiota! ¡Haré yo mismo el trabajo y me quedaré con todo el dinero!" grita el hombre.
Paul va al hotel y recoge sus cosas. Después hace una llamada telefónica.
"¡Hola, Paul! ¿Qué tal las vacaciones?" dice Andrew al otro lado de la línea.
"Mucho más emocionantes de lo que te imaginas," responde Paul.
"No pareces emocionado," nota su amigo, "¿Quizás tiene algo que ver con el reciente robo al banco? ¿Todavía no lo sabes? Ocurrió la noche antes de que te fueras. John Vega desapareció junto con cuatro millones de dólares del banco."
"Lisa Pandora y John Vega robaron ese dinero. Ambos están aquí, pero no sé dónde. En cualquier caso, el dinero robado estaba en las maletas que ayudé a Lisa Pandora a llevar. También tengo alguna información sobre el norte de África. Un avión volará ilegalmente de aquí al norte de África. Llevará a varias personas a bordo. Quizás soldados o mafiosos. Y también habrá dos idiotas de nuestro país. Informa de esto a las autoridades. Si necesitas más información, intentaré descubrirla," dice Paul.
"Es una pena que tus vacaciones hayan terminado tan rápidamente. Te llamaré pronto. Ya nos veremos, y no estés triste," dice Andrew.
"Estoy bien. Hasta pronto," concluye Paul, llama a un taxi, y va al aeropuerto.

he makes a phone call.
"Hi, Paul! How is your vacation?" Andrew says on the other end of the line.
"A lot more exciting than you might think," Paul responds.
"You don't sound excited," his friend notes, "Maybe this has to do with the recent bank robbery? Don't you know about it yet? It happened the night before you left. John Vega disappeared along with four million dollars from the bank."
"Lisa Pandora and John Vega stole that money. They are both here, but I don't know where they are. By the way, the stolen money was in the suitcases that I helped Lisa Pandora carry. I also have some information about North Africa. A plane will fly illegally from here to North Africa. There will be some people on board. Maybe soldiers or the mob. And there will also be two idiots from our country. One of them will probably fly the airplane. Report this to the authorities. If you need more information, I'll try to find out," Paul says.
"It's a pity that your vacation ended so quickly. I'll call you soon. See you later, and don't be sad," Andrew says.
"I'm fine. See you," concludes Paul, calls a taxi, and rides to the airport.

C

Repaso de nuevo vocabulario

1
- ¿Hoy es miércoles o jueves?
- Hoy es miércoles.
- ¿Sabes qué hora es?
- Lo comprobaré en mi teléfono. Exactamente las tres.
- Gracias. En cualquier caso, ¿está seco o lloviendo fuera?
- Está lloviendo, pero no hace frío.

2
- ¿Sabes que el aeropuerto está cerrado por la niebla?
- ¿De veras? ¿Y los aviones no vuelan?

New vocabulary review

1
- *Is it Wednesday or Thursday today?*
- *Today is Wednesday.*
- *Do you know what time is it?*
- *I will check my phone. Exactly three o'clock.*
- *Thank you. By the way, is it dry or raining outside?*
- *It is raining, but it isn't cold outside.*

2
- *Do you know that the airport is closed because of the fog?*
- *Really? And the planes don't fly?*
- *Of course they don't fly. The fog is so thick*

- Por supuesto que no vuelan. La niebla es tan espesa que hasta los pájaros caminan.

3
- Uno de nuestros antiguos clientes quiere reunirse con usted, Sr. director.
- ¿Qué quiere?
- Dice que tiene una sorpresa para usted.
- ¿Es una sorpresa buena o mala?
- Viendo su cara, yo diría que probablemente no es buena.
- ¿Cuánto tiempo queda hasta que acabe el día?
- Veinte minutos, Sr. director.
- De acuerdo. Me voy.
- ¿A dónde va, Sr. director? La puerta está por allí.
- Hoy es mejor que salga por la ventana. Después de todo, ¡estamos en la planta baja!

4
- ¡Qué brisa de mar más agradable!
- Sí, y la vista del mar también es muy bonita.
- De acuerdo, suficiente. Es hora de recoger y cargar las cajas.
- ¿Qué cree, Sr. director, la oficina de aduanas no adivinó que estamos embarcando estas cajas ilegalmente?
- Por supuesto que lo adivinó.
- ¿Qué hacemos ahora? Eso es un gran problema para nosotros.
- No se preocupe. Lo soborné.
- Sr. director, vinieron los otros oficiales de aduanas.
- ¿Para qué?
- También quieren que los soborne. ¡Déles dinero!
- De acuerdo, lo haré. Qué país más agradable. ¡Aquí todos están eufóricos y tienen buen apetito!

5
- ¿Quién es tu proveedor de servicios de telefonía móvil?
- No lo sé.
- ¿Y qué tipo de teléfono móvil tienes?
- No lo sé.
- ¿Tiene tu móvil una tarjeta SIM o dos?
- ¿Por qué lo preguntas?
- Simplemente me interesa.
- Pues a mí no me interesa.

that even the birds walk.

3
- *One of our former clients wants to meet with you, Mr. manager.*
- *What does he want?*
- *He says that he has a surprise for you.*
- *Is it a good or a bad surprise?*
- *Judging at his face, I would say that it probably isn't good.*
- *How much time is there until the end of the day?*
- *Twenty minutes, Mr. manager.*
- *Okay. I'm leaving.*
- *Where are you going, Mr. manager? The door is over there.*
- *Today, I'd better leave through the window. After all, we're on the ground floor!*

4
- *What a pleasant light breeze from the sea!*
- *Yes, and the sea view is also very beautiful.*
- *Okay, enough. It's time to pack and load boxes.*
- *What do you think, Mr. manager, the customs officer didn't guess that we ship these boxes illegally?*
- *Of course he guessed.*
- *What should we do now? This is a big problem for us.*
- *Don't worry. I bribed him.*
- *Mr. manager, the other customs officers came.*
- *What for?*
- *They also want to be bribed. Give them money!*
- *Okay, I will. What a pleasant country. Here, everyone is euphoric and has a good appetite!*

5
- *What is your cell-phone service provider?*
- *I don't know.*
- *And what kind of a cell-phone do you have?*
- *I don't know.*
- *Does your phone have one SIM card or two?*
- *Why do you ask?*
- *I'm just interested.*
- *And I'm not interested.*

14

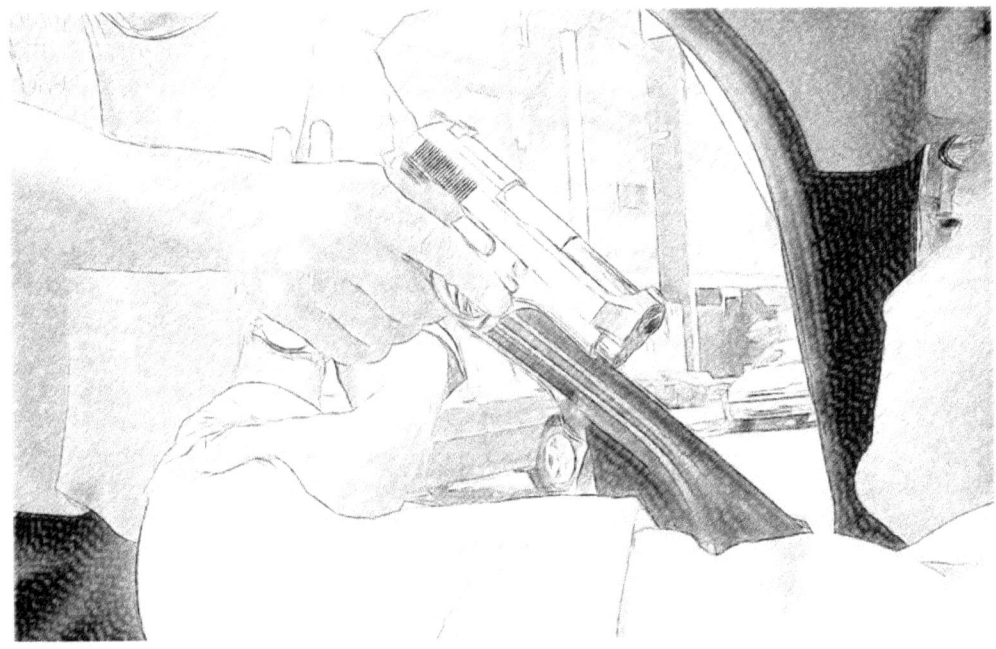

¿Dónde está mi dinero?
Where is my money?

A

Palabras
Words

1. abierta - open
2. acercarse - approach
3. acercó - approached
4. agarró - grabbed
5. alrededor - around
6. apuntó - pointed
7. árbol - tree
8. aulló - yelled
9. billetera - wallet
10. bistec - steak
11. bolso - purse
12. caminó - walked
13. cayó - fell
14. celda - cell
15. cerrados - closed
16. ciudad - town
17. coger - take
18. comiste - ate
19. comprobó - checked
20. conductor - driver
21. contratar - hire
22. corrió - ran
23. cuidadosamente - neatly
24. darse cuenta - realize
25. decidió - decided
26. despacio - slowly
27. eléctrica - electric
28. error - mistake

29. escuchando - hearing
30. esposar - handcuff
31. fácil - easy
32. fue - was
33. fumando - smoking
34. furgoneta - van
35. golpeó - knocked
36. gritó - shouted
37. habitación - room
38. hecho - made
39. humo - smoke
40. levantarse - rise
41. llegó - arrived
42. maloliente - smelly
43. manzana - block
44. miró - looked
45. mozo - porter
46. número - number
47. ojos - eyes
48. olisqueó - sniffed
49. ordinario - ordinary
50. parque - park
51. pecho - chest
52. pensando - thinking
53. pensó - thought
54. pierna - leg
55. planta - floor
56. prisión - jail
57. propina - tip
58. radio - radio
59. respondió - replied
60. robar - rob
61. robó - robbed
62. ropa - clothes
63. sabía - knew
64. sacó - pulled
65. saliendo - leaving
66. salir - leave
67. se sentó - sat
68. semáforo - traffic light
69. sonrió - smiled
70. sorprendido - stunned
71. sucia - dirty
72. suficiente - enough
73. Taser - Taser
74. tintorería - cleaners
75. transportaba - transported
76. vagabundo - vagabond
77. volar - fly

B

¿Dónde está mi dinero?

Lisa Pandora llegó a otra ciudad en bus. Fue al hotel "Karma", y subió a la segunda planta. Lisa llegó a la puerta de la habitación número diez y se detuvo. Dio al mozo una propina y él se marchó. Lisa se acercó más a la puerta, sacó una Taser de su bolso y se la metió en el bolsillo. Llamó a la puerta. John Vega la abrió. Rápidamente salió al pasillo, cogió las maletas y se las llevó a la habitación. Lisa también entró en la habitación y cerró la puerta.
"¿Fue todo bien? ¿Está Rost todavía esperando fuera del cuarto de baño?" sonrió John Vega.
"Todo fue bien. Creo que Rost ya se ha ido a casa. Se le han terminado las vacaciones," respondió Pandora.
John Vega puso las maletas en el suelo y las

Where is my money?

Lisa Pandora arrived in another town by bus. She came to the hotel "Karma", and went up to the second floor. Lisa came up to the door of room number ten and stopped. She gave the porter a tip, and he left. Lisa came close to the door, then took a Taser out of her purse and put it in her pocket. She knocked on the door. John Vega opened the door. He quickly went out to the corridor, took the suitcases and carried them into the room. Lisa also went into the room and closed the door.
"Did everything go well? Is Rost still waiting outside the bathroom?" John Vega smiled.
"Everything went okay. I think that Rost has already gone home. His vacation is over," Pandora replied.

abrió. Había paquetes de dinero colocados cuidadosamente dentro de ella.
"Aquí hay dinero suficiente para contratar a doscientos soldados. Ahora ya podemos volar al norte de África," cogió un paquete y lo abrió. Papeles ordinarios cayeron al suelo.
"¿Qué es esto?" John Vega abrió otro paquete. También contenía papeles normales. Pandora estaba sorprendida.
"¡Cambiaste las maletas!" gritó ella a Vega. La cara de John Vega estaba roja de ira. Fue hacia Pandora y le gritó.
"¿Dónde está mi dinero? ¡Dame mi dinero!" la agarró por el cabello y la golpeó en la cabeza con una maleta, "¡Dame mi dinero!" gritó.
Pandora cayó al suelo. Dio una descarga eléctrica a Vega en la pierna con su Taser. Él cayó al suelo. Pandora le dio más descargas eléctricas con su Taser.
"¡Aquí está tu dinero, idiota! ¡Aquí hay más! ¡Y aquí más todavía!" Pandora dio descargas eléctricas a Vega una y otra vez en la cara y el pecho. De John Vega empezó a salir humo. Estaba en el suelo y no se movía. A continuación Pandora se acercó a las maletas. Miró los papeles.
"¡Solo Peter Ashur podría haber hecho esto! ¡Sólo él sabía lo del dinero!," cogió su bolso y miró a Vega. Seguía tumbado con los ojos cerrados. Todavía salía humo de él. Pandora le cogió el pasaporte y la billetera del bolsillo y los metió en su bolso. Dejó la habitación y caminó rápidamente hacia el ascensor.
Después de unos diez minutos, Vega abrió los ojos. Miró a su alrededor. A continuación se levantó lentamente y se sentó en una silla. Se dio cuenta de que su billetera y su pasaporte habían desaparecido.
"Te mataré, Pandora," gritó. Vega sacó una pistola del bolsillo y la comprobó. A continuación volvió a guardarla y dejó la habitación. Salió y miró a su alrededor. No sabía qué hacer. No podía volver a casa porque la policía lo estaba buscando. Sin dinero y sin pasaporte, ahora era como un vagabundo. Caminó por la calle, pensando qué hacer. El dinero había desaparecido. En casa, la policía lo estaba buscando. Todo se había perdido. Ahora incluso

John Vega put the suitcases on the floor and opened them. Packs of money lay neatly in the suitcase.
"There is enough money here to hire two hundred soldiers. Now we can fly to North Africa," he picked up one pack and opened it. Ordinary paper fell to the floor.
"What is this?" John Vega opened another pack. In it there was also regular paper. Pandora was shocked.
"You switched the suitcases!" she shouted at Vega. John Vega's face was red and angry. He went up to Pandora and shouted at her.
"Where is my money? Give me my money!" he grabbed her by the hair and hit her on the head with a suitcase, "Give me my money!" he shouted. Pandora fell to the floor. She stunned Vega in the leg with her Taser. He fell to the floor. Pandora stunned him again and again with her Taser.
"Here's your money, you idiot! Here's some more! And here's more!" Pandora stunned Vega again and again in the face and chest. Smoke began to rise from John Vega. He lay on the floor and no longer moved. Then Pandora walked to the suitcases. She looked at the paper.
"Only Peter Ashur could have done this! Only he knew about the money," she took her purse and looked at Vega. He lay with his eyes closed. Smoke was still rising from him. Pandora took the passport and wallet out of his pocket and put them in her purse. She left the room and quickly walked to the elevator.
After about ten minutes, Vega opened his eyes. He looked around. Then he slowly got up and sat on a chair. He realized that his wallet and passport were gone.

"I will kill you, Pandora," he shouted. Vega pulled a gun out of his pocket and checked it. Then he put it back in his pocket and left the room. He went outside and looked around. He didn't know what to do next. He couldn't go back home because the police was looking for him. Without money and without a passport, he was now like a vagabond. He walked down the street, thinking what to do. The money was gone. Back home, the police was looking for him. Everything

estaba preparado para robar una tienda o un banco. Había una furgoneta detenida en el semáforo. Se dio cuenta de que era una furgoneta del banco que transportaba dinero. Caminó a su lado despacio, mirando hacia el conductor. La ventanilla del habitáculo del conductor estaba abierta. En el habitáculo había unas cuantas bolsas. El conductor estaba fumando y escuchando la radio. Vega miró a su alrededor, después sacó la pistola y avanzó hacia la furgoneta.

"¡Déme la bolsa!" aulló, y apuntó al conductor con la pistola. El conductor miró la pistola. Después miró a su alrededor, cogió una bolsa y se la entrega a Vega.

"¡Quédese sentado!" gritó Vega, y salió corriendo. Corrió tres o cuatro manzanas. Después llegó a un parque y se sentó bajo un árbol. Estaba muy contento. Robar - ¡es tan fácil! Abrió la bolsa y sacó algo. No era dinero. Era ropa sucia y maloliente. Arrojó la bolsa al suelo. Se dio cuenta de que había robado la furgoneta de una tintorería. Había cometido otro error. Vega decidió regresar al hotel.

"¡Manos arriba!" tras él se encontraban dos policías. Lo apuntaban con sus pistolas. Vega levantó las manos y ellos lo esposaron. La policía se lo llevó a la prisión local. Había algunas personas más en la celda. Un hombre se acercó a él y le olisqueó la ropa.

"¿Comiste bistec?" preguntó, "¿Te queda algo? Hace dos días que no como."

"Te mataré, Pandora…" pensó John Vega, "Y en cuanto a ti, Peter Ashur - también te mataré."

was lost. Now he was even ready to rob a store or bank. A van was stopped at the traffic lights. He realized that it was a bank's van, which transported money. He walked by slowly, looking at the driver. The window of the driver's cab was open. In the cab were a few bags. The driver was smoking and listening to the radio. Vega looked around, then pulled out his gun and walked up to the van.

"Give me the bag!" he yelled and pointed the gun at the driver. The driver looked at the gun. Then he looked around, picked up a bag and gave it to Vega.

"Sit still!" Vega shouted and ran away. He ran three or four blocks. Then he ran into a park and sat under a tree. He was very happy. To rob - that's so easy! He opened the bag and pulled something out. It wasn't money. These were some kind of dirty, smelly clothes. He threw the bag on the ground. He realized that he had robbed a dry cleaners' van. He made another mistake. Vega decided to return to the hotel.

"Hands up!" behind him stood two policemen. They pointed their guns on him. Vega raised his hands, and they handcuffed him. The police took him to the local jail. There were a few other people in the jail cell. One of them approached him and sniffed his clothes.

"Did you eat a steak?" he asked, "Do you have some left? I haven't eaten in two days."

"I'll kill you Pandora ..." John Vega thought, "And you, Peter Ashur - I'll kill you too."

C

Repaso de nuevo vocabulario

1

- ¿Hoy es jueves o viernes?
- Hoy es jueves.
- ¿Sabes qué hora es?
- Lo comprobaré en mi teléfono. Son las cuatro menos diez.
- Gracias. En cualquier caso, ¿hace viento fuera?
- Hace frío, pero fuera no hace viento.

New vocabulary review

1

- Is it Thursday or Friday today?
- It is Thursday today.
- Do you know what time is it?
- I will check my phone. It's ten minutes to four.
- Thank you. By the way, is it windy outside?
- It is cold, but it isn't windy outside.

2

- ¡Me robaron!
- ¿Quién te robó?
- ¡Este sucio vagabundo me robó!
- ¿Cómo lo hizo?
- Me sacó la billetera del bolsillo.
- ¿Qué había en tu billetera?
- Mi pasaporte y dinero.
- ¿Por qué está saliendo humo de la cabeza de este sucio vagabundo?
- Le di una descarga eléctrica con una Taser.

3

- Déme un poco de agua, por favor.
- No hay agua.
- Entonces déme un poco de zumo, por favor.
- Tampoco hay zumo.
- ¡Déme un bistec!
- No hay bistec. ¿Quiere fumar o beber un poco de vino? ¿O tal vez prefiere escuchar la radio?
- No, en otro momento. Tiene una cafetería estupenda.
- Gracias. Todo el mundo lo dice. Y estamos muy satisfechos.

4

- ¡Estoy sorprendido!
- ¿Qué ha ocurrido?
- ¡Mi ordenador no deja de cometer errores!
- ¿Qué tipo de errores comete tu ordenador?
- ¡Siempre se equivoca! ¡Y tarda mucho tiempo en pensar!
- Interesante. ¿En qué piensa tu ordenador?
- A mí también me interesa. ¡Qué ordenador más raro!

5

- ¿Tengo un pecho bonito?
- Sí. ¿Pero está sucio?
- No está sucio. Es un tatuaje.
- Déjame verlo mejor.

6

- ¿Está el hotel contratando nuevo personal?
- Sí. Este hotel necesita personal para limpieza de habitaciones.
- ¿Necesitan también un cocinero?
- Sí, también necesitamos un cocinero. ¿Es usted cuidadoso?
- Sí, ¡soy muy cuidadoso!
- ¿Qué sabe cocinar?

2

- *I was robbed!*
- *Who robbed you?*
- *This dirty bum robbed me!*
- *How did he do it?*
- *He pulled the wallet out of my pocket.*
- *What was in your wallet?*
- *My passport and money.*
- *Why is there smoke coming out of this dirty bum's head?*
- *I stunned him with a Taser.*

3

- *Give me some water, please.*
- *There isn't any water.*
- *Then give me some juice, please.*
- *There isn't any juice either.*
- *Give me a steak!*
- *There is no steak. Would you like to smoke or drink some wine? Or maybe you would like to listen to the radio?*
- *No, some other time. You have a wonderful cafe.*
- *Thank you. Everyone says so. And we are very pleased.*

4

- *I'm shocked!*
- *What happened?*
- *My computer keeps making mistakes!*
- *What kind of mistakes does your computer make?*
- *It is always wrong! And it takes a long time to think!*
- *Interesting. What is your computer thinking about?*
- *I'm also interested. What a strange computer!*

5

- *Do I have a nice chest?*
- *Yes. But why is it dirty?*
- *It isn't dirty. That's a tattoo.*
- *Let me get a better look.*

6

- *Is the hotel hiring new staff?*
- *Yes. This hotel needs staff for room cleaning.*
- *Do they also need a cook?*
- *Yes, they also need a cook. Are you neat?*
- *Yes, I'm very neat!*
- *What can you cook?*
- *I can cook an ordinary pizza.*

- Sé cocinar pizza ordinaria.
- ¿Es eso todo?
- También puedo cocinar pizza extraordinaria. ¡Y lo hago cuidadosamente!

7
- ¿De quién es esta ropa?
- Es ropa de chica.
- ¿Y dónde está la chica?
- Está en el mar.
- Soy mozo del hotel. Dígale que le llevaré su bolso y su ropa a la habitación. ¡Ah-ah-ah!
- ¿Qué ha ocurrido?
- ¡Algo me ha dado una descarga eléctrica!
- Es una Taser. La chica la dejó debajo de su ropa.

8
- ¿De quién es este pasaporte?
- Es mío, Sr. oficial de aduanas.
- ¿De quién es esta caja?
- Esta caja pertenece a aquel chico. Me pidió que la llevara a aduanas.
- ¿Qué hay en la caja?
- Periódicos y una radio, Sr. oficial de aduanas.
- ¿Está seguro?
- Eso es lo que me ha dicho.
- Abrámosla juntos y comprobémoslo.
- De acuerdo.
- ¿Qué son esas pastillas y pistolas?
- No lo sé, Sr. oficial de aduanas. Tiene que preguntarle al chico.
- Chico, ¿son suyas estas pastillas y pistolas?
- ¡Por supuesto que no!
- ¿Puedo irme ya, Sr. oficial de aduanas?
- Sí. Váyase. Este oficial de policía lo llevará a donde necesita ir.

9
- ¿Por qué lleva pastillas y pistolas?
- Un chico me pidió que lo hiciera, Sr. policía.
- ¿Le dio dinero?
- No. Solamente me lo pidió. Dijo que había periódicos y una radio.
- ¿Por qué aceptó?
- Probablemente porque soy un idiota amable.

- Is that all?
- I can cook an unusual pizza, too. And I do it neatly!

7
- Whose clothes are these?
- These are a young woman's clothes.
- And where is the young woman herself?
- She is in the sea.
- I am a porter from the hotel. Tell her that I'll take her purse and clothes to her room. Ah-ah-ah!
- What happened?
- Something stunned me!
- It's a Taser. The young woman left it under her clothes.

8
- Whose passport is this?
- This is my passport, Mr. customs officer.
- Whose box is this?
- This box belongs to that young man. He asked me to carry it through customs.
- What's in the box?
- Newspapers and a radio, Mr. customs officer.
- Are you sure?
- That's what he told me.
- Let's open it together and check.
- Let's.
- What are these pills and guns?
- I don't know, Mr. customs officer. You have to ask that young man.
- Young man, are these your pills and guns?
- Of course not!
- Can I go now, Mr. customs officer?
- Yes. Go. This police officer will take you where you need to go.

9
- Why were you transporting pills and guns?
- A young man asked me to do so, Mr. policeman.
- Did he give you money for it?
- No. He just asked. He said that there were newspapers and a radio.
- Why did you agree?
- Probably because I am a kind idiot.

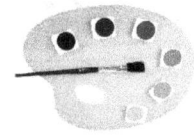

15

El juicio
The trial

A

Palabras

1. abogado - lawyer
2. aceptó - accepted
3. activar - active
4. adormilado - sleepy
5. agarrar - grab
6. agradecer - thank
7. alimentar - feed
8. alrededor - around
9. amenazó - threatened
10. arrestado - arrested
11. arrestar - arrest
12. asco - disgust
13. audiencias - court room
14. bomba - bomb
15. bostezó - yawned
16. camino - road
17. cansado - tired
18. capital - capital
19. castigar - punish
20. castigo - punishment
21. cliente - client
22. colores - colors
23. conducido - driven
24. condujo - drove
25. confiscación - confiscation
26. consultar - consult
27. continuó - continued
28. cuerpo - body
29. culo - butt
30. dado que - as
31. darse cuenta - realize
32. decisión - decision

33. declaró - declared
34. defendido - defendant
35. defensa - defense
36. defensor - defender
37. dijo - said
38. dormir - sleep
39. entró - entered
40. experimento - experiment
41. explotó - exploded
42. fiscal - prosecutor
43. guiñó - winked
44. hambre - hungry
45. hizo - made
46. interés - interest
47. investigación - investigation
48. jaula - cage
49. juez - judge
50. juicio - trial
51. justificó - justified
52. lamer - lick
53. lamió - licked
54. líder - leader
55. loco - maniac
56. menos - less
57. mostró - showed
58. motor - engine
59. muerte - death
60. nariz - nose
61. necesitó - needed
62. oficial - officer
63. ofreció - offered
64. oler - smell
65. organización - organization
66. pared - wall
67. parte - part
68. patio - yard
69. pena - penalty
70. pintando - painting
71. pintar - paint
72. posible - possible
73. preso - convict
74. probar - prove
75. prometió - promised
76. propiedad - property
77. proporcionó - provided
78. propuso - suggested
79. puso - put
80. que aproveche - bon appetit
81. rascó - scratched
82. rayas - stripes
83. reverencia - bow
84. robar - rob
85. rufián - scoundrel
86. sala - room
87. saltó - jumped
88. sapo - toad
89. se detuvo - stopped
90. seguridad - security
91. señalar - point
92. señoría - honor
93. sentencia - sentence
94. severa - severe
95. sexualmente - sexually
96. subió - climbed
97. sucia - dirty
98. sueños - dreams
99. sustancia - substance
100. terrorista - terrorist
101. todos - all
102. turista - tourist
103. usando - using
104. vamos - let's go
105. victorioso - victorious
106. vio - saw
107. volar - fly

B

El juicio

"Si me das algo de comer, te dejaré lamer este sapo," propuso alguien de la celda de la prisión a John Vega.

The trial

"If you give me something to eat, then I'll let you lick this toad," someone in the prison cell suggests to John Vega.

"¿Qué sapo?" dijo John Vega con sorpresa.
"Estoy hambriento, porque aquí casi nunca nos alimentan. Si me das algo de comer, te dejaré lamer el culo de este sapo," continuó el hombre.
"¿Por qué debería lamer el culo del sapo?" Vega no comprendía.
"Los sapos tienen un tipo de sustancia ahí en el culo que te hace ver sueños de colores día y noche," el hombre le mostró el sapo a Vega. Lamió el culo verde y sonrió, "Genial. ¿Quieres un poco? Toma," ofreció.
"Gracias, lámelo tú, y... que aproveche," Vega se dio la vuelta con asco.
Un guarda de seguridad se acercó a la puerta de la celda y se sacó las llaves del bolsillo.
"¡Sal, rufián!" dijo el guarda en voz alta, abriendo la puerta. Varias personas se levantaron y fueron hacia la puerta, "Tú no. Tú. Levántate y vete," señaló a Vega. Vega se levantó y salió de la celda. El guarda cerró la puerta.
"¡Baja por este pasillo! ¡Camina hasta la puerta y después para!" ordenó. Vega bajó por el pasillo y llegó a la puerta. Se detuvo. El guarda llamó a la puerta y la abrió.
"¡Entra!" le dijo a John Vega. Vega entró en una habitación grande. Allí había dos jaulas grandes. Un hombre estaba sentado dentro de una de las jaulas. El guarda abrió la otra jaula.
"¡Entra!" ordenó de nuevo. Vega entró en la jaula y miró a su alrededor. En la habitación había unas cuantas mesas con gente sentada detrás. Vega se dio cuenta de que era una sala de audiencias. Cerca de la ventana, dos obreros pintaban la pared. La habitación olía fuertemente a pintura. Los obreros llevaban ropa de rayas, y Vega se dio cuenta de que eran presos.
"Señoría," declaró una de las personas, levantándose, "solicito un castigo severo para este rufián," señaló con asco hacia el hombre de la otra jaula. "Prometió a cinco mujeres trabajo en una tienda, pero en lugar de eso las explotó sexualmente. Yo, como fiscal, ¡solicito una pena de 190 años de cárcel o pena de muerte!"
"¿Qué dice la defensa?" preguntó el juez.
"Señoría, esas mujeres fueron explotadas sexualmente muchos años antes de que él les ofreciera trabajo. Al menos dos de ellas han

"What toad?" John Vega said in surprise.
"I'm hungry, because they almost never feed us here. If you give me some food, I'll let you lick this toad's butt," the man continued.
"Why would I lick this toad's butt?" Vega didn't understand.
"This toad has some kind of substance there on the butt that lets you see colorful dreams day and night," the man showed the toad to Vega. He licked the green butt and smiled, "Cool. Want some? Here," he offered.
"Thank you, lick it yourself, and ... bon appetit," Vega turned away in disgust.
A security guard approached the cell door and pulled the keys out of his pocket.
"Come out, scoundrel!" the guard said loudly, opening the door. Several people stood up and walked to the door, "Not you. You. Get up and leave," he pointed to Vega. Vega got up and walked out of the cell. The guard closed the door.
"Go straight down this corridor! Walk up to the door, then stop!" he ordered. Vega walked down the corridor and up to the door. He stopped. The guard knocked on the door and opened it.
"Go in!" he told to John Vega. Vega entered a large room. There were two large cages. A man sat inside one of the cages. The guard opened the other cage.
"Go in!" he ordered again. Vega entered the cage and looked around. In the room were a few tables with people sitting behind them. Vega realized that it was a courtroom. Near the window, two workers were painting the wall. There was a strong smell of paint in the room. The workers were dressed in striped clothes, and Vega realized that they were convicts.
"Your honor," declared one of the people, getting up, "I demand a severe punishment for this scoundrel," he pointed with disgust at the man in the other cage. "He promised five women jobs at a shop, but instead he sexually exploited them. I, as a prosecutor, demand a sentence of 190 years in prison or the death penalty!"
"What does the defense say?" the judge asked.
"Your honor, these women had been sexually exploited for many years before he offered them this job. At least two of them had provided sexual

proporcionado servicios sexuales a turistas en la capital," dijo el defensor, hizo una reverencia y se sentó.

"190 años de cárcel y la pena de muerte son castigos demasiado severos para él, dado que han proporcionado servicios sexuales," el juez miró al hombre de la caja y se rascó la nariz. "Esta es mi decisión: ¡95 años de cárcel y la confiscación de su propiedad!" dijo. Un guarda de seguridad se acercó a la jaula y abrió la puerta. El hombre salió de la jaula.

"¡Agradece al juez su decisión y hazle una reverencia!" ordenó el guarda.

"Gracias, Señoría," dijo el hombre, hizo una reverencia y salió de la sala de audiencias.

"Señoría," dijo el fiscal, levantándose, "Este rufián robó la furgoneta de una tintorería. Amenazó al conductor con una pistola. Se llevó una bolsa de ropa sucia. Los oficiales de policía que lo arrestaron vieron cómo abría la bolsa y olisqueaba la ropa sucia. Creemos que es el que roba la ropa que las mujeres ponen a secar. ¡Este loco lleva actuando dos meses en nuestra ciudad! ¡Solicito 350 años de cárcel como castigo!"

"¡Protesto!" gritó Vega, "¡Llegué a su ciudad hace dos días!" se justificó.

"¡Silencio! ¿Qué dice la defensa?" preguntó el juez.

"Señoría, ¿podemos consultarlo con nuestro cliente?" preguntó el defensor.

"Adelante, pero que sea rápido," pidió el juez, y bostezó.

El defensor se acercó a la jaula en la que estaba sentado Vega. Vega se acercó a él.

"Ayúdeme. Le pagaré," dijo en voz baja al defensor.

"En nuestro país es posible castigar solamente una parte del cuerpo," respondió el defensor en voz baja, "Dado que sujetó la pistola y olió la ropa sucia utilizando solamente su mano derecha, entonces podemos castigar solo la mano," continuó.

Vega miró a su defensor: "¿Qué quiere decir?" preguntó nerviosamente.

"Quiero decir que el juez puede castigar solo su mano derecha," sonrió el defensor, y guiñó un ojo, victorioso.

services to tourists in the capital," said the defender, bowed and sat down.

"190 years in prison and the death penalty are too severe punishment for him, since they had already provided sexual services," the judge looked at the man in the cage and scratched his nose. "Here is my decision! 95 years in prison and the confiscation of his property!" he said. A security guard approached the cage and opened the door. The man came out of the cage.

"Thank the judge for his decision and bow to him!" the guard ordered.

"Thank you, Your Honor," the man said, bowed, and walked out of the courtroom.

"Your honor," said the prosecutor, getting up, "This scoundrel robbed the dry cleaners' van. He threatened the driver with a gun. He took a bag of dirty clothes. The police officers who arrested him saw that he opened the bag and was sniffing the dirty clothes. We believe that he is the one who steals the clothes that women hang out to dry. This maniac has been active in our city for two months! I demand 350 years in prison as a punishment for him!"

"I protest!" Vega shouted, "I came to your town just two days ago!" he justified himself.

"Silence! What does the defense say?" the judge asked.

"Your honor, can we consult with our client?" the defender asked.

"Go ahead, but do it quickly," the judge asked and yawned.

The defender went to the cage where Vega was sitting. Vega came up to him.

"Help me. I'll pay you," he said quietly to the defender.

"In our country it is possible to punish just one part of the body," the defender replied quietly, " Since you held a gun and smelled the dirty clothes using only your right hand, then we can punish just the hand," he continued.

Vega looked at his defender: "What do you mean?" he asked nervously.

"I mean that the judge can punish just your right hand," the defender smiled and winked victoriously.

"¡Suficiente! Casi es la hora de cenar y estoy cansado," dijo el juez, "De modo que, ¿qué dice la defensa?" volvió a preguntar el juez.
"Dado que mi defendido tenía una pistola y olió la ropa sucia con su mano derecha, pido castigar solamente su mano," dijo el abogado, e hizo una reverencia.
"¡Esperen un momento!" gritó Vega, "¡Solicito que lleven a cabo un experimento de investigación!"
"¿Para qué?" dijo el juez con sorpresa, y se rascó la cabeza. Todos miraron a Vega con interés.
"¡Puedo probar que no fui yo quien robó la furgoneta de la tintorería!" propuso Vega.
"¿Entonces quién lo hizo?" el fiscal estaba sorprendido. Todos miraron a Vega. Los obreros dejaron de pintar y también lo miraron con interés.
"El conductor de la furgoneta de la tintorería es el líder de una peligrosa organización terrorista. ¡Me dio una pistola y me ordenó hacerlo! ¡Hay una bomba en esa furgoneta! ¡Quiere volar la comisaría de policía y la prisión! ¡Se lo mostraré, Señoría! ¿Podemos llevar a cabo un experimento de investigación?" gritó Vega.
"Sí," aceptó el juez, "¡Rápido, lleven a cabo un experimento de investigación y arresten al conductor! ¡Arresten a todos los terroristas! ¡Rápido!"
Los guardas llevaron a Vega al patio de la prisión. Había una camioneta en el patio. El conductor estaba dormido dentro. El juez, la defensa, el fiscal y los obreros que estaban pintando las paredes miraban desde las ventanas de la prisión.
"¡Ahí está ese rufián!" gritó Vega al juez, y agarró al conductor por el pelo. "¡Te tenemos, rufián! ¡Asqueroso terrorista!" gritó.
El adormilado conductor empezó a gritar horrorizado: "¡Ayuda! ¡Quiere robarme otra vez! ¡Ayuda! ¡Policía!"
Varios oficiales de policía agarraron al conductor y lo arrojaron al suelo. Vega saltó sobre él y comenzó a pegarle.
"¡Mire, señoría! ¡Aquí está ese asqueroso terrorista!" gritó, "¡Hay una bomba en la camioneta! ¡Mire!" rápidamente subió al auto, agarró una de las bolsas y la lanzó al suelo con

"Enough! It's almost dinner time and I'm tired," the judge said, "So, what does the defense say?" the judge asked again.
"Since the defendant had a gun and smelled dirty clothes with his right hand, then I ask only to punish the hand," the lawyer said, and bowed.

"Wait a minute!" Vega shouted, "I demand to conduct an investigative experiment!"

"What for?" the judge said in surprise and scratched his head. Everyone looked at Vega with interest.
"I can prove that I wasn't the one who robbed the dry cleaners' van!" Vega suggested.
"Then who did it?" the prosecutor was surprised. Everyone looked at Vega. The workers stopped painting and also looked with interest at Vega.
"The driver of the dry cleaners' van is the leader of a dangerous terrorist organization. He gave me a gun and made me do it! There is a bomb in his van! He wants to blow up the police station and the prison! I'll show you, Your Honor! Can we conduct an investigative experiment?" Vega shouted.
"Yes," the judge agreed, "Quickly, conduct an investigative experiment and also arrest the driver! Arrest all the terrorists! Quickly!"

The guards took Vega to the prison yard. A truck stood in the yard. The driver sat in the truck and slept. The judge, defense counsel, prosecutor, and the workers who were painting the walls looked down from the prison windows.
"Here is that scoundrel!" Vega shouted to the judge and grabbed the driver by the hair. "We got you, scoundrel! Disgusting terrorist!" he shouted.
The sleepy driver began to shout in horror:
"Help! He wants to rob me again! Help! Police!"
Several police officers grabbed the driver and threw him to the ground. Vega jumped on the driver and began beating him.

"Look, your honor! Here's that disgusting terrorist!" he shouted, "There is a bomb in the van! Look!" he quickly climbed into the car, grabbed one of the bags and threw it on the

asco, "¡bomba!" gritó Vega. Todos se detuvieron y miraron hacia la bolsa.
"¡Hay otras cinco bombas en la furgoneta! ¡Tengo que sacarla de la cárcel!" Vega encendió el motor y condujo rápido por el camino. Uno de los guardas abrió con cuidado la bolsa que estaba en el suelo. Por supuesto, estaba llena de ropa sucia.
"¡Tras él!" gritó el juez, "¡Arréstenlo, rápido! ¡Idiotas!"
John Vega condujo como nunca había conducido antes. Ahora solamente necesitaba llegar a Peter Ashur. Y sabía dónde encontrarlo.

ground in disgust, "Bomb!" Vega shouted. Everyone stopped and looked at the bag.
"There are five more bombs in the van! I have to drive the van out of the jail!" Vega started the engine and drove quickly down the road. One of the guards carefully opened the bag on the ground. Of course, it was full of dirty clothes.
"After him!" the judge shouted, "Arrest him, quickly! Idiots!"
John Vega drove like he'd never driven before. Now, he just needed to get Peter Ashur. And he knew where to find him.

C

Repaso de nuevo vocabulario

1
- ¿Podrías decirme si hoy es viernes o sábado?
- Creo que hoy es viernes. No estoy seguro.
- ¿Sabes qué hora es?
- Lo comprobaré en mi teléfono. Las cinco menos cinco.
- Gracias. En cualquier caso, ¿hace calor fuera?
- Fuera hace fresco pero sol. Probablemente más tarde haga calor.

2
- ¿Qué estás haciendo?
- Estoy poniendo la ropa a secar.
- No deberías poner la ropa a secar cerca de una parada de autobús.
- Siempre la pongo aquí.
- Es mejor poner la ropa a secar en el jardín de detrás de la casa.

3
- Quiero darle las gracias por haber encontrado mis documentos.
- Mejor déselas al director. Él es el que voló la caja fuerte y los encontró.
- ¿Por qué no abrió la caja fuerte con llave?
- La perdió hace dos meses.

4
- ¿Sabe cómo llegar al zoo?
- No, no lo sé. Lo siento.
- Espere. Puedo decirle cómo llegar. Primero, vaya recto hasta el semáforo. Después a la derecha hasta el hotel. El zoo está detrás del

New vocabulary review

1
- *Could you tell me, is it Friday or Saturday today?*
- *I think it's Friday today. I'm not sure.*
- *Do you know what time it is?*
- *I will check my phone. Five minutes to five.*
- *Thank you. By the way, is it warm outside?*
- *It is cool but sunny outside. It will probably be hot later.*

2
- *What are you hanging?*
- *I'm hanging laundry to dry.*
- *You shouldn't hang laundry near a bus stop.*
- *I always hang it here.*
- *It is better to hang laundry in the garden behind the house.*

3
- *I want to thank you for finally finding my documents.*
- *You'd better thank the manager. He was the one who blew up the safe and found them.*
- *Why didn't he open the safe with a key?*
- *He lost the key two months ago.*

4
- *Do you know how to get to the zoo?*
- *No, I don't know. Sorry.*
- *Wait. I can tell you how to get there. First, go straight up to the traffic light. Then right up to the hotel. The zoo is behind the hotel.*

hotel.
- Sí, gracias...
- De nada. ¡Adiós!
- Un momento... ¿Por qué está abierta su jaula? Iré a ver cómo lo alimentan y le llevaré un plátano.

5
- Así que, Sr. director, tengo que condenarlo a confiscación de su propiedad.
- Por favor, no lo haga, Sr. juez. No volveré a hacerlo. Se lo prometo.
- ¿Qué dice la defensa?
- Señoría, mi cliente roba todo lo que ve. Ya robó la llave al guarda de la prisión y el plato del perro del guarda. No puede controlarse. Mi cliente no debería ser castigado. Probablemente es cleptómano. Debería ser examinado por un médico.
- Ya veo. Que lo examine un médico. ¿Dónde está mi teléfono? ¡Es usted un rufián, Sr. director! ¡Un rufián y un loco! Sr. fiscal, ¿qué cree?
- ¡Debería ser severamente castigado, señoría! Acaba de robarme el periódico. Solicito la pena de muerte. ¡Castiguémoslo ahora mismo!

6
- ¡Dónde estaba usted cuando se oyó la primera explosión?
- Estaba a dos pasos del banco, Sr. juez.
- ¿Y dónde estaba cuando se oyeron la segunda y la tercera explosión?
- Oh, ¡en ese momento ya estaba a tres manzanas!

7
- Señor, ¿por qué me guiña el ojo?
- No le estoy guiñando el ojo, señorita. Tranquilícese.
- ¡No necesito tranquilizarme! ¿Por qué le está guiñando el ojo a otra y no a mí?

8
- ¡No mires a otras mujeres! Mírame solo a mí.
- Pero ellas me están mirando. ¿Es mi culpa ser tan sexy?
- Sácate el dedo de la nariz y no te mirarán.

9
- Señorita, ¿puede hacerme un favor?
- No, no puedo.

- Yes, thank you ...
- Not at all. Bye!
- Wait a minute ... And when is your cage open? I'll come to watch them feed you and I'll bring you a banana.

5
- So, Mr. manager, I have to sentence you for a confiscation of property.
- Please don't, Mr. judge. I won't do it anymore. I promise you.
- What does the defense say?
- Your honor, my client steals everything in sight. He already stole the prison guard's key and the guard-dog's saucer. He can't control himself. My client shouldn't be punished. He is probably a kleptomaniac. He should be examined by a doctor.
- I see. Have him examined by a doctor. And where's my phone? You are a scoundrel, Mr. manager! A scoundrel and a maniac! Mr. prosecutor, what do you think?
- He should be punished severely, your honor! He just stole my newspaper. I demand the death penalty. And let's punish him right now!

6
- Where were you when you heard the first explosion?
- I was just two steps away from the bank, Mr. Judge.
- And where were you when you heard the second and third explosions?
- Oh, by that time I was already three blocks away!

7
- Mister, why are you winking at me?
- I'm not winking at you, miss. Calm down.
- No need to calm me down! Why are you winking at someone else and not at me?

8
- Don't look at other women! Look only at me.
- But they're all looking at me. Is it my fault that I'm so sexy?
- Take the finger out of your nose and they won't look at you.

9
- Miss, can you do me a favor?
- No, I can't.

- Oh, por favor.
- No.
- ¡Se lo suplico!
- ¿Qué tipo de favor, loco?
- Deje de golpear mi silla con el pie.

10

- Lleve a este loco a la sala número cinco.
- Doctor, ¡protesto! ¡Soy una camioneta, no un loco! ¡Necesito conducir hasta el garaje! ¡Déjeme ir!
- Cálmese, paciente. Creemos que es usted una camioneta pero simplemente porque lamió el culo de un sapo.
- ¡Quiero consultarlo con el fiscal!
- De acuerdo. Llévenlo con el fiscal. El fiscal está en la sala número cuatro.

- Oh, please.
- No.
- I beg you!
- What kind of a favor, maniac?
- Stop banging your foot on my chair.

10

- Take this maniac to room number five.
- Doctor, I protest! I am a truck and not a maniac! I need to drive to the garage! Let me go!
- Calm down, patient. We believe that you are a truck just because you licked the butt of a toad.
- I want to consult with the prosecutor!
- Okay. Take him to the prosecutor. The prosecutor is in room number four.

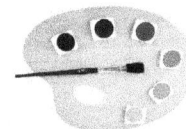

16

El arma de khan
The weapon of the khans

A

Palabras

1. acarició - stroke
2. acelerador - gas
3. agarró - grabbed
4. aire - air
5. alcohol - alcohol
6. alrededor - around
7. ambos - both
8. aparcamiento - parking
9. aplastar - crush
10. arcén - side
11. arma - weapon
12. arrastrar - drag
13. arrastró - dragged
14. atacar - attack
15. atasco - jam
16. aterrizó - landed
17. aulló - yelled
18. barril - barrel
19. beber - drink
20. borracho - drunk
21. bramando - roaring
22. bramó - roared
23. cada - each
24. caer - fall
25. carretera - road
26. cerca - near
27. cincuenta - fifty
28. comprendió - understood
29. concluyó - concluded
30. contra - against
31. controlarse - control
32. corriendo - running
33. crear - create
34. derramado - spilled

35. derrumbó - broke down
36. destruir - destroy
37. dirección - direction
38. disfruto - enjoy
39. disparar - shoot
40. dolor - pain
41. elefante - elephant
42. empujar - pushed
43. encima - top
44. enorme - huge
45. equipo - team
46. escapar - escape
47. estruendo - roar
48. fábrica - factory
49. fuerte - strong
50. funcionó - worked
51. golpear - beat
52. granja - farm
53. gritó - shouted
54. hacia - toward
55. hasta - until
56. heridas - injuries
57. herido - injured
58. hijo - son
59. idea - idea
60. increíble - incredible
61. increíble - unbelievable
62. insistió - insisted
63. Khan - Khan
64. levantó - picked up
65. ley - law
66. licor - liquor
67. llegar - arrive
68. loco - mad
69. lomo - back
70. masa - mass
71. mató - killed
72. ministro - minister
73. momento - moment
74. negocios - business
75. oyó - heard
76. pálido - pale
77. palo - stick
78. papá - dad
79. parientes - relatives
80. pasar - pass
81. percibió - noticed
82. pidió - asked
83. preguntó - asked
84. presionado - pressed
85. problema - problem
86. propuse - suggested
87. protestó - protested
88. refuerzo - reinforcement
89. saltó - jumped
90. seguir - follow
91. segundo - second
92. sonó - sounded
93. trompa - trunk
94. utilizar - use
95. vacío - empty
96. velocidad - speed
97. verja - gate
98. volante - wheel
99. volcar - overturned

B

El arma de khan

De camino hacia el aeropuerto, Paul se metió en un atasco. Su taxi también se detuvo allí. Miró a su alrededor y vio, a la derecha, un muro largo y alto con una gran verja. Sobre la verja ponía Hal Hut.
"¿Qué es eso de la derecha?" preguntó Paul.
"Es la prisión Hal Hut," dijo el conductor del taxi,

The weapon of the khans

On the way to the airport, Paul got into a traffic jam. His cab also stopped in the traffic jam. He looked around and saw, on the right, a long, high wall with a big gate. Above the gate it said Hal Hut.
"What's that on the right?" Paul asked.
"That's the Hal Hut prison," the cab driver said,

"Y ahí hay una granja de elefantes," señaló a la izquierda.
Paul miró hacia donde había señalado el conductor. Vio unos elefantes enormes. Unos cuantos estaban corriendo por el campo. Levantaron las trompas y bramaron.
"Algo les pasa a los elefantes," dijo el conductor. El teléfono de Paul sonó.
"Sí," contestó.
"Paul, soy Andrew. ¿Puedes hablar?" escuchó Paul.
"Sí, estoy en un taxi, de camino al aeropuerto," respondió Paul a Andrew.
"Los de la oficina central han pedido que te ocupes del avión que va a volar al norte de África. Necesitan toda la información que tengas. Si puedes subir al avión, el Ministro de Defensa creará un equipo de refuerzo. ¿Qué idiotas de nuestro país van a estar a bordo?" preguntó Andrew.
"Dos parientes - un padre y su hijo, los dos tienen problemas con la ley. Intentaré montar en el avión como piloto. Te volveré a llamar tan pronto tenga más información," dijo Paul.
"Comprendido. No te rindas. Norte de África - eso es más peligroso ahora mismo que nuestros ladrones y borrachos locales," dijo Andrew.
"De acuerdo. Hasta luego," concluyó Paul. De repente vio que la gente salía corriedo de los coches parados que estaban delante de él. El conductor de su taxi también salió de un salto del coche y escapó. Paul miró hacia adelante y vio que los elefantes venían corriendo por la izquierda hacia la carretera. Bramando, corrieron hasta los coches y los volcaron con sus trompas para dejar libre el camino. A continuación corrieron por la carretera hacia un camión. Salió rápidamente y vio a dos enormes elefantes que corrían hacia su taxi. Uno de ellos levantó un taxi con la trompa y lo volcó. Un hombre llevaba el otro elefante. Bramando, ese elefante pasó corriendo por delante de Rost. El hombre gritó fuerte y golpeó al elefante con un palo en el lomo. Paul le miró a la cara. Por un momento sus ojos se encontraron. ¡Increíble! ¡El hombre que iba sobre el elefante era Peter Ashur! ¡El hombre con el tatuaje "¡No hay tiempo que perder!" sabe

"And that's an elephant farm," he pointed to the left.
Paul looked where the driver had pointed. He saw huge elephants there. A few elephants were running across the field. They raised their trunks and roared.
"There's something wrong with the elephants," the driver said. Paul's phone rang.
"Yes," he answered.
"Paul, this is Andrew. Can you talk?" Paul heard.
"Yes, I'm in a taxi, on my way to the airport," Paul replied to Andrew.
"The guys from the head office have asked you to take care of the airplane that will be flying to North Africa. They need all the information that you have. If you can get on the plane, the Ministry of Defense will create a reinforcement team. Which idiots from our country are going to be there?" asked Andrew.
"Two relatives - a dad and his son, both are in trouble with the law. I'll try to get on the plane as the pilot. I'll call again as soon as I have more information," Paul said.
"Understood. Hang in there. North Africa - that's more serious right now than our local thieves and drunks," Andrew said.
"Okay. See you," Paul concluded. He suddenly saw that people were getting out of the stopped cars in front of him and running away. His taxi driver also jumped out of the car and ran away. Paul looked ahead and saw that the elephants were running from the left toward road. Roaring, they ran up to the cars and overturned them with their trunks to clear the way. Then they ran across the road and ran right toward some truck. He got out quickly and saw that two huge elephant were running toward his taxi. One of them picked up a taxi with his trunk and overturned it. A man was riding the other elephant. Roaring, the elephant ran past Rost. A man shouted loudly and beat the elephant with a stick on the back. Paul looked at his face. For a moment their eyes met. Unbelievable! The man on top of the elephant was Peter Ashur! The man with the tattoo "Do not waste time!" knows how to create problems for himself and others. Shouting, he led the elephant to the truck that

cómo crearse problemas a sí mismo y a los demás. Gritando, dirigió al elefante hacia el camión que estaba a la derecha del muro de la prisión. Los demás elefantes le siguieron. Paul percibió un fuerte olor a alcohol en el aire. Los elefantes corrieron hacia el camión, levantaron sus trompas y las dejaron caer sobre el camión. Paul se acercó más para ver mejor. Algo se había derramado alrededor del camión. Probablemente fuera licor, porque el olor allí era muy fuerte. Los elefantes bebieron de los barriles del camión. Otros elefantes, los que venían detrás, no podían llegar a los barriles porque no había más espacio. Empezaron a golpear y aplastar a los elefantes que estaban al lado del camión. Estalló una pelea. El olor del alcohol volvía locos a los elefantes y, bramando, se golpeaban y empujaban unos a otros. Los que ya habían bebido licor ya no podían controlarse. Golpeaban y empujaban todo lo que veían. Toda esta loca masa aplastó y empujó tan fuerte el camión que éste presionó contra el muro de la cárcel hasta que se derrumbó con un estruendo. Paul vio unas cuantas celdas. Las personas que había en ellas miraban horrorizados a los elefantes locos. Ashur saltó del elefante, corrió hacia allí y gritó: "¡Papá, soy yo, Peter! ¡Salta hacia aquí!" En ese momento un gran elefante empujó a otro y éste cayó al lado de Ashur. Ashur quiso esquivarlo, pero cayó al suelo y el elefante le aplastó la mano. Ashur aulló de dolor. Un hombre saltó de su celda en el segundo piso y aterrizó justo entre los elefantes. Durante uno o dos segundos desapareció, y Paul pensó que los elefantes lo habían matado. Pero después se levantó del suelo y corrió hacia Ashur. "Hijo mío," gritó, agarró a Ashur y lo arrastró lejos de los elefantes. Otras personas empezaron a saltar de las celdas de la cárcel al suelo. Unas cuantas fueron inmediatamente heridas por los elefantes, pero muchas otras pudieron escapar. Paul corrió hacia Ashur y le ayudó a su padre a apartarlo. Arrastraron a Ashur hasta uno de los coches vacíos y se metieron dentro. Paul se puso al volante y encendió el motor. Los guardas de la prisión empezaron a salir a través de la verja. Comenzaron a disparar a la gente que escapaba de la cárcel y a los elefantes. Paul pisó el acelerador

stood to the right of the prison wall. The other elephants followed him. Paul smelled a strong smell of alcohol, which filled the air. The elephants ran up to the truck, raised their trunks and lowered them into the truck. Paul ran up closer so that he could see better. Something had spilled around the truck. It was probably liqueur because the smell there was very strong. The elephants drank from the barrels on the truck. Other elephants, running up from behind, couldn't reach barrels because there was no more room. They started to beat and crush the elephants near the truck. A fight broke out. The smell of alcohol made the elephants crazy and, roaring, they beat and pushed each other. The elephants that already had a drink of liqueur, could no longer control themselves. They beat and pushed everything in sight. All this crazy mass crushed and pushed the truck so hard that it pressed on the wall of the prison until it broke down with a loud noise. Paul saw a few prison cells. The people in them looked at the mad elephants with horror. Ashur leaped from the elephant, ran there and cried: "Daddy, it's me, Peter! Jump over here!" At this moment a huge elephant pushed another elephant, and it fell near Ashur. Ashur wanted to jump back, but he fell to the ground and the elephant crushed his hand. Ashur cried out in pain. A man jumped down from his prison cell on the second floor and landed right between the elephants. For a second or two he disappeared and Paul thought that the elephants had killed him. But then he rose from the ground and ran to Ashur. "My son," he shouted, grabbed Ashur and dragged him away from the elephants. Other people began to jump from the prison cells to the ground. A few of them were immediately injured by the elephants. But many were able to escape. Paul ran up to Ashur and helped his father to drag him away. They dragged Ashur to one of the empty cars. They got inside. Paul sat behind the wheel and started the engine. Prison guards ran out from the prison gates. They began shooting at the people who ran out of prison and at the elephants. Paul stepped on the gas and the car sped off. He drove along the side of the road to the point where the traffic

y el coche se puso en marcha. Condujo por el arcén hasta el lugar en que acababa el atasco. Después volvió a la carretera y circuló por ella a gran velocidad. Miró para Ashur. Tenía los ojos cerrados. El brazo herido estaba presionado contra su cuerpo. Su anciano padre le acariciaba la cabeza y repetía: "Hijo mío… hijo mío... " Ashur abrió los ojos y miró a su alrededor. Una vez más se encontró con la mirada de Paul.
"Doscientos mil no es dinero suficiente para correr entre elefantes borrachos y llevar un avión al norte de África," protestó Paul, "¡Déme la mitad del dinero!" pidió.
"Es usted un buen tipo, Paul. Por eso voy a añadir otros cincuenta mil, así tendrá doscientos cincuenta mil," ofreció Ashur.
Paul lo miró. La cara de Peter Ashur estaba muy pálida. Estaba claro que tenía mucho dolor.
"Trescientos cincuenta mil o voy directo a la policía, Peter," insistió Paul.
"Disfruto haciendo negocios con usted," aceptó Ashur. "De acuerdo. Tenemos que recoger las maletas con el dinero en un aparcamiento. El avión sale a las cinco del aeropuerto Arena 1. Deberíamos estar allí a las cuatro. Yo le indicaré," dijo. El teléfono de Paul sonó en su bolsillo. Paul lo sacó, miró la pantalla y lo apagó.
"En cualquier caso, ¿quién le aconsejó que utilizara a los elefantes?" preguntó Paul.
"El año pasado, los elefantes atacaron una fábrica de licor," dijo el padre de Ashur. "La fábrica estaba cerca de la cárcel. Bebieron mucho licor y destruyeron todo lo que encontraron. Por eso le propuse a Peter la idea de usar elefantes borrachos. Y funcionó, ¿verdad?" sonrió.
"Sí, el arma de Khan todavía funciona bien con los muros," dijo Paul, y volvió a meterse el teléfono en el bolsillo.

jam ended. He returned to the road and drove down the road at high speed. He looked at Ashur. His eyes were closed. The injured arm was pressed against the body. His old father stroked his head and repeated: "My son... my son... " Ashur opened his eyes and looked around. Once again, he met Paul's gaze.
"Two hundred thousand is not enough money to run between drunken elephants and fly a plane over North Africa," Paul protested, "Give me half the money!" he demanded.
"You're a good guy, Paul. That's why I will add another fifty thousand, so you'll get two hundred and fifty thousand," Ashur offered.
Paul looked at him. Peter Ashur's face was very pale. It was clear that he was in a lot of pain.
"Three hundred and fifty thousand, or we go straight to the police, Peter," Paul insisted.
"I enjoy doing business with you," Ashur agreed. "I agree. We have to pick up the suitcases with the money from a parking lot. The plane leaves at five o'clock from the airport Arena 1. We should be there at four o'clock. I'll give you directions," he said. Paul's phone rang in his pocket. Paul took it out, looked at the screen and turned it off.
"By the way, who advised you to use the elephants?" Paul inquired.
"Last year, the elephants attacked a liqueur factory," Ashur's dad said. "The factory was near the prison. They drank a lot of liquor and destroyed everything in sight. That's why I suggested the idea of using drunken elephants to Peter. And it did the trick, didn't it?" he smiled.
"Yes, Khans' weapon still works well against walls," Paul said and put the phone back in his pocket.

C

Repaso de nuevo vocabulario
1
- ¿Podrías decirme si hoy es sábado o domingo?
- Creo que hoy es sábado. No estoy seguro.
- ¿Sabes qué hora es?

New vocabulary review
1
- Could you tell me, is it Saturday or Sunday today? (literally: Do not you know…?)
- I think it's Saturday today. I'm not sure.

- Lo comprobaré en mi teléfono. Las seis menos cinco.
- Gracias. En cualquier caso, ¿hace frío fuera?
- No hace frío pero hace viento. Probablemente más tarde haga frío.

2
- Mira, este hombre está corriendo por el aparcamiento como un loco. Seguramente no encuentra su coche.
- Acaba de robar un banco. Y también le robaron su coche.

3
- Señor, ¿por qué está tan pálido? ¿Le duele algo? ¿Se encuentra mal?
- Me duele que este hombre pueda comprarse un coche nuevo.

4
- Dice que tiene problemas con la ley.
- ¿De veras? ¿A qué se dedica?
- Lame culos de sapo ilegalmente.
- ¿Va eso contra la ley?
- Sí, va contra la ley.

5
- ¡Mira! ¡Hay un atasco en la carretera!
- ¿Qué ocurrió?
- Un conductor borracho conducía a alta velocidad e hirió a varias personas que estaban en la parada del bus.
- ¡Deberían matar a los conductores borrachos!
- ¡Yo también lo creo!

6
- La policía liberó la carretera. Ahora ya no hay atasco y podemos circular.
- ¿Y dónde está el conductor borracho que hirió a la gente que estaba en la parada del bus?
- Los familiares de los heridos, locos de rabia, querían matarlo. Por eso la policía se lo llevó a la cárcel.
- Espero que no salga nunca de allí. Es un asqueroso rufián.

7
- El Ministro de Defensa compra un montón de armas cada año.
- Las armas son necesarias para la defensa nacional.
- Sí, pero creo que debería dar la mitad del dinero a los hospitales.

- *Do you know what time it is?*
- *I will check my phone. Five minutes to six.*
- *Thank you. By the way, is it cold outside?*
- *It isn't cold but it's windy. It will probably be cold later.*

2
- *Look, this man is running around the parking lot like a madman. He probably can't find his car.*
- *He had just robbed a bank. And his car was also stolen.*

3
- *Mister, why are you so pale? Are you in pain? Do you feel ill?*
- *It hurts me to watch this man buy himself a new car.*

4
- *They say that he is in trouble with the law.*
- *Really? What does he do?*
- *He illegally licks toads' butts.*
- *Is that against the law?*
- *Yes, it's against the law.*

5
- *Look! There is a traffic jam on the road!*
- *What happened?*
- *A drunken driver drove to the curb and injured several people at the bus stop.*
- *Drunk drivers should be killed!*
- *I think so too!*

6
- *The police cleared the road. Now there is no longer a traffic jam and we can drive.*
- *And where is the drunk driver who injured the people at the bus stop?*
- *Family members of the wounded, mad with grief, want to execute him. That's why the police took him to jail.*
- *I hope he never gets out of there. He's just a nasty scoundrel.*

7
- *The Ministry of Defense buys a lot of weapons each year.*
- *The weapons are necessary for national defense.*
- *Yes, but I think that half of that money should be given to hospitals.*

17

Billete de ida
One-way ticket

A

Palabras

1. adelantó - passed
2. aeronave - aircraft
3. agradable - nice
4. ala - wing
5. añadió - added
6. ancha - wide
7. aparato - device
8. apareció - appeared
9. aparte - apart
10. árabe - Arab
11. arena - sand
12. asiento - seat
13. atentamente - intently
14. aterrizando - landing
15. básica - basic
16. billete - ticket
17. blanca - white
18. bomba - bomb
19. brazo - arm
20. caja - box
21. calor - heat
22. cargo - cargo
23. chaqueta - jacket
24. chatarra - junk
25. choque - crush
26. combate - combat
27. compuesto - compound
28. consultor - consultant
29. continuando - continuing
30. copiloto - co-pilot
31. cuarenta - forty
32. darse cuenta - realize

33. delante - in front of
34. despegar - take-off
35. diamante - diamond
36. diferente - different
37. dio - gave
38. dio un golpecito - patted
39. dirigir - steer
40. disparar - shoot
41. documento - document
42. durante - during
43. economía - economy
44. elevó - lifted
45. embarazada - pregnant
46. emoción - emotion
47. equipo - equipment
48. estúpidas - stupid
49. europeo - European
50. evitar - avoid
51. experimentado - experienced
52. genio - genie
53. gesticular - wave
54. hangar - hangar
55. herida - injury
56. hombro - shoulder
57. hora - hour
58. importa - matters
59. internacional - international
60. interrumpió - interrupted
61. kilómetro - kilometer
62. listo - ready
63. mapa - map
64. más alto - higher
65. más bajo - lower
66. menos - less
67. miedo - scared
68. mirada - stare
69. misil - missile, shell
70. moda - fashion
71. navegador - navigator
72. normalmente - normally
73. oh - oh
74. ojo - eye
75. ola - wave
76. permiso - permit
77. pista - runway
78. poco - bit
79. poseso - madman
80. rió - laughed
81. ropa - clothes
82. rugido - roar
83. seguir - follow
84. soñado - dreamt
85. subir - go up
86. superficie - surface
87. susto - frightened
88. tocó - touched
89. tren de aterrizaje - landing gear
90. tristemente - sadly
91. trozo - piece
92. uniforme - uniform

B

Billete de ida

El aeropuerto Arena 1 estaba fuera de la ciudad. Paul Rost condujo hasta la verja. Un guarda de seguridad se acercó y les pidió un permiso de entrada. Ashur le enseñó un documento y el guarda los dejó pasar.
"Necesitamos ir al hangar número 21," dijo Ashur. Ahora el brazo le dolía menos. Condujeron hasta el hangar número 21 y salieron del coche.
"Esperen aquí," ordenó Ashur. Sacó dos maletas del coche y entró en el hangar.
Un minuto después salió y les dijo a Rost y a su

One-way ticket

The Arena 1 airport was located out of town. Paul Rost drove up to the gate. A security guard approached and asked for an entrance permit. Ashur showed him a document and the guard let them enter the airport.
"We need hangar number 21," Ashur said. By now, his arm hurts less. They drove to hangar number 21 and got out of the car.
"Wait here," Ashur ordered. He took two suitcases out of the car and walked into the hangar.

padre que lo siguieran.

"Son gente muy peligrosa. No les haga preguntas, ¿de acuerdo?" pidió a Rost. Rost no contestó.

Entraron en el hangar. Allí estaba un avión Douglas DC-3. Había tres personas de pie al lado del avión. Una de ellas le dijo al padre de Ahur que se apartara y fuera hacia las cajas que estaban al lado del avión. Después miró a Rost y a Ashur. El hombre tenía alrededor de cuarenta años. Parecía árabe.

"Estos son consultores en..." empezó Ashur, pero el árabe le interrumpió: "Consultores en economía internacional." Los tres hombres sonrieron. "Mire este mapa," continuó, "el avión debería aterrizar en este punto de la carretera. ¿Podrá hacerlo?" mostró a Rost el mapa. Paul Rost lo miró.

"Si la carretera es lo suficientemente ancha, entonces no creo que haya problema," dijo Rost. Miró a los otros dos hombres. Parecían europeos. Ambos tenían más de cincuenta años. Uno de ellos señaló el mapa y dijo, "¿No cree que haya problema? Primero mire estos compuestos de misiles. ¿Cómo va a sortearlos?"

"Mantendré la aeronave a una altura de diez metros," dijo Rost, mirando atentamente el mapa.

"Esta viejo trozo de chatarra volará solamente a doscientos cincuenta kilómetros por hora. A esa velocidad y una altitud de diez metros - ése es el sueño de todos soldados de tierra que tengan un lanzamisiles entre las manos," el árabe señaló a Rost con el dedo, "Ashur dijo que usted era un piloto de combate experimentado. Pero no sabe cosas básicas. ¿Por qué está aquí?" el hombre empezó a gesticular mucho y Paul se dio cuenta de que tenía una pistola debajo de la chaqueta. "¿A quién has traído, Ashur? Dijiste que era piloto de combate."

Ashur quiso decir algo, pero otra persona empezó a hablar.

"¿Qué tipo de avión llevaba?" dijo.

"Primero un caza. Después, tras haberme herido, me destinaron a aviones de carga. Llevé aviones mientras me disparaban desde tierra. Y normalmente a una altura de diez a treinta metros. Los soldados de tierra pueden derribar un avión incluso a una altitud de cinco mil metros y a velocidades de mil quinientos kilómetros por hora.

A minute later he came out and told Rost and his father to follow him.

"These are very serious people. Don't ask them any questions, okay?" he asked Rost. Rost didn't answer.

They went into the hangar. There was a Douglas DC-3 plane there. Three people stood near the plane. One of them told Ashur's father to step away and go to the boxes near the airplane. Then he looked at Rost and Ashur. The man was about forty years old. He had an Arab appearance.

"These are consultants in..." Ashur began, but the Arab interrupted him: "Consultants in international economy." All three men smiled. "Look at this map," he continued, "the airplane should land in this place on a road. Will you be able to do that?" he showed Rost the map. Paul Rost looked at the map.

"If the road is wide enough, then I don't think there will be any problems," Rost said. He looked at the other two men. They looked European. Both were more than fifty years old. One of them pointed at the map and said, "There won't be any problems? First look at these missile compounds. How are you going to get around them?"

"I will keep the aircraft at a height of ten meters," Rost said, looking intently at the map.

"This old piece of junk will fly only two hundred and fifty kilometers per hour. At such a speed and an altitude of ten meters - that's the dream of every fighter on the ground with a surface to air missile in his hands," the Arab pointed his finger in Rost's face, "Ashur said that you were an experienced combat pilot. But you don't know basic things. Why did you come here?" the man began to gesticulate wildly and Paul noticed that he had a gun under his jacket, "Who did you bring, Ashur? You said that he was a combat pilot."

Ashur wanted to say something, but another person began to speak.

"What kind of plane did you fly?" he said.

"At first a fighter plane. Then, after an injury I was transferred to cargo planes. I flew planes through fire from the ground. And usually at a height of from ten to thirty meters. Fighters on the ground can shoot down a plane even at an

Pero cuanto más bajo vuelas, menos misiles te lanzan. Si hay suficientes misiles antimisil los misiles no son tan peligrosos." Rost miró hacia el avión, "Este DC-3 es tan viejo que podría partirse en el aire. Así que las bombas serán lo de menos," sonrió. Uno de los hombres sonrió también. El árabe intercambió miradas con él. A continuación dio unos golpecitos a Rost en el hombro, "De acuerdo, chico. Estás en el negocio. Me llamo Aladdin. Sabes, a veces me preguntan dónde tengo al genio. ¡Y yo les respondo que mi genio está en esta cosa!" el árabe sacó su pistola y la presionó contra la cara de Rost, "Así que es mejor que hagas lo que yo te diga y no preguntes cosas estúpidas. Después tú y Ashur veréis el cielo de diamantes," sonrió Aladdin, "Sube al avión y comprueba el equipo. Saldremos en dos horas," añadió.

Rost entró en el avión. Había unos treinta hombres a bordo. También había unas cuantas cajas. Entró en la cabina. Peter Ashur ocupó el asiento del copiloto. Su padre se sentó en el asiento del navegador. Paul empezó a comprobar el equipo. El avión era tan viejo que algunos de los aparatos no funcionaban. Algunos ni siquiera estaban. Aladdin entró en la cabina.

"¡Oh, tenemos un gran navegador!" dio unos golpecitos al padre de Ashur en el hombro, "¿Qué hay en tus maletas?" le preguntó a Ashur.

"Nada... solo alguna ropa. Robé una tienda de ropa... para mujeres embarazadas," dijo Ashur.

"¿Quieres ir a la moda? Ya veo," sonrió Aladdin, "¿Cómo va eso, piloto?" se volvió a Rost, "¿Puedes llevar este viejo trozo de chatarra a Libia?" dijo.

"¿A Libia? Estoy seguro de que podría, pero me sorprendería que no se rompiera durante el aterrizaje," dijo Paul.

"Que se rompa durante el aterrizaje. Este avión solo hará el viaje de ida," dijo el árabe, y rió como un poseso. Cuando el árabe salió de la cabina, Paul Rost intercambió miradas con Ashur.

"Tenemos unos empleadores muy agradables, Peter," dijo Paul.

"Pagan bien. Lo demás no importa," dijo Ashur y miró hacia fuera. Dos hombres con uniformes de policía entraron en el hangar. El árabe y los otros

altitude of five thousand meters and at speeds of fifteen hundred miles an hour, too. But the lower you fly, the fewer missiles they shoot at you. If there are enough heat shells, then the missiles are not so dangerous," Rost looked at the plane, "This DC-3 is so old it could fall apart in the air. Then the rockets won't matter," he smiled. One of the men smiled. The Arab exchanged glances with him. Then he patted Rost on the shoulder, "Okay, kid, you're in business. My name is Aladdin. You know, sometimes they ask me where's my genie. Then I say that my genie is in this thing!" the Arab pulled out his gun and held it to Rost's face, "So, it's better to do as I say and not ask any stupid questions. Then you and Ashur will see the sky in diamonds," Aladdin smiled, "Get into the plane and check the equipment. The airplane must depart in two hours," he added. Rost got into the plane. There were about thirty men on board. There were also a few boxes. He went into the cabin. Peter Ashur took the co-pilot's seat. His father took the navigator's seat. Paul began to check the equipment. The plane was so old that some of the equipment didn't work. Some of it was missing completely. Aladdin entered the cabin.

"Oh, we have a great navigator!" he patted Ashur's father on the shoulder, "What's in your suitcases?" he asked Ashur.

"Nothing... just some clothes. I robbed a clothing store... for pregnant women," Ashur said.

"You want to look fashionable? I see," Aladdin smiled, "How is it going, pilot?" he turned to Rost, "Can you fly this old piece of junk to Libya?" he said.

"To Libya? I'm sure I could, but I would be surprised if it doesn't fall apart during landing," Paul said.

"Let it fall apart on landing. This airplane is flying in only one way," the Arab said and laughed like a madman. When the Arab left the cab, Paul Rost exchanged glances with Ashur.

"We have lovely employers, Peter," Paul said.

"They pay good money. I don't care about the rest," said Ashur and looked outside. Two men in police uniforms entered the hanger. The Arab and the two other "consultants" came up to them

dos "consultores" se acercaron a ellos y empezaron a hablar sobre algo emocionadamente, A continuación los "consultores" sacaron sus pistolas y obligaron a los policías a tumbarse en el suelo. Les cogieron las armas y los esposaron. Aladdin subió rápidamente al avión y entró en la cabina.

"Nos vamos ahora mismo," dijo en voz alta, "¡Rápido, vámonos!"

"Pero el avión aún no está listo. No he comprobado los motores," contestó Paul.

"¡Ya los comprobarás en el aire! ¡Despega, rápido!" gritó el árabe.

"De acuerdo, despeguemos," aceptó Rost, encendiendo los motores. El hangar se llenó de humo y ruido.

"¡Abrid las puertas!" gritó Aladdin. Varias personas bajaron del avión y abrieron las puertas del hangar. Después volvieron a subir al avión y cerraron la compuerta. El avión salió del hangar, giró hacia la pista y empezó a coger velocidad. Varios coches de policía llegaron al hangar. Después dieron la vuelta y siguieron al avión por la pista.

"¡Despega! ¡Despega!" grtió Aladdin. Frente a ellos apareció otro avión. Estaba despegando desde la misma pista, pero en otra dirección. Rost elevó el avión ligeramente del suelo, giró y empezó a cambiar la dirección para evitar un choque. La otra aeronave también giró y, cambiando de dirección, los adelantó con un rugido. La gente que estaba en la playa escuchó el estruendo y vio que el ala del avión casi rozaba el mar mientras giraba, intentando volar más alto. Rost vio el miedo reflejado en las caras de Ashur y su padre.

"Todo va bien. Seguimos despegando. Compruebe el tren de aterrizaje," le dijo a Ashur. Con un rugido, el aeroplano se elevó más y más alto. Paul miró tristementa hacia la playa. Allí, las olas azules rompían en la blanca arena. A continuación miró a Ashur y a su padre, que parecían asustados. Estas no eran las vacaciones con las que había soñado. Aladdin entró en la cabina.

"Déjame dirigir, piloto," sonrió, "¡Sube cinco mil pies y derechos a Libia!"

and began to talk about something with emotion. Then the "consultants" took out guns and forced the policemen to lie on the ground. They took the policemen's weapons and handcuffed them. Aladdin quickly got on the plane and walked into the cabin.

"We are leaving right now," he said loudly, "Quickly, let's go!"

"But the plane isn't ready yet. I haven't checked the engines," Paul replied.

"You will check them in the air! Take off, quickly!" the Arab cried.

"Okay, let's take off," Rost agreed and started the engines. The hangar filled with smoke and roaring.

"Open the door!" Aladdin cried. Several people came out of the plane and opened the doors of the hangar. Then they got back into the plane and closed the hatch. The airplane drove out of the hangar, turned to the runway and began to pick up speed. Several police cars pulled up to the hangar. Then they turned and followed the airplane down the runway.

"Take off! Take off!" Aladdin cried. In front of them another airplane appeared. It was taking off from the same runway, but in a different direction. Rost lifted the plane slightly off the ground, turned, and began changing direction to avoid a collision. The other aircraft also turned and, changing direction, passed them with a roar. People on the beach heard the roar and then saw that the plane's wing almost touched the sea as it turned, trying to fly higher. Rost saw the frightened look on the faces of Ashur and his father.

"All is well. We are continuing the take-off. Check the landing gear," he told Ashur. With a roar, the plane flew higher and higher. Paul sadly looked down at the beach. There, blue waves broke on the white sand. Then he looked at Ashur and his father, both of whom looked frightened. This wasn't the vacation he had dreamed of. Aladdin walked into the cabin.

"Let me steer, pilot," he smiled, "Go up to five thousand feet and straight to Libya!"

C

Repaso de nuevo vocabulario

1
- ¿Puedes decirme si hoy es domingo o lunes?
- Creo que hoy es domingo. No estoy seguro.
- ¿Sabes qué hora es?
- Lo comprobaré en mi teléfono. Son las ocho y veinte.
- Gracias. En cualquier caso, ¿hace calor fuera?
- No hace calor pero hace viento. Probablemente más tarde haga fresco.

2
- ¿Qué son estos hangares?
- Hay aviones dentro.
- ¿Civiles o militares?
- En general, aviones militares, pero algunos son de carga.
- ¡Mira! ¡Un avión está despegando y haciendo un giro en el aire!

3
- Quiero hacer un cambio en mi vida.
- ¿Por qué?
- No me gusta mi vida. Estoy cansado.
- ¿Qué quieres decir exactamente? ¿Tu trabajo? ¿Tu vida personal?
- Quiero cambiarlo todo.
- Si lo cambias todo pero no mejora, ¿entonces qué?
- No lo sé.
- Tienes que ir a un consultor de problemas personales.

4
- Hace un tiempo soñé que iba al océano Índico.
- ¿Se hizo tu sueño realidad?
- Sí. Ahora vivo en India. Pero no quiero vivir más aquí.
- ¿Y qué quieres?
- Quiero irme a casa y empezar mi propio negocio.
- ¿Tienes dinero suficiente para empezar un negocio?
- Sí. Un poquito.

5
- Dígame, por favor, ¿por dónde se va a la estación?

New vocabulary review

1
- *Could you tell me, is it Sunday or Monday today?*
- *I think it's Sunday today. I'm not sure.*
- *Do you know what time it is?*
- *I will check my phone. It's twenty minutes past eight.*
- *Thank you. By the way, is it hot outside?*
- *It isn't hot but it's windy. It will probably be cool later.*

2
- *What are these hangars?*
- *There are airplanes inside.*
- *Civilian or military?*
- *In general, military airplanes, but some of them are cargo planes.*
- *Look! A plane is taking off and making a turn in the air!*

3
- *I want to change something in my life.*
- *Why?*
- *I don't like my life. I'm tired.*
- *What exactly do you mean? Your work? Your personal life?*
- *I want to change everything.*
- *If you change everything, but it doesn't get better, what then?*
- *I don't know.*
- *You have to go to a consultant for problems in one's personal life.*

4
- *A while ago, I dreamed of going to the Indian Ocean.*
- *Did your dream come true?*
- *Yes. Now I live in India. But I don't want to live here anymore.*
- *And what do you want?*
- *I want to go home and start my own business.*
- *Do you have enough money to start a business?*
- *Yes. I have a little bit.*

5
- *Tell me please, which way should I go to get to the station?*

- Gire a la derecha por detrás de este edificio y camine recto por la calle. Encontrará la estación a cien metros.

6
- ¿Dónde está el director del banco?
- Salió fuera.
- Pero yo estaba al lado de la puerta y no lo vi.
- Salió por la ventana.
- ¿Suele entrar y salir por la ventana?
- No. Normalmente utiliza la puerta.

7
- Tenemos un equipo internacional en el trabajo.
- ¿De veras? ¿De dónde son tus compañeros?
- Son de Europa, América, África, y Asia.

8
- ¿Qué ocurriría si el ala de un avión toca el ala de otro avión?
- Ambas aeronaves chocarían.

9
- ¿Qué chaqueta me pongo hoy? Quiero ir a la moda.
- Siempre vas a la moda con chaqueta. Puedes ponerte cualquiera excepto la roja

10
- Dígame, por favor, ¿está el mar lejos de aquí?
- Está a quinientos kilómetros.
- ¡Qué playa tan grande! ¿Cómo se llama?
- Desierto del Sáhara.

11
- ¿Qué es esta cosa del avión?
- Es el tren de aterrizaje. El avión va por la pista sobre el tren de aterrizaje. Siga y busque su asiento, pasajero.
- Ya veo. ¿Y qué es esta cosa?
- Esos son los intrumentos. El piloto utiliza los instrumentos durante el vuelo.
- Está claro. ¿Y qué es eso?
- Es un navegador. Informa al piloto de las localizaciones del aeropuerto y el avión y por dónde tiene que volar. Tome asiento, pasajero. Aquí está su asiento.
- Está claro. Gracias. Cuando era pequeño yo también quería ser navegador.
- ¿Por qué navegador?
- ¡Es una palabra tan bonita - navegador!
- ¿Y a qué se dedica?
- Soy ingeniero militar. Construyo misiles que

- Go to the right around this building and walk straight down the street. The station will be a hundred meters away.

6
- Where is the bank manager?
- He went outside.
- But I was near the door and didn't see him.
- He left through the window.
- But does he usually come in and leave through a window?
- No. He usually uses the door.

7
- We have an international team at work.
- Really? Where are your co-workers from?
- They are from Europe, America, Africa, and Asia.

8
- What would happen if a plane's wing touched the wing of another plane?
- Both aircraft would crash.

9
- Which jacket should I wear today? I want to look fashionable.
- You always look fashionable in a jacket. You can wear any jacket except for the red one.

10
- Tell me, please, is the sea far from here?
- It is five hundred kilometers away.
- What a large beach! What is it called?
- The Sahara desert.

11
- What is this thing on the airplane?
- This is the landing gear. The plane drives down the runway on the landing gear. Go through and find your seat, passenger.
- I see. And what is this thing?
- Those are the instruments. The pilot uses the instruments during the flight.
- That's clear. And who is that, in the uniform?
- That's the navigator. He tells the pilot the locations of the airport and the airplane, and where he needs to fly. Take a seat, the passenger. Here is your seat.
- That's clear. Thank you. When I was little, I also wanted to become a navigator.
- Why a navigator?
- Such a beautiful word - navigator!
- And what did you become?

derriban aviones militares.
- ¿Así que su profesión también está relacionada con los aviones?
- Sí. Podría decirse que ahora mato navegadores. ¿Y sabe qué? ¡También lo encuentro interesante!
- Si es un ingeniero de bombas, ¿cómo es que no sabe lo que es un tren de aterrizaje?
- Por supuesto que sé lo que es un tren de aterrizaje, pero… ¿ha visto usted mi sapito verde?

- I became a military engineer. I make missiles that shoot down military planes.
- So your profession is also related to airplanes?
- Yes. You could say that now I kill navigators. And you know what? I find that interesting, too!
- If you're a rocket engineer, why don't you know what landing gear is?
- Of course I know what landing gear is, but… Have you seen my little green toad?

18

Un cielo de diamantes
A sky in diamonds

A

Palabras

1. abrazó - hugged
2. acercó - approached
3. alegremente - happily
4. algún - any
5. amarilla - yellow
6. aparecer - appear
7. apresuradamente - quickly
8. arena - sand
9. arse cuenta - realize
10. bajar - go down
11. bajo - low
12. beber - drink
13. bengala - flare
14. besó - kissed
15. boca - mouth
16. buscó - searched
17. cabina - cabin
18. calor - heat
19. cambió - changed
20. camellos - camels
21. campamento - camp
22. cara - face
23. cargar - load
24. carro - chart
25. casi - almost
26. cerca - near
27. clase - kind
28. cola - tail
29. columna - column
30. cruce - intersection
31. delante - in front of
32. desierto - desert

33. detener - stop
34. dio - gave
35. disparar - shoot
36. economía - economy
37. encantar - love
38. esperar - wait
39. exactamente - exactly
40. explotó - exploded
41. extenderse - extend
42. femenina - female
43. fuego - fire
44. funcionar - work
45. horizonte - horizon
46. interior - inside
47. lanzando - launching
48. lanzó - launched
49. levantar - lifted
50. llevaban - carried
51. lloró - wept
52. lugar - place
53. luz - light
54. madre - mother
55. mal - bad
56. miró - looked
57. misiles - shells
58. nunca - never
59. olvidaron - forgot
60. ordenó - ordered
61. panel - panel
62. paracaídas - parachute
63. paracaidista - paratrooper
64. planear - plan
65. polvo - dust
66. preparar - prepare
67. puestos - posts
68. salir - go out
69. solar - solar
70. sujetando - holding
71. tienda - tent
72. todos - all
73. vehículos - vehicles
74. vengarse - revenge
75. viajar - travel
76. visible - visible

B

Un cielo de diamantes

En algún lugar del desierto había un pequeño campamento. Unos cuantos camellos estaban bebiendo agua. Había también una tienda de campaña pequeña. Junto a ella, un hombre estaba sentado cerca del fuego. De repente escucharon un rugido. El hombre miró en esa dirección. Un avión lo sobrevoló a muy poca altura con un horrible estruendo. Los camellos echaron a correr en distintas direcciones. Un hombre salió de la tienda y se acercó al fuego.
"¿Qué clase de avión es ése?" preguntó.
"¡Es muy grande!" gritó otro.
"¿Dónde está el misil?" gritó el hombre desde la tienda. El otro abrió una de las cajas que había en el suelo, sacó un misil y se lo entregó. El hombre que había salido de la tienda se lo colocó sobre el hombro, cerró un ojo y disparó. Pero disparó mal. La bomba salió por el otro lado y fue a dar contra las cajas del suelo. Una gran explosión provocó que

A sky in diamonds

Somewhere in the desert was a small camp. A few camels were drinking water. A small tent stood nearby. Next to the tent, a man was sitting near the fire. Suddenly they heard a roar. The man looked in that direction. An airplane passed very low overhead with a terrible roar. Camels ran in different directions. A man ran out of the tent by the fire.
"What kind of airplane is it?" he asked.
"It's very big!" another cried.
"Where is the missile?" the man cried from the tent. The other one opened one of the boxes on the ground, picked up a missile and gave it to him. The man who ran out of the tent placed it on his shoulder, closed one eye, and launched it. But he launched it incorrectly. The rocket shot out of the other side and hit the boxes on the ground. A big explosion set off a huge column of fire and smoke into the air.

una enorme columna de fuego y humo inundara el aire.

Aladdin se preparaba para disparar el misil antimisil. Se colocó frente a una gran compuerta abierta en la parte trasera del avión. Cuando vio la explosión, miró hacia Ashur, quien estaba a su lado con el mismo tipo de misil.

"¡Le ha dado! ¡Le ha dado!" gritó y rió. En ese momento despegó otro misil y casi le da al avión, pero Ashur rápidamente lanzó un misil antimisil y el misil golpeó lo golpeó y explotó. La explosión tiró al árabe de espaldas, pero se levantó con rapidez y preparó otro misil térmico. Vieron otros dos misiles. Aladdin y Ashur lanzaron misiles antimisil y los misiles volvieron a explotar. Otra persona se acercó a la compuerta con un misil antimisil y empezó a ayudarles.

En la cabina, Rost miró por la ventanilla.

"Si ve un compuesto de misil dígamelo inmediatamente," le gritó al padre de Ashur. El anciano también miró por la ventanilla. En aquel momento, Aladdin entró apresuradamente en la cabina.

"¡Es hora de soltar los paracaidistas! ¡Ascienda cuatrocientos metros!" ordenó.

Paul Rost se giró y vio que las personas que estaban en el avión se estaban colocando los paracaídas y cogiendo armas de las cajas.

"¡Voy a elevarme cuatrocientos!" dijo, y el avión empezó a ascender.

El árabe miró por la ventanilla y ordenó a los paracaidistas que saltaran. Los paracaidistas empezaron a saltar del avión. Pero de nuevo estaban lanzándoles misiles desde tierra. Ashur continuaba lanzando los misiles antimisil sin detenerse. Todos los paracaidistas saltaron. Solo se quedaron en el avión los "consultores de economía internacional" y Aladdin. Llevaban puestos paracaídas.

"¡Gracias por tu trabajo!" le gritó el árabe a Ashur, "¡Aquí está tu dinero!" sacó su pistola y empezó a disparar. Ashur se las arregló para esconderse detrás de una caja. El árabe aulló y saltó del avión. Los "consultores" saltaron tras él. Ashur miró por la compuerta abierta, pero apareció otra bomba y de nuevo volvió a coger los misiles antimisil y empezó a lanzarlas. Su padre salió de la cabina y

Aladdin got ready to shoot down the missile with a thermal shell. He stood in a large open hatch at the back of the airplane. When he saw the explosion on the ground, he looked at Ashur, who stood nearby with the same kind of shell.

"He hit it! He hit it!" he shouted and laughed. At that moment another missile took off and almost hit the plane. But Ashur quickly launched a thermal shell and the missile hit the shell and exploded. The explosion threw the Arab on his back, but he quickly got up and prepared another thermal missile. Two more missiles were shot. Aladdin and Ashur launched thermal shells and the missiles exploded again. One more person got in the hatch with a thermal shell and began helping them.

In the cabin, Rost looked out the window.

"If you see a missile compound, tell me right away," he shouted to Ashur's father. The old man also began to look out the window. At that time, Aladdin quickly walked into the cabin.

"It's time to drop the paratroopers! Go up to four hundred meters!" he ordered.

Paul Rost turned and saw that the people on the plane were putting on parachutes and taking weapons out of the boxes.

"I'm going up to four hundred!" he said and began to raise the plane.

The Arab looked out the window and commanded the paratroopers to jump. The paratroopers began to jump out of the plane. But the ground missiles were being shot again. Ashur kept firing the thermal shells without stopping. All the paratroopers jumped out. Only the "consultants on international economics" and Aladdin were left on the plane. They wore parachutes.

"Thanks for your work!" shouted the Arab to Ashur, "And here's your money!" He raised his gun and began shooting. Ashur managed to hide behind a box. The Arab yelled and jumped out of the plane. The "consultants" jumped after him. Ashur looked into the open hatch. But another rocket appear and he again grabbed the thermal shells and began launching them. His father ran out of the cab toward him.

"What happened, Peter? Where is everybody?

corrió hacia él.

"¿Qué ha ocurrido, Peter? ¿Dónde están todos? ¿Quién estaba disparando?" preguntó.

"Fue Aladdin. Quería pagarme por mi trabajo, pero no acertó," dijo Peter Ashur, "¡Coge los misiles antimisil y lánzalos! ¡Deprisa!"

Su padre empezó a lanzar los misiles antimisil. Ashur corrió a la cabina.

"Paul, ¡tiene que aterrizar o volar más alto! ¡Están disparándonos muchos misiles!" gritó.

"¡Vamos a aterrizar!" dijo Paul.

"¡Hola, Ashur!" dijo una voz femenina.

Ashur y Rost se giraron y vieron a Lisa Pandora. Estaba de pie tras ellos, apuntándolos con una pistola.

"¡Siéntate, Ashur!" gritó Pandora. Ashur se sentó. Ella le apuntó a la cara con la pistola. Estaba claro que tenía muchas ganas de vengarse.

"Hola. Te veo muy bien, Lisa," sonrió Ashur.

"John Vega te dice hola," dijo Pandora.

"Vega... Me alegro de que..." empezó Ashur, pero Pandora lo interrumpió.

"Paul, siento haber actuado así. Ashur me obligó a hacerlo," apuntó con la pistola a Ashur.

"¿Yo?" dijo Ashur, sorprendido.

"Ashur lo planeó todo," continuó Lisa, "el robo al banco y nuestro viaje juntos. Hasta quiso llevarse sus muebles para vigilarlo más de cerca. Después dijo que usted era el hombre perfecto para el trabajo."

"¿Qué muebles? Paul, ¡no la crea!" pidió Ashur.

En aquel momento, un misil golpeó la cola del avión.

"¡Papá!" gritó Ashur, y salió corriendo de la cabina.

En algún lugar del desierto, una carretera atravesaba la arena. Se cruzaba con otra carretera. En el cruce había un semáforo. Los vehículos apenas circulaban por esa carretera, pero el semáforo siempre funcionaba. Dado que funcionaba con paneles solares, solo lo hacía durante el día. Un carro tirado por un camello estaba detenido en el cruce. En el carro había una familia. El padre, la madre y cuatro niños miraban hacia el semáforo con interés. La luz estaba verde, pero el padre, quien manejaba las riendas del camello, no sabía exactamente qué luz daba

Who was shooting?" he asked.

"It was Aladdin. He wanted to pay me for my work, but he missed," Peter Ashur said, "Take the thermal shells and launch them! Quickly!"

His father began launching the thermal shells. Ashur ran into the cabin.

"Paul, you have to land the plane or fly higher! They are shooting a lot of missiles at us!" he cried.

"We are going to land!" Paul said.

"Hi, Ashur!" they heard a female voice.

Ashur and Rost turned and saw Lisa Pandora. She stood behind them, holding a gun.

"Sit down, Ashur!" Pandora cried. Ashur sat down. She pointed the gun in his face. It was obvious that she really wanted to have her revenge.

"Hi. You look great, Lisa," Ashur smiled.

"John Vega says hello," Pandora said.

"Vega ... I'm glad that he ..." began Ashur, but Pandora interrupted.

"Paul, I'm sorry that I acted that way. Ashur made me do it," she pointed a gun at Ashur.

"Me?" Ashur said in surprise.

"Ashur planned it all," Lisa continued, "the bank robbery, and our trip together. He even loaded your furniture to get a closer look at you. Then he said that you were the right man for the job."

"What furniture? Paul, don't believe her!" Ashur asked.

At that moment, a missile hit the tail of the plane.

"Dad!" Ashur cried and ran out of the cabin.

Somewhere in the desert, a road passed through the sand. It intersected with another road. At this intersection was a traffic light. Vehicles very rarely drove down this road. But the traffic light always worked. Since it was powered by solar panels, it only worked during the day. A cart pulled by a camel stood at the intersection. A family sat in the cart. A father, a mother and four children looked at the traffic light with interest. The light was green, but the father, who held the camel's reigns, didn't know exactly which light meant you could go. So he waited

permiso para avanzar. Así que esperó a que cambiara. En ese momento escucharon un terrible estruendo.

Por el lado izquierdo, un gran avión aterrizó en la otra carretera. Le salía humo de la cola y del ala izquierda. El avión fue por la carretera hasta el cruce y se detuvo. Le faltaba la cola y la parte superior de la cabina. Se veían algunas personas en el interior de la cabina. Estaban sentados y miraban hacia el carro con los ojos muy abiertos. La luz del semáforo cambió a rojo, pero el padre no se enteró. Miraba al avión con la boca abierta de par en par. La mujer le gritó algo. Entonces él miró para el semáforo, vio la luz roja y le gritó al camello. El camello empezó a avanzar lentamente hacia delante. Toda la familia miró cuando la gente del avión empezó a saltar al suelo.

El carro se alejó. Ashur, su padre, Pandora y Paul Rost saltaron al suelo desde el avión y miraron a su alrededor. Todo lo que había era arena amarilla. El desierto se extendía hasta el horizonte. Ambas carreteras estaban completamente desiertas. Solamente el carro con la familia se alejaba lentamente del cruce.

"¡Papá, ahora eres libre!" dijo Ashur alegremente, abrazando a su padre.

"He estado cinco años esperando este momento. Gracias, hijo mío," lloró el anciano, y besó a su hijo.

"Creo que es hora de irse," dijo Ashur, y corrió hacia el avión. Sacó las maletas. Lisa miró para Ashur.

"Veo que se olvidaron de pagarle, Peter. Sus empleadores saltaron del avión tan rápido que se olvidaron de darle el dinero," dijo Paul a Peter.

"Uno nunca sabe qué esperar de esos..." Ashur buscó una palabra.

"... consultores," propuso Rost, "Yo hice mi trabajo. Tiene que pagarme trescientos cincuenta mil dólares."

De repente, el avión explotó. La gente se arrojó al suelo con sorpresa. Varias bengalas salieron despedidas del avión y descendieron lentamente hacia el suelo.

"Un cielo hecho de diamantes," dijo Paul con lentitud, "Como prometió Aladdin."

El padre de Ashur levantó la mano hacia la

for the light to change. At this time, they heard a terrible roar.

On the left a big plane landed on the other road. Smoke was rising from its tail and its left wing. The plane drove down the road up to the intersection and stopped. The plane was missing its tail and the top of the cabin. Some people were visible inside the cabin. They sat and watched the cart with wide eyes. The traffic light for the cart changed to red, but the father didn't notice this. He stared at the plane with his mouth wide open. The wife shouted something at him. Then he looked at the traffic light, he saw the red light, and shouted at the camel. The camel slowly rode forward. The whole family watched as the people on the plane began to climb down to the ground.

The cart drove away. Ashur, his dad, Pandora, and Paul Rost climbed down from the plane and looked around. All around there was yellow sand. The yellow sand-filled desert stretched to the horizon. Both roads were completely deserted. Only the cart with the family slowly rode away from the intersection.

"Dad, now you're free!" Ashur said happily and hugged his father.

"I have been waiting for this moment for five years. Thank you my son," the old man wept and kissed his son.

"I think it's time to leave," Ashur said, and ran to the plane. He took the suitcases out of the plane. Lisa closely looked at Ashur.

"I noticed that they forgot to pay you, Peter. Your employers jumped out of the plane so quickly that they forgot to give you the money," Paul said to Peter.

"You never know what to expect from these ..." Ashur searched for words.

"... consultants," Rost suggested, "I did my job. You have to pay me three hundred fifty thousand dollars."

"I would be happy to pay Paul, but ..." Ashur looked at Pandora then at Rost.

Suddenly, the plane exploded. People crouched down in surprise. Several flares shot out of the plane and slowly descended to the ground.

"A sky made of diamonds," Paul said slowly,

carretera. En la lejanía, en medio del amarillo desierto, se levantaba una columna de arena y polvo.
"¿Quién podrá ser?" dijo Ashur nerviosamente. Pero nadie respondió.
Un minuto después pudieron ver no solo la columna de arena y polvo, sino escuchar ruido de motores. Varios coches se acercaban a ellos a toda velocidad a través de la arena.

"As Aladdin promised."
Ashur's father raised his hand toward the road. Far away, above the yellow desert sand rose a column of sand and dust.
"Who could it be?" Ashur said nervously. But no one answered.
A minute later they could not only see the column of sand and dust, but hear the roar of engines. Several cars drove toward them at high speed right through the sand.

C

Repaso de nuevo vocabulario
1
- ¿Podrías decirme si hoy es martes o lunes?
- Creo que hoy es lunes. No estoy seguro.
- ¿Sabes qué hora es?
- Lo comprobaré en mi teléfono. Son las ocho y media.
- Gracias. En cualquier caso, ¿está lloviendo fuera?
- No está lloviendo, pero hace viento y está nuboso. Probablemente lloverá pronto.

2
- Vendedor, ¿tiene baterías para el teléfono?
- ¿Qué tipo de teléfono tiene?
- Tengo un Samsung.
- No hay baterías para Samsung, pero tenemos unas para Motorola. ¿Las quiere?
- ¿Funcionarán con un Samsung?
- No lo sé.
- Entonces no las quiero.
- ¿Prefiere baterías para Sony, Nokia o Viewsonic?
- ¿Y funcionarán para un Samsung?
- No lo sé. Debería comprarlas y probar.
- No, gracias.

3
- Vendedor, podría por favor decirme, ¿estos tejanos son de hombre o de mujer?
- Son tejanos de mujer. ¿De qué tipo los necesita?
- Necesito tejanos de hombre.
- Estos son tejanos de mujer, pero parecen de hombre. ¡Pruébeselos!
- No, gracias.

New vocabulary review
1
- *Could you tell me, is it Tuesday or Monday today?*
- *I think it's Monday today. I'm not sure.*
- *Do you know what time it is?*
- *I will check my phone. It's eight thirty.*
- *Thank you. By the way, is it raining outside?*
- *It isn't raining, but it's windy and cloudy. It will probably rain soon.*

2
- *Salesman, do you have phone batteries?*
- *What kind of phone do your have?*
- *I have a Samsung.*
- *There are no Samsung batteries, but we have ones for Motorola. Would you like them?*
- *Will it work with a Samsung?*
- *I don't know.*
- *Then I don't want them.*
- *Maybe you would like Sony, Nokia or Viewsonic batteries?*
- *And will they work with a Samsung?*
- *I don't know. You should buy them and try.*
- *No, thank you.*

3
- *Salesman, could you please tell me: are these jeans for men or women?*
- *These are women's jeans. What kind do you need?*
- *I need men's jeans.*
- *These are women's jeans, but they look just like men's. Try them on!*
- *No, thank you.*

4

- Ayer no fui a trabajar.
- ¿Por qué?
- Llamé a mi empleador y le dije que estaba muy enfermo. Entonces me fui a un bar a beber licor. Estuve allí todo el día. Por la noche, mi empleador entró de repente y ¡me vio allí!
- ¿Y qué le dijiste?
- Lo abracé y le di las gracias por venir a visitarme en un momento difícil.
- ¿Sí? ¿Y él qué dijo?
- Me pidió perdón por no haberme traído flores.
- ¡Qué buen empleador! ¿Qué estás leyendo?
- Es un periódico. Estoy buscando trabajo. Me echaron.

5

- ¿Podría por favor decirme cómo llegar al centro de la ciudad?
- Suba estas escaleras. A la izquierda verá un bonito edificio amarillo. Es un hotel. Al lado del hotel hay una calle, pero no debe ir por allí.
- Ya veo.
- A la derecha verá un edificio viejo. Es muy antiguo. ¡Simplemente un trozo de chatarra! Pero tampoco vaya por allí.
- Está claro. ¿Por dónde debería ir?
- ¿A dónde tiene que ir? Dígamelo otra vez.
- Ahora ya sé a dónde tengo que ir. Gracias.

6

- ¡Los carros son un horrible medio de transporte!
- Sí. Los aviones son mucho mejores que los carros.
- Es cierto. Y los aviones son mucho más rápidos que los carros.
- Sí, sí. Pero los carros son más silenciosos que los aviones.
- Exacto.
- Y los carros no necesitan pistas para despegar.
- Está claro. ¡Pero lo más importante es que no nos obligan a nosotros los camellos a tirar de los aviones!
- Exacto.

4

- Yesterday I didn't go to work.
- Why?
- I called my employer and said that I was very ill. Then I went to a bar to drink some liqueur. I sat there all day. In the evening, my employer suddenly came in and saw me!
- And what did you tell him?
- I hugged him and thanked him for coming to visit me at a difficult time.
- Yes? And what did he say?
- He apologized for not having brought me flowers.
- What a good employer! What are you reading?
- This is a newspaper. I'm looking for a new job. I was fired.

5

- Could you please tell me how to get to the town center?
- Go up these stairs. On the left you will see a beautiful yellow building. That's a hotel. There will be a street near the hotel, but you shouldn't go there.
- I see.
- On the right you'll see an old building. It is very old. Simply a piece of junk! But don't go there either.
- That's clear. And where should I go?
- And where do you need to go? Tell me again.
- Now I already know where I need to go. Thank you.

6

- A cart is a terrible means of transportation!
- Yes. An airplane is much better than a cart.
- That's true. And the plane is much faster than a cart.
- Yes, yes. But the cart is quieter than the plane.
- Exactly.
- And the cart doesn't need a runway for take-off.
- That's clear. But the most important thing is that they don't make us camels pull airplanes!
- Exactly.

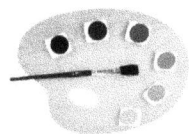

19

Ashur cambia de profesión
Ashur makes a career change

A

Palabras

1. antílope - antelope
2. arrancó - started
3. atado - tied
4. atar - tie
5. automática - automatic
6. bolsas - bags
7. corazón - heart
8. de medicina - medical
9. enfermera - nurse
10. entre - among
11. estrelló - crashed
12. examinar - examine
13. fronteras - borders
14. gritando - shouting
15. herido - wounded
16. huir - escape
17. llorar - cry
18. medicinas - medicine
19. médicos - doctor
20. necesitar - need
21. paciente - patient
22. partir - leave
23. peligro - danger
24. peor - worse
25. perdonar - forgive
26. perecieron - killed
27. rápido - fast
28. rebaño - herd
29. recepción - reception
30. recibidor - hallway
31. ser (un peligro) - pose (a danger)
32. shock - shock

33. suplicó - pleaded
34. términos - terms
35. tiroteo - shoot-out
36. trajo - brought
37. vendar - bandage
38. zoólogo - zoologist

 B

Ashur cambia de profesión

Ashur empezó a buscar un lugar donde esconder sus maletas.
"¡Ayúdenme! Necesitamos esconder las maletas," suplicó. Pero nadie se movió. Era obvio que los coches llegarían al avión en menos de un minuto. Paul Rost miró su teléfono. No había cobertura. Dos coches se acercaron a ellos. Otro fue hacia el carro con la familia. Varios hombres con pistolas automáticas saltaron de los coches y corrieron hacia el carro. La mujer y los niños empezaron a gritar. El padre corrió hacia ellos. Uno de los hombres le disparó y el hombre cayó al suelo. La mujer y los niños continuaron gritando y llorando. Los hombres ataron las manos a Ashur, a su padre y a Rost y los metieron en el coche. Paul Rost miró tristemente hacia el avión. Las cosas iban cada vez peor. Ahora tenían un gran problema. Y el teléfono no funcionaba. Miró al hombre herido. Estaba herido en la pierna y no podía levantarse. Dos hombres lo ataron y lo metieron en el coche.
"¿Quién es el piloto de este avión?" preguntó uno de los hombres a Paul Rost.
"Somos médicos. Podemos ayudarles. ¿Hay algún herido?" dijo Lisa Pandora en voz alta.
"Le estoy preguntando quién es el piloto," gritó el hombre, y levantó su pistola automática.
"El avión se estrelló y explotó. Murieron todos los que iban a bordo," respondió Pandora por Paul Rost.
"¿Quién es usted? ¿Qué está haciendo aquí?" preguntó otro hombre.
"Somos médicos de la organización Médicos Sin Fronteras. Debemos ayudar a los heridos. Nuestro coche estaba parado en el semáforo cuando de repente el avión se estrelló. El avión cayó sobre nuestro coche. Nuestro conductor y otras cinco personas perecieron en la explosión. Yo y otros dos médicos pudimos huir del coche justo a

Ashur makes a career change

Ashur started looking for a place to hide his suitcases.
"Help me! We need to hide suitcases," he pleaded. But no one moved. It was obvious that the cars would reach the airplane in less than a minute. Paul Rost looked at his phone. There was not reception. Two cars drove up to them. Another car drove up to the cart with the family. Several men with machine guns jumped off the cars and ran to the cart. They asked the man something and then forced him to get into the car. The woman and the children began to shout. The father ran toward them. One of the men shot him and the man fell to the ground. The woman and children continued to scream and cry. The men tied the hands of Ashur, his father, and Rost, and put them in the car. Paul Rost looked sadly at the plane. Things are getting worse and worse. Now they're in very serious trouble. And the phone isn't working. He looked at the wounded man. He was wounded in the leg and could not get up. Two men tied him up and put him in the car.
"Who is the pilot of this airplane?" one of the men asked Paul Rost.
"We are doctors. We can help you. Do you have any wounded?" Lisa Pandora said loudly.
"I'm asking you, who is the pilot?" shouted the man, and raised the machine gun.
"The plane crashed and exploded. Everyone on the plane was killed," Pandora answered for Paul Rost.
"Who are you? What are you doing here?" another man asked.
"We are doctors from the organization Doctors without Borders. We must help wounded people. Our car was stopped at this traffic light when suddenly that plane crashed. The plane fell right onto our car. Our driver and five other doctors

tiempo," Pandora señaló a Rost y al padre de Ashur, "Y este paciente también consiguió huir," Lisa señaló a Peter Ashur. "¿Tienen algún herido?" preguntó.

"No parece un paciente," dijo el hombre que llevaba la pistola automática.

"Es zoólogo. Una bomba mató delante de él a un rebaño de antílopes al que había estado estudiando durante dos años," dijo Pandora, mirando a Ashur, "Ahora a menudo cae al suelo gritando 'mis antílopes'," miró a Ashur de nuevo. Ashur se sentó en el suelo y gritó. "¡Mis antílopes!"

"Tenemos que llevarlo al hospital o podría morir de un shock," continuó Pandora, "También necesitamos atarle las manos porque es un peligro para sí mismo y para los demás," concluyó.

El hombre de la pistola miró para el avión, después para el carro: "Vendrán con nosotros a nuestro campamento. Tenemos muchos heridos que necesitan cuidados urgentemente," miró hacia Ashur, "No necesitamos zoólogos. No vendrá con nosotros," añadió el hombre.

"¡Oh mis antílopes! ¡Oh mis antílopes!" dijo Ashur rápidamente, "Necesito a mi médico," agarró la mano de su padre y su padre se sentó junto a él, "¡Oh mis antílopes! ¡Oh mis maletas!," Ashur señaló las bolsas.

"No," gritó Pandora, "Hay medicinas y equipos en esas maletas. ¡Debemos llevarlas con nosotros!" pidió. El hombre de la pistola automática cogió las bolsas y las puso en el coche.

"¡Oh mis antílopes!" gritó Ashur entrando en el coche, "¡Necesito ir urgentemente al hospital!" Pero los hombres lo sacaron del coche y lo arrojaron al suelo. Ashur miró a Pandora a los ojos. Pero Pandora se giró y miró a Paul Rost. A continuación subió al coche, se sentó junto al hombre herido y empezó a vendarle la pierna. Todos subieron a los coches y partieron.

Media hora más tarde, los coches se detuvieron y empezaron los tiros. Hubo gritos. Todos se tiraron al suelo del coche. Menos de un minuto después el coche arrancó de nuevo y en otros cinco minutos llegaron a la ciudad. Los coches se detuvieron junto a un edificio pequeño. Paul Rost y Lisa Pandora fueron guiados al interior. Era un

were killed in the blast. I and two other doctors ran away from the car just in time," Pandora pointed to Rost and Ashur's father, *"And this patient also managed to run out,"* Lisa pointed to Peter Ashur. *"Do you have any wounded?"* she added.

"He doesn't look like the patient," noted the man with the machine gun.

"He's a zoologist. A bomb killed a herd of antelopes that he had been studying for two years right in front of him," Pandora said, looking at Ashur, *"Now, he often falls to the ground, shouting 'my antelopes',"* she looked at Ashur again. Ashur sat on the ground and shouted, *"My antelopes!"*

"We have to take him to the hospital or he could die of shock," Pandora continued, *"We also need to tie his hands because he poses a danger to himself and to others,"* she concluded.

The man with the gun looked at the plane, then at the cart: "You will go with us to our camp. We have many wounded people. They need urgent care," he looked at Ashur, *"We don't need any zoologists. He won't go with us,"* the man added.

"Oh my antelopes! Oh my antelopes!" Ashur said quickly, *"I need my doctor,"* he grabbed his father's hand and his father sat down beside him, *"Oh my antelopes! Oh my suitcases,"* Ashur pointed to the bags.

"No," Pandora cried, *"There is medicine and equipment in the suitcases. We must take them with us!"* she demanded. *The man with the machine gun took the bags and put them in the car.*

"Oh my antelopes!" Ashur cried and climbed into the car, *"I urgently need to go to the hospital!"* But the men dragged him away from the car and threw him to the ground. Ashur looked Pandora in the eye. But Pandora turned and looked at Paul Rost. Then she got in a car beside the wounded man and began to bandage his leg. All the people got into the cars and drove off.

About half an hour later, the cars stopped and a shoot-out began. There were loud cries. Everyone lay down on the floor of the car. Less than a minute later the car drove off again and in another five minutes they drove into the city. The

hospital.

"¡Eh, doctor! ¡Venga aquí! ¡Rápido!" gritó el hombre de la pistola, "Aquí hay muchos heridos. Debe ayudarles."

"Hay medicinas y equipos en las maletas," dijo Pandora, "Por favor, tráigalas aquí."

Metieron las maletas y las colocaron en la sala. Lisa Pandora comenzó a examinar a los pacientes. Dijo algo a la enfermera, usando distintos términos médicos. Paul la miró sorprendido. Ella sonrió.

"Tengo la carrera de medicina, Paul," tomó una mano de él entre las suyas, "¿Todavía no me ha perdonado? Mi corazón me dice que aún piensa en mí. ¡Por favor, perdóneme! Siento mucho lo que hice. Me encantó pasar tiempo con usted," Lisa le apretó la mano y miró a Paul a los ojos.

"¡Doctor! ¡Rápido! ¡Tenemos muchos heridos!" gritó la enfermera, y Lisa la siguió al recibidor. Antes de irse, miró tristemente a los ojos de Paul. Paul Rost también miró para Lisa, y después por la ventana. En la calle empezó de nuevo el tiroteo. Unos cuantos heridos entraron en la sala desde el recibidor. Lisa y la enfermera comenzaron a examinarlos. Paul les ayudó lo mejor que pudo. De repente, Lisa gritó, "¿Dónde están las maletas?"

Paul miró hacia arriba y vio que las maletas no estaban en la sala. Miró por la ventana y vio que uno de los hombres heridos salía corriendo a la calle con las maletas, las arrojó dentro de uno de los coches y entró en él rápidamente. Antes de subir al coche miró hacia ellos y sonrió. Era, por supuesto, Ashur.

"¡Robó las medicinas y los equipos!" gritó Pandora. Quiso salir corriendo de la sala, pero Paul la agarró por el brazo.

"¡Por favor, Lisa, no lo haga! ¡Quédese aquí! ¡Deje que Ashur se lleve el dinero!" pidió.

"¡Nunca! ¡Paul, cariño, ayúdame a recuperar el dinero!" pidió.

"No vayas, Lisa. Por favor, quédate aquí..." suplicó Paul Rost, pero Lisa salió corriendo. Corrió fuera, subió a uno de los coches y salió detrás de Ashur.

cars stopped near a small building. Paul Rost and Lisa Pandora were led into the building. It was a hospital.

"Hey, doctor! Come here! Quickly!" the man with the gun shouted, "There are many wounded here. You must help them."

"There is medicine and equipment in the suitcases," Pandora said, "Please bring them here."

They brought in the suitcases and put them in the room. Lisa Pandora began to examine the patients. She said something to the nurse, using several medical terms. Paul looked at her in surprised. She smiled.

"I have a medical education, Paul," she put her hand on his, "Haven't you forgiven me yet? My heart tells me that you are still thinking about me. Please forgive me! I am very sorry about what I did. I enjoyed spending time with you," Lisa squeezed his hand and looked into Paul's eyes.

"Doctor! Quick! We have many wounded!" the nurse cried, and Lisa followed her into the hallway. Before she left, she looked sadly into Paul's eyes. Paul Rost also looked at Lisa, and then out the window. On the street shooting broke out again. A few wounded entered the room from the hallway. Lisa and the nurse began to examine them. Paul helped them as best as he could. Suddenly Lisa cried, "Where are the suitcases?" Paul looked up and saw that the suitcases weren't in the room. He looked out the window and saw that one of the wounded men ran into the street with the suitcases, threw them into one of the cars and quickly got into it. Before he got into his car, he looked at them and smiled. It was, of course, Ashur.

"He stole the medicine and equipment!" Pandora cried. She wanted to run out of room, but Paul grabbed her by the arm.

"Please, Lisa, don't! Stay here! Let Ashur take the money!" he asked.

"Never! Paul, darling, help me get the money back!" she asked.

"Do not go, Lisa. Please stay here ..." Paul Rost asked, but Lisa ran away. She ran outside, got into one of the cars and followed Ashur.

C

Repaso de nuevo vocabulario

1
- ¿Puedes decirme si hoy es martes o miércoles?
- Creo que es martes. No estoy seguro.
- ¿Sabes qué hora es?
- Lo comprobaré en mi teléfono. Son las diez menos cinco.
- Gracias. En cualquier caso, ¿hace viento fuera?
- No hace viento, pero está nublado. Probablemente haga fresco pronto.

2
- ¿Puede un médico curar a un enfermo con solo mirarlo?
- ¡Tonterías! Por supuesto que no puede.
- ¡Sí que puede! Ayer no quise ir al colegio. Le dije al médico que me duele la cola. ¡El médico me miró de tal manera que fui al colegio inmediatamente!
- ¡Pero si no tienes cola!
- Tú porque lo sabes. ¿Pero cómo lo adivinó el médico?

3
- Ahora me arrepiento de no haber estudiado más en el colegio. Si hubiera estudiado más, ahora sería director.
- ¡Pues yo no me arrepiento! Si hubiera estudiado más, estaría trabajando fuera al frío en lugar de estar sentado en el apartamento de otra persona tomando café!
- De acuerdo, ya robé todo lo que valía la pena. Termina de tomarte el café. El propietario podría llegar en cualquier momento.

4
- ¿Quién disparó, hijo?
- Yo, papá.
- ¿Por qué?
- Quería hacer un experimento.
- ¿Qué clase de experimento?
- Quería darle al pájaro que estaba al lado de nuestro camello.
- ¿Le diste?
- Sí.
- ¿Al pájaro?
- No, al camello.
- ¿Qué vas a hacer ahora, hijo mío?

New vocabulary review

1
- *Could you tell me, is it Tuesday or Wednesday?*
- *I think it's Tuesday. I'm not sure.*
- *Do you know what time it is?*
- *I will check my phone. It's five minutes to ten.*
- *Thank you. By the way, is it windy outside?*
- *It isn't windy, but it's cloudy. It will probably get cold soon.*

2
- *Can a doctor cure a sick person with just look?*
- *Nonsense! Of course he can't.*
- *Yes he can! Yesterday I didn't want to go to school. I told the doctor that my tail hurts. The doctor gave me such a look that I immediately went to school!*
- *But you don't have a tail!*
- *You know that. But how did the doctor guess?*

3
- *I now regret that I didn't study well in school. If I'd studied well, I would be a manager now.*
- *And I don't regret that! If I'd studied well, I'd be working outside in the cold now instead of sitting in someone else's warm apartment and drinking coffee!*
- *Okay, I already stole all the good stuff. Finish drinking your coffee and let's go. The owner could be here at any moment.*

4
- *Who fired the shot, son?*
- *I fired it, Dad.*
- *Why?*
- *I wanted to conduct an experiment.*
- *What kind of experiment?*
- *I wanted to hit the bird that was sitting next to our camel.*
- *Did you hit it?*
- *Yes.*
- *The bird?*
- *No, the camel.*
- *What will we do now, my son?*

- Ahora voy a atenderlo, papá.
- No. ¡No más experimentos! Yo atenderé al camello y ¡tú tirarás del carro!

5

- ¿Qué es más rápido: un antílope o un camello?
- S tienen una persona detrás, el antílope correrá más rápido.
- ¿Y si además hay un tigre al lado de la persona?
- ¡Entonces el hombre correrá más rápido que el camello y el antílope juntos!

- Now I'm going to treat it, Dad.
- No. No more experiments! I will treat the camel, and you'll pull our wagon!

5

- What's faster: an antelope or a camel?
- If a person is behind them, the antelope will run faster.
- And if there is also a tiger next to the person?
- Then the man will run faster than both the camel and the antelope!

20

A un tiro de piedra del destino
A stone's throw from fate

A

Palabras

1. a partes iguales - equally
2. abandonó - left
3. abrigos - coats
4. acuerdo - agreement
5. apagar - disconnect
6. apoyar - support
7. aprender - learn
8. armarios - closets
9. asistente - assistant
10. avanzar - advance
11. cabeza - head
12. capitalismo - capitalism
13. capturar - capture
14. cierto - true
15. con talento - talented
16. condenación - condemnation
17. conspiración - conspiration
18. convertirte - become
19. cubrió - covered
20. de otra forma - otherwise
21. democrático - democratic
22. despacio - slowly
23. destino - fate
24. diablo - devil
25. dictadura - dictatorship
26. estado - country
27. excepto - except
28. fuerzas - forces
29. gabinete - cabinet
30. ganar - win
31. gobernantes - rulers
32. gobernar - rule
33. gobierno - government
34. guerra - war

35. información - information
36. Islam - Islam
37. jefe - master
38. juego - game
39. juguetes - toys
40. lenta - slow
41. luchar - fight
42. madre - mom
43. maestro - teacher
44. malvadas - evil
45. más rápido - faster
46. matar - kill
47. mecánicamente - mechanically
48. medalla - medal
49. medio - middle
50. meses - months
51. ministro - minister
52. momento - moment
53. mostrar - show
54. mujeres - women
55. normal - normal
56. nuevo - new
57. ocupar - occupy
58. oportunidades - opportunities
59. palanca - gear
60. perdedores - losers
61. petróleo - oil
62. piedra - stone
63. planear - plan
64. poder - power
65. posiblemente - possibly
66. presidente - president
67. primer ministro - prime minister
68. provincia - province
69. puesto - post
70. receptor - receiver
71. religión - religion
72. repartir - divide
73. resistir - resist
74. revolución - revolution
75. rey - king
76. sanidad - healthcare
77. satélite - satellite
78. señalando - pointing
79. señaló - pointed
80. seriamente - seriously
81. sintió - felt
82. sonando - sounding
83. sufrimiento - suffering
84. último - last
85. vecino - neighbor
86. velocidad - speed
87. vendados - bandaged
88. vivo - alive
89. zapatos - shoes

 B

A un tiro de piedra del destino

Lisa fue tras Peter Ashur. En la calle se produjo un tiroteo. Paul se levantó y miró por la ventana. Todo lo sucedido parecía un sueño. De repente se dio cuenta de que se había quedado solo en medio de África. El tiempo se había detenido y él se detuvo con él. La gente a su alrededor, tumbada, lo miraba. Los médicos los estaban atendiendo, pero él no percibía a nadie. Repentinamente se preguntó qué estaba haciendo allí, en un pequeño pueblo en medio del Sáhara. En ese momento la puerta se abrió y entró un hombre. Todos lo miraron inmediatamente. Muammar Gaddafi caminó despacio hacia el centro de la habitación.

A stone's throw from fate

Lisa drove after Peter Ashur. A shooting broke out on the street. Paul stood and looked out the window. Everything that happened seemed like a dream. Suddenly he felt that he was left alone in the middle of Africa. Time had stopped and he stood still. People around him lay and looked at him. Doctors were helping them, but he didn't notice anyone. He suddenly asked himself what he was doing there, in a small town in the middle of the Sahara. At this moment the door opened and a man walked in. Everyone immediately looked at him. Muammar Gaddafi walked slowly into the middle of the room. His head and arm were

Tenía la cabeza y el brazo vendados. Aunque su cara mostraba sufrimiento, no le prestaba atención. En su mirada había autoridad y poder. El hombre que había gobernado el país durante más de cuarenta años todavía estaba preparado para luchar. Miró a las personas de la sala y señaló a su asistente con la mano. Su asistente se acercó a él y abrió una caja que llevaba en las manos. Gaddafi sacó una medalla y se la puso a uno de los médicos.

"Hay una conspiración para ganar control sobre el petróleo libio y ocupar nuestra tierra," dijo, mirando a los médicos, "Las mujeres deberían prepararse para la guerra en sus propios hogares. Deben aprender a colocar bombas en armarios, bolsas, zapatos, juguetes de niños." Cogió otra medalla y se la puso a otro doctor, "Gaddafi no es un presidente normal que simplemente se iría - él es el líder de la revolución. Soy un líder internacional, el maestro de las normas del mundo árabe, y el rey de los reyes de África." Muammar Gaddafi sacó una pistola y la elevó por encima de su cabeza. Se acercó a Paul Rost: "El diablo está en el capitalismo, en la dictadura. Esas son fuerzas malvadas, intentando arrastrar a los hombres bajo su control." En ese momento, el teléfono de Rost sonó. Rost sacó el teléfono mecánicamente, pero Gaddafi se lo quitó de las manos y continuó hablando en el receptor: "No existe un solo estado democrático en el mundo excepto Libia. Y solo hay una religión - el Islam. Todos los que piensen otra cosa - simplemente son unos perdedores," Gaddafi devolvió el teléfono a Rost y separó la pistola. Sacó una medalla de la caja y se la puso a Paul. Gaddafi caminó hasta el centro de la sala: "Durante cuatro meses -¡cuatro meses! - habéis estado bombardeando nuestro país y matando libios, y todos tienen demasiado miedo para pronunciar una sola palabra de condenación," se cubrió la cara con las manos y permaneció así durante unos segundos. A continuación bajó las manos y caminó hacia la puerta. Antes de irse miró a las personas de la sala: "Si la muerte es un hombre, entonces debemos resistir hasta el fin, pero si es una mujer, deberíamos rendirnos ante ella en el último momento," dijo Muammar Gaddafi, y

bandaged. His face showed suffering, but he didn't pay attention to it. In his gaze were authority and power. The man who ruled the country for more than forty years was still ready to fight. He looked at people in the room and signaled with his hand to his assistant. His assistant walked up to him and opened a box that he held in his hands. Gaddafi took a medal out of the box and put it on one of the doctors.

"There is a conspiracy to gain control over Libyan oil and to occupy Libyan land," he said, looking at the doctors, "Women should get ready for war in their own homes. Women must learn to place bombs in closets, bags, shoes, children's toys." He picked up another medal and put it on another doctor," Gaddafi is not an ordinary president who could just leave - he is the leader of the revolution. I am an international leader, the teacher of all the rulers of the Arab world, and the king of Africa's kings." Muammar Gaddafi took out a gun and raised it above his head. He went up to Paul Rost: "The Devil is in capitalism, in dictatorship. These are all evil forces, trying to take men under their control." At that moment, Rost's phone rang. Rost mechanically took out the phone, but Gaddafi took the phone from him and continued speaking into the receiver: "There isn't a single democratic state in the whole world except for Libya. And there is only one religion - Islam. All who believe otherwise - are just losers," Gaddafi gave the phone back to Rost and put the gun away. He took a medal out of the box and put it on Paul. Gaddafi walked to the middle of the room: "For four months - four months! - You have been bombing our country and killing Libyans, and everyone is too afraid to say even one word of condemnation," he covered his face with his hands and stood like that for a few seconds. Then he lowered his hands and walked to the door. Before leaving he looked at people in the room: "If death is a man, then we must resist to the end, but if it is a woman, we should give in to her at the last moment," said Muammar Gaddafi and left the room. At that moment there was an explosion, and Rost fell to the floor. Then he got up slowly and walked out of the building. The

abandonó la sala. En ese momento hubo una explosión y Rost cayó al suelo. Después se levantó lentamente y salió del edificio. El edificio había sido gravemente dañado por la explosión. Caminó lentamente por la calle. De vez en cuando, pasaban personas corriendo a su lado sin mirarlo. Alguien estaba disparando una pistola automática cerca de él. Escuchó algún tipo de sonido, pero no pudo entender qué era. A veces el humo cubría la calle y no podía ver nada. El sonido se acercaba. Después giró la cabeza y vio que un coche se había detenido a su lado. Lisa Pandora le gritó algo a través de la ventanilla. Pero todo parecía moverse a cámara lenta, y no pudo comprender qué decía. Lisa salió lentamente del coche y corrió hacia a él. Lo empujó y ambos cayeron al suelo. A partir de ese momento todo sucedió muy rápido. Lisa le gritaba algo, las pistolas disparaban cerca, el teléfono sonaba sin cesar en su bolsillo.
"¡Corre, Paul, corre! ¡Más rápido!" pidió Lisa, lo agarró por el brazo y lo arrastró hasta el coche. Paul corrió tras ella y entró en el coche. El coche bajó la calle a toda velocidad. El teléfono sonaba sin parar.
"Paul, ¡tu teléfono está sonando!" dijo Pandora. Paul sacó el teléfono y contestó. Era Andrew.
"¡Paul! ¿Dónde estás? ¡Oigo disparos! ¿Estás bien?" gritó Andrew al otro lado.
"Sí, estoy vivo," dijo Paul.
"Gracias por la información sobre el avión. Era la mafia. Querían capturar una de las provincias libias. Casi todos fueron asesinados nada más aterrizar. ¿Me oyes, Paul?" continuó Andrew.
"Sí, te oigo," dijo Paul.
"No apagues el teléfono. Podemos verte por satélite. Pronto nuestros chicos te traerán a casa. ¿Me oyes?" gritó Andrew.
"Sí," respondió Paul, y en ese momento vio a Ashur y a su padre en el suelo. Ashur estaba gravemente herido. Su padre estaba atendiéndolo. Paul se metió el teléfono en el bolsillo.
"Dispararon al coche de Ashur. Los saqué de allí. Si no, los habrían matado," Lisa miró a Paul, "¿Quién llamó?"
"Mi madre. Me preguntó cuándo voy a ir a cenar," respondió Rost.

building was heavily damaged by the explosion. He walked slowly down the street. From time to time, people ran down the street without looking at him. Someone nearby was firing a machine gun. He heard some kind of sound, but couldn't understand what it was. Sometimes smoke covered the street and he couldn't see anything. The sound was somewhere nearby. Then he turned his head and saw that a car stopped next to him. Lisa Pandora shouted something to him through the window. But everything seemed to be in slow motion, and he couldn't understand what she said. Lisa slowly got out of the car and ran towards him. She pushed him, and they both fell to the ground. From that moment everything happened very quickly. Lisa shouted something to him, machine guns fired nearby, the phone in his pocket rang without stopping.
"Run, Paul, run! Faster!" Lisa asked, grabbed him by the arm and dragged him to the car. Paul ran after her and got into the car. The car raced down the street. The phone rang without stopping.
"Paul, your phone is ringing!" Pandora said. Paul took out the phone and answered it. It was Andrew.
"Paul! Where are you? I hear shooting! Are you all right?" Andrew shouted at the other end.
"Yes, I'm alive," Paul said.
"Thanks for the info about the plane. It was the mob. They wanted to capture one of Libya's provinces. Almost all of them were killed immediately after landing. Can you hear me, Paul?" Andrew continued.
"Yes, I hear," Paul said.
"Don't disconnect the phone. We can see you on the satellite. Soon, our guys will take you home. Can you hear me?" Andrew shouted.
"Yes," Paul replied, and at that moment he noticed Ashur and his father on the floor. Ashur was badly injured. His father was helping him. Paul put the phone in his pocket.
"They fired on Ashur's car. I got them out of there. Otherwise they would have been killed," Lisa looked at Paul, "Who called?"
"My mom. She asked when I'm coming over for dinner," Rost replied.

Lisa puso su mano en la de Paul.
"Me gusta que puedas bromear incluso ahora," sonrió.
Su coche circulaba a toda velocidad por la arena. Dejaron atrás el pueblo.
"¿A dónde vamos?" preguntó Paul.
"No me importa a dónde. Solo quiero estar contigo," dijo Pandora, "Ahora vamos hacia la provincia vecina. Hice un acuerdo con Ashur. Nos repartiremos el dinero a partes iguales, y a mí me nombrarán primer ministro," dijo Pandora.
Paul la miró. No estaba sorprendido por lo que había dicho. Simplemente no podia comprender de qué estaba hablando.
"Ashur tiene unos cuantos amigos en esta provincia. Están liderando la revolución aquí," continuó Pandora, "Quieren que Ashur sea el presidente del nuevo país."
Paul estaba seguro de que nada podría ya sorprenderlo. Pero esta noticia lo sorprendió enormemente.
"¿Ashur va a ser el presidente del nuevo país?" dijo.
"Sí, Ashur va a ser el presidente del nuevo país," le dijo ella. "¡Ahora Libia ofrece muchas oportunidades a la gente con talento!"
"Probablemente lo hirieron de gravedad si quiere ser presidente," dijo Rost.
"Sí, Ashur será presidente," dijo Lisa, cambiando la palanca de marchas, "¡Y yo seré primer ministro!" añadió.
"¿Puedo ser yo el ministro de sanidad de tu gabinete?" sonrió Rost, señalando su bata de médico.
"Posiblemente. Ya veremos," dijo Lisa. Pero vio la sonrisa en los ojos de él y dijo, "A veces estamos mucho más cerca de nuestros sueños de lo que pensamos."
"¿Cuándo te diste cuenta de que tu sueño era convertirte en primer ministro? Creo que no debió de ser hace más de una hora," dijo Rost.
"No es tan sencillo, Paul," lo miró ella seriamente, "Este tipo de cosas hay que planearlas con tiempo. Lo supe cuando comimos pizza en mi casa. Incluso lo sabía ya tres meses antes de eso. John Vega, Peter Ashur y yo lo planeamos juntos. Cogimos el dinero del banco para pagar a los

Lisa put her hand on his.
"I like that you can joke even now," she smiled.
Their car raced across the sand at high speed. They left the town behind.
"Where are we going?" Paul asked.
"I don't care where. I just want to be with you," Pandora said, " Now we're driving to the neighboring province. I made an agreement with Ashur. We will divide the money equally, and I will be appointed as the prime minister," Pandora said.
Paul looked at her. He wasn't surprised by what she said. He just couldn't understand what she was talking about.
"Ashur has a few friends in this province. They are leading the revolution in this province," Pandora continued, "They want Ashur to be the president of the new country."
Paul was certain that nothing could surprise him. But he was greatly surprised by this news.
"Ashur will be the president of the new country?" he said.
"Yes, Ashur will be the president of the new country," she said to him. "Now Libya has many opportunities for talented people!"
"He was probably injured badly if he wants to be president," Rost noted.
"Yes, Ashur will be the president," Lisa said, switching the gears of the car, "And I will be the prime minister!" she added.
"Can I be the minister of healthcare in your cabinet?" Rost smiled, pointing to his doctor's coat.
"Possibly. We'll see," Lisa said. But she noticed the smile in his eyes and said, "Sometimes, we are much closer to our dreams than we think."
"When did you realize that your dream is to become a prime minister? I think that it was no more than an hour ago," Rost said.
"It isn't that simple, Paul," she looked at him seriously, "These kinds of things are planned in advance. I knew about it back when we ate pizza at my home. And even three months before that. John Vega, Peter Ashur and I planned it together. We took the money out of the bank in order to pay the soldiers. The soldiers have to support us in our new state. It's a big game with a lot of money,

soldados. Los soldados tienen que apoyarnos en nuestro nuevo estado. Hay mucho dinero en juego, Paul. Aquí hay mucho petróleo. Y este petróleo ya no tiene un jefe poderoso," dijo.
"Tú, Ashur, y Vega estabais bien preparados. ¿Y cuál será el puesto de Vega en tu gobierno en el nuevo país?" preguntó Paul. Pandora miró a Paul, pero no respondió.

Paul. There is a lot of oil here. And this oil no longer has a strong master," she said.
"You, Ashur, and Vega were all well prepared. And what will be John Vega's post in your government in this new country?" asked Paul. Pandora looked at Paul, but answered nothing.

C

Repaso de nuevo vocabulario

1
- ¿Podrías decirme si hoy es jueves o viernes?
- Creo que hoy es miércoles. No estoy seguro.
- ¿Sabes qué hora es?
- Lo comprobaré en mi teléfono. Son casi las tres menos cuarto.
- Gracias. En cualquier caso, ¿hace calor fuera?
- Hace calor pero está nuboso. Espero que pronto haga fresco.

2
- ¡Nuestro estado no necesita un dictador!
- No soy un dictador. ¡Soy el líder de la revolución!
- Pero que emos un líder diferente. Y no solo uno, sino diez o veinte.
- No comprendes que el gobierno debe ser fuerte. Diez líderes lucharían los unos contra los otros.
- ¡Queremos una democracia!
- ¡La democracia mata todo lo que merece la pena! La democracia - ¡es el diablo!
- ¡Queremos libertad para hacer negocios!
- Negocios - eso es capitalismo. El capitalismo - ¡es el sistema del diablo! Mira, ¡tenemos sanidad y educación gratuitas! ¿Quieres pagar por la sanidad y la educación?
- ¡Queremos buena sanidad y educación!
- Tenemos muy buena sanidad y educación. ¡Yo soy un líder internacional! ¡Soy el rey de los reyes! Ordeno que arresten a todos los perdedores que quieran capitalismo y democracia.

3
- Tengo la oportunidad de obtener un puesto en el Ministerio de Sanidad.
- No sabía que hubieras estudiado la carrera de

New vocabulary review

1
- Could you tell me, is it Wednesday or Thursday today?
- I think it's Wednesday today. I'm not sure.
- Do you know what time it is?
- I will check my phone. It's almost fifteen minutes to three.
- Thank you. By the way, is it hot outside?
- It's hot but cloudy outside. I hope it will be cool soon.

2
- Our state doesn't need a dictator!
- I'm not a dictator. I am the leader of the revolution!
- But we want a different leader. And not just one, but ten or twenty.
- You don't understand that the rule must be strong. Ten leaders will fight one another.
- We want a democracy!
- Democracy kills all that's good! Democracy - it's the devil!
- We want freedom to do business!
- Business - that's capitalism. Capitalism - that's the devil's system! Look, we have free healthcare and education! Do you want to pay for healthcare and education?
- We want good healthcare and education!
- We have very good healthcare and education. I am an international leader! I am the king of kings! I order to arrest all of the losers who want capitalism and democracy.

3
- I have the opportunity to get a position in the Ministry of Healthcare.

medicina.
- No he estudiado la carrera de medicina. Tengo amigos en el Ministerio de Sanidad.

4
- Papá, ¿dónde están mis juguetes?
- No lo sé. Mira debajo de la mesa.
- Mamá, ¿dónde están mis juguetes?
- No lo sé. Mira en el cuarto de baño.
- ¡Los he encontrado! Los soldados están luchando debajo de la mesa, y los aviones están bombardeando en el cuarto de baño.

5
- ¿Te gusta tener poder sobre otros?
- No, no me gusta en absoluto. En cualquier caso, ¿has cumplido todas mis órdenes?

6
- Deje que los soldados salgan a la costa.
- Pero nuestros aviones están bombardeando allí, Sr. General.
- Entonces déjelos tomar el campo de aviación.
- Pero el campo de aviación ya es nuestro desde hace tiempo.
- ¡Entonces deje que los soldados avancen, luchen y maten a todos los que vean! La guerra es la guerra.
- Sí, Sr. General.

7
- En Rusia, en el siglo veinte, se confiscaron todas las propiedades de los ricos. Después las repartieron a partes iguales entre los pobres.
- ¿Era una democracia?
- No, era comunismo. Después mataron a todos los ricos o los enviaron a prisión.
- ¿Era una dictadura?
- Sí, era comunismo de guerra. Después volaron las iglesias y barrieron la religión.
- Eso fue injusto.
- Sí, fue mortal para el estado y para las personas.

8
- ¡Nuestro presidente hizo un pacto con el diablo!
- ¿Por qué crees eso?
- Porque coge todo lo que quiere.
- No, ¡hizo un pacto con el primer ministro!

- I didn't know that you have a medical degree.
- I don't have a medical degree. I have friends in the Ministry of Healthcare.

4
- Dad, where are my toys?
- I don't know. Look under the table.
- Mom, where are my toys?
- I don't know. Look in the bathroom.
- I found them! The soldiers are fighting under the table, and the planes are bombing in the bathroom.

5
- Do you like having power over others?
- No, I don't like it at all. By the way, have you fulfilled all of my orders?

6
- Let the soldiers out on the sea shore.
- But our planes are bombing there, Mr. General.
- Then let them seize the airfield.
- But the airfield has been ours for a long time.
- Then let the soldiers go forward, fight and kill everyone in sight! War is war.
- Yes, Mr. General.

7
- In Russia, in the twentieth century, they confiscated all the property of the rich. Then they divided it equally among the poor.
- Was it a democracy?
- No, it was communism. Then all the rich were killed or put in prison.
- It was a dictatorship?
- Yes, it was wartime communism. Then they blew up the churches and wiped out religion.
- That was unfair.
- Yes, it was deadly for the state and the people.

8
- Our president made a pact with the devil!
- Why do you think so?
- Because he gets everything he wants.
- No, he made a pact with the prime-minister!

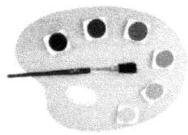

21

Una sola oportunidad
Just one chance

A

Palabras

1. agradecido - thankful
2. aquellos - those
3. asunto - affair
4. atemorizado - scared
5. ávidamente - eagerly
6. banderas - flag
7. borde - edge
8. botar - bouncing
9. bronceadora - tanning
10. cintura - waist
11. color - color
12. compensación - bonus
13. cuerda - rope
14. cuota - fare
15. de madera - wooden
16. derribar - topple
17. dos pisos - two-story
18. echando - pouring
19. enseguida - sometime soon
20. enterradas - buried
21. enviar - send
22. esperanza - hope
23. este - east
24. ganador - winner
25. gobernar - rule
26. gritando - shouting
27. grupo - group
28. habló - spoke
29. iajó - traveled
30. idioma - language
31. inferior - bottom
32. intentó - tried

33. loción - lotion
34. luchando - fighting
35. merecer - deserve
36. miedo - fear
37. mientras - while
38. monumento - monument
39. moviendo - moving
40. multando - fining
41. multitud - crowd
42. nativo - native
43. nergía - energy
44. niño - child
45. ntre - among
46. ocenas - dozen
47. pagó - paid
48. panfleto - leaflet
49. parecer - resembled
50. piel - skin
51. plataforma - platform
52. plaza - square
53. polizón - stowaway
54. reconocieron - recognized
55. rescatar - rescue
56. rompían - tore
57. saludaban - waved
58. saludando - greeting
59. se puso - became
60. temerosamente - fearfully
61. tiene - hold
62. vendados - bandaged
63. viajando - traveling

B

Una sola oportunidad

Just one chance

Paul Rost y Lisa Pandora atravesaron el Sáhara a gran velocidad. El herido Peter Ashur iba tumbado en la parte posterior del coche, con su padre sentado a su lado. El padre de Ashur se puso muy nervioso cuando oyó lo que planeaba hacer su hijo.
"No deberías hacer esto, hijo," dijo, mirando a su hijo, "Este juego es demasiado grande y demasiado peligroso. Ya engañaste a John Vega y a Lisa, y no te lo van a perdonar."
"Le daré a Pandora mucho más de lo que le he quitado. ¡Y Vega es un idiota y se lo merece!" dijo Ashur, y después se levantó y se sentó junto a su padre, "Mis amigos ya lo han preparado todo. ¡Todo lo que necesitan ahora es a mí y mi experiencia en asuntos internacionales!" Ashur vio que la sonrisa en los ojos de Rost se desplazaba rápidamente hacia sus pies "Sí, mi experiencia. Y no debería reírse, Paul," señaló a Paul con el dedo, "Cuando sea el ganador, ¡no rechazará el dinero y compensaciones que podría darle a usted y a todos mis amigos! Por eso tiene que ayudarme ahora, ¡cuando tanto necesito su ayuda y la de mis amigos! ¡Es nuestra única oportunidad! ¡Paul, tiene que entenderlo!"

Paul Rost and Lisa Pandora drove at high speed across the Sahara. The wounded Peter Ashur lay in the back of the car, and his father sat next to him. Ashur's father became very nervous when he heard what his son was planning to do.

"You shouldn't do this, son," he said, looking at his son, "This game is too big and too dangerous. You already cheated John Vega and Lisa, and they will not forgive you for it."
"I will give Pandora a lot more than I took from her. And Vega is a fool and deserves what he got!" Ashur said, then got up and sat next to his father, "My friends already prepared everything. All they need now is me and my experience in international affairs!" Ashur saw the smile in Rost's eyes quickly got to his feet, "Yes, my experience. And you shouldn't smile, Paul," he pointed his finger at Paul, "When I become the winner, you won't refuse the money and bonuses that I could give you and all my friends! That's why you have to help me now, when I need your and all my friends' help so much! It's our only chance! You, Paul, have to understand it!"
Paul Rost looked at Ashur very seriously, but said

Paul Rost miró muy serio a Ashur, pero no dijo nada.

"¿Qué es eso?" preguntó Pandora. Paul miró hacia fuera y vio algo en el suelo. Se estaba moviendo. Al acercarse, se dieron cuenta de lo que era. Había las cabezas de dos personas enterradas en el suelo. No podían salir. Debían de tener las manos atadas.

"¡Ashur! ¡Peter, ayúdenme!" gritó una de las cabezas, y todos reconocieron a Aladdin. El otro hombre era uno de los consultores. Tenía los ojos cerrados y no se movía.

Rost se acercó a ellos, pero Ashur gritó: "¡No, Paul, no les ayude! ¡Se merecen lo que les han hecho!" A continuación intercambió miradas con Pandora. Pandora salió del coche y sacó una pistola.

"Peter, tenemos que rescatarlos," dijo el padre de Ashur a su hijo.

"¡De acuerdo, pero no ahora mismo! ¡No tenemos tiempo! ¡Avisaremos a la gente del pueblo y serán arrestados!" dijo Ashur a su padre.

Rost se sentó al lado de Aladdin y dijo en voz baja: "¿Cómo está, consultor? Parece que alguien se enfadó mucho con usted, dado que lo enterró aquí. ¿Quiere gobernar el país y ver el cielo de diamantes?" Aladdin los miró temerosamente, "En cualquier caso, no ha pagado la cuota del viaje y ha viajado hasta Libia como polizón," dijo, echando un poco de arena sobre la cabeza de Aladdin, "Ahora tendremos que multarle," miró a Pandora, "Lisa, ¿cómo multamos a este polizón?"

"¿Quién tiene el poder sobre la provincia?" le preguntó Pandora a Aladdin, apuntándolo con la pistola.

"Un hombre llamado Mermet tiene el poder sobre el norte y el este," dijo Aladdin.

"¿Cuánta gente tiene?" continuó Ashur.

"No lo sé. ¡Ayúdeme, Peter!" pidió Aladdin.

"Por supuesto, Aladdin. Usted me ayudó a mí y yo le ayudaré a usted. Enseguida le enviaré a una chica con agua mineral y loción bronceadora," dijo Ashur, "Y agradezca que no lo esté multando por viajar a Libia sin billete," dijo, y mostró a Aladdin la ametralladora. "¡Espero que vea el cielo de diamantes muy pronto!"

Rost y Pandora regresaron al coche y arrancaron.

nothing.

"What's that?" Pandora asked. Paul looked out and saw something on the ground. It was moving. When they got closer, they realized what it was. These were the heads of two people buried in the ground. The people couldn't get out. Their hands must have been tied.

"Ashur! Peter, help me!" one of the heads cried and everyone recognized Aladdin. The other man was one of the consultants. His eyes were closed and he wasn't moving.

Rost came up to them, but Ashur shouted: "No, Paul, don't help them! They deserve what was done to them!" Then he exchanged glances with Pandora. Pandora got out of the car and pulled out a gun.

"Peter, we have to rescue them," Ashur's father said to his son.

"Okay, but not right now! We don't have time! We'll tell the people in town, and they will be arrested!" Ashur said to his father.

Rost sat down near Aladdin and said quietly: "How are you, consultant? Someone probably got very angry at you, since they buried you here. Do you want to rule the country and see the sky in diamonds?" Aladdin looked at them fearfully, "By the way, you haven't paid the fare for the trip and traveled to Libya as a stowaway," he said, pouring a little sand on Aladdin's head, "Now we'll have to fine you, stowaway," he looked at Pandora, "Lisa, how do we fine this stowaway?"

"Who holds the power in the province?" Pandora asked Aladdin, pointing the gun at him.

"A man by the name of Mermet holds the power in the north and the east," Aladdin said.

"How many people does he have?" Ashur continued.

"I don't know. Help me, Peter!" Aladdin asked.

"Of course, Aladdin. You helped me and I will help you. I'll send you a girl with mineral water and tanning lotion sometime soon," Ashur said, "And be thankful that I'm not fining you for traveling to Libya without a ticket," he said and showed Aladdin the machine gun, "I hope you see the sky in diamonds very soon!"

Llevaban unos veinte kilómetros cuando los aviones los sobrevolaron. En ese momento vieron una multitud de personas. En medio del desierto del Sáhara se erguía un pequeño edificio de dos pisos y unas pocas docenas de casitas alrededor. Una gran multitud se hallaba en la plaza delante del edificio de dos pisos. Muchos de ellos gritaban y portaban banderas. En medio de la plaza había una plataforma. Unas cuantas personas gritaban desde arriba, y la gente repetía lo que gritaban. Muchos estaban cubiertos de sangre y algunos vendados, otros vestían uniformes militares. A la izquierda había un monumento y varias personas intentaban derribarlo con una cuerda. Varios intentaron meterse en medio y estalló una pelea. Las mujeres y los niños corrían y gritaban entre aquellos que estaban luchando. Los que estaban en la plataforma empezaron a tirar panfletos. Algunos los cogían ávidamente, mientras que otros los rompían. Una mujer de negro agarró a su niño y, con miedo, escapó corriendo de la plaza. Pandora detuvo el coche cuando vio que algunas personas venían corriendo y gritando hacia ellos. Ella preparó la pistola, pero Ashur le puso la mano en el hombro.

"Son amigos, Lisa. Se alegran mucho de vernos," dijo Ashur y salió del coche. Levantó las manos, saludando a la gente, y caminó hacia ellos mostrando su sonrisa. Paul Rost salió del coche y recogió un panfleto. En él aparecía la cara de Peter Ashur y la de otra persona, y en la parte inferior había un pequeño texto escrito en el idioma local. La gente corrió hacia Ashur, lo levantaron y lo llevaron a través de la multitud. La gente gritaba y saludaba con la mano. Llevaron a Ashur hasta la plataforma y él empezó a gritar algo a la multitud en su idioma nativo. La multitud repetía las palabras de Ashur. Paul entonces se dio cuenta de que el color del pelo y la piel de Ashur se parecía al de los locales. Ashur empezó a botar al ritmo de sus propias palabras. Y la multitud empezó a botar al ritmo de Ashur. De pie entre la gente que gritaba, Rost sintió la fuerte energía que emanaba de la multitud. Durante un segundo se sintió atemorizado, y empezó a buscar a Pandora. Ashur gritó y saltó

Rost and Pandora got back into the car and drove on. They drove about twenty kilometers when airplanes passed low overhead. At that moment they saw a crowd of people. In the middle of the Sahara desert stood a small two-story building and a few dozens of small houses around it. A large crowd of people stood in the square in front of the two-story building. Many of them were shouting and held flags. In the middle of the square was a platform. A few people on the platform were shouting something, and the crowd repeated what they shouted. Many of the people were covered in blood and some of them were bandaged. Some wore military uniforms. On the left stood a monument and several people tied to a rope to it tried to topple it. Several people tried to get in their way and a fight broke out. Women and children ran and shouted among those who were fighting. The people on the platform began to throw leaflets. Some grabbed them eagerly, while others tore them up. A woman in black grabbed her child and ran away from the square in fear. Pandora stopped the car when she saw a few people running toward them and shouting. She prepared the gun, but Ashur put his hand on her shoulder.

"These are friends, Lisa. They are very happy to see us," Ashur said and got out of the car. He raised his hands, greeting the people, and walked toward them with a smile. Paul Rost got out of the car and picked up a leaflet. On it was Peter Ashur's face and some other person and at the bottom was a small piece of text in the local language. People ran up to Ashur, picked him up and carried him through the crowd. People shouted and waved their hands. They carried Ashur to the platform, and he began to shout something to the crowd in their native language. The crowd repeated Ashur's words. Paul now noticed that Ashur's hair and skin color resembled the locals'. Ashur began bouncing to the beat of his own words. And the crowd began bouncing in beat with Ashur. Stood among the shouting people, Rost suddenly felt the strong energy that came from the crowd. For a second he felt scared, and he began to look for Pandora in the crowd. Ashur shouted and jumped up one

una vez más y la plataforma de madera se rompió bajo sus pies. Se cayó hasta la cintura dentro de la plataforma, pero las demás personas tiraron de él inmediatamente y lo pusieron de pie. Pandora estaba al borde de la plaza y hablaba con un grupo de hombres. Los hombres estaban armados y Rost se dio cuenta inmediatamente de quiénes eran. Pandora y otras varias personas del grupo entraron en el edificio. Paul Rost miró a su alrededor y los siguió.

more time, and the wooden platform broke under his feet. He fell to his waist into the platform, but the other people immediately pulled him out and got him on his feet. Pandora stood on the edge of the square and spoke to a group of men. The men were armed, and Rost immediately realized who they were. Pandora and several other people from the group went into the building. Paul Rost looked around and followed them.

C

Repaso de nuevo vocabulario

1
- ¿Podrías decirme si hoy es jueves o viernes?
- Creo que es jueves. No estoy seguro.
- ¿Sabes qué hora es?
- Lo comprobaré en mi teléfono. Exactamente las tres.
- Gracias. Por cierto, ¿hace frío fuera?
- Está nevando y hace viento. Pero espero que pronto haga calor.

2
- ¿Cuál es la multa por viajar sin billete en autobús?
- La multa por viajar sin billete en el autobús es de diez dólares.

3
- ¿Cuánta gente vive en esta casa de madera de dos pisos?
- Alrededor de treinta personas viven aquí. Es la única casa de dos pisos que hay en el pueblo.

4
- ¿Por qué está peleando esta gente?
- Son el conductor del bus y un pasajero. El conductor quiere multar al pasajero por no llevar billete.
- ¿Por qué no paga la multa el polizón?
- Porque es codicioso.
- ¿Dónde está la policía?
- No hay policía en este pequeño pueblo.

5
- Señor, ¿me ayudaría a ponerme loción bronceadora?
- ¿Dónde?

New vocabulary review

1
- Could you tell me, is it Thursday or Friday?
- I think it's Thursday. I'm not sure.
- Do you know what time it is?
- I will check my phone. Exactly three o'clock.
- Thank you. By the way, is it cold outside?
- It is snowing and windy outside. But I hope that it will be warm soon.

2
- What is the fine for ticketless travel on the bus?
- The fine for ticketless travel on the bus is ten dollars.

3
- How many residents are there in this wooden two-story house?
- About thirty people live there. This is the only two-story house in this town.

4
- Why are these people fighting?
- This is a bus driver and a passenger. The driver wants to fine the passenger for ticketless travel.
- Why doesn't the stowaway pay the fine?
- Because he's greedy.
- Where is the police?
- There is no police in this small town.

5
- Mister, would you help me apply tanning lotion?
- Where?
- Here and here.

- Aquí y aquí.
- Claro que sí. ¿Está bien?
- Sí, está bien. Solo que la loción está muy fría. ¡Oh! Señora, ¿por qué me está lanzando pizza?
- ¡Porque es mi marido! ¡Cariño, ven aquí!

6
- ¿Qué es este monumento?
- Este monumento es de Lenin, el líder de la revolución comunista en Rusia.
- Pero ya no hay comunismo en Rusia.
- Es que esto no es Rusia. Es Cuba.

7
- ¿Por qué te enfadaste, querida?
- ¿Y por qué la tocaste?
- Solamente le ayudé a echarse loción bronceadora.
- ¡Pero si le echaste helado en vez de loción!

8
- Un montón de gente agitaba banderas en la plaza.
- ¿Qué tipo de banderas? ¿Banderas del partido comunista o del demócrata?
- Banderas de un club de fútbol.

9
- Cariño, ¿no te enfadarás conmigo?
- ¿Qué pasa, querido?
- He estado fumando en el coche.
- No estoy enfadada, querido.
- Y la policía me multó por encender una fogata en la ciudad.
- ¿Cuánto?
- Veinticinco dólares.
- Qué tontería.
- Claro que es una tontería, querida. De todas formas querías comprar un coche nuevo.

10
- ¿Cuál es tu idioma nativo?
- Mi idioma nativo es el inglés.
- ¿Cuál es tu ciudad de origen?
- Mi ciudad de origen es Carlsbad.
- ¿Carlsbad de Alemania?
- No, Carlsbad, E.E.U.U.

11
- Tengo miedo, querida.
- ¿De qué tienes miedo, amor?
- Tengo miedo de pensar cuánta comida como cada día.

- With pleasure. Is this good?
- Yes, that's good. Only the lotion is very cold. Oh! Lady, why are you throwing pizza at me?
- Because it's my husband! Darling, come over here!

6
- What is this monument?
- This monument is for Lenin, the leader of the communist revolution in Russia.
- But there is no communism in Russia anymore.
- But this isn't Russia. This is Cuba.

7
- Why did you get angry, my dear?
- And why did you touch her?
- I just helped her apply sun-tanning lotion.
- But you applied ice cream instead of lotion!

8
- A lot of people were waving flags in the square.
- What kind of flags? The flags of the Communist or the Democratic party?
- The flags of a football club.

9
- Darling, you won't be angry with me?
- What's wrong, dear?
- I have been smoking in the car.
- I'm not angry, dear.
- And I was fined by the police for lighting a camp-fire in the city.
- How much?
- Twenty-five dollars.
- This is nonsense.
- Of course it's nonsense, dear. You wanted to buy a new car anyway.

10
- What is your native language?
- My native language is English.
- What is your hometown?
- My hometown is Carlsbad.
- Carlsbad in Germany?
- No, Carlsbad, U.S.A.

11
- I'm afraid, dear.
- Why are you afraid, my dear?
- I'm afraid to think of how much food I eat every day.

12

- ¡Vamos a botar al ritmo!
- ¡Vamos!
- ¿Guay?
- ¡Guay!
- ¡Oh, se ha roto la cama!
- No te preocupes. Es la cama de mis padres. ¡Ahora vamos a la de mi hermano!

13

- ¿Quién está hablando en la plataforma?
- Es la mujer del presidente.
- ¿Dónde está el presidente?
- También está en la plataforma. Está al lado de su mujer. ¿Ves a ese tipo bajito?
- ¿Hablará el presidente?
- Por supuesto. Si es capaz de llegar al micrófono.

14

- ¡Cuando tomo este té, siento toda esa energía en mi lengua!
- Eso es porque eché Coca-Cola en vez de agua en la tetera por error. Lo siento.

15

- Señorita, déme la oportunidad de conocerla.
- De acuerdo, le daré una sola oportunidad. Simplemente no la rechace después, ¿vale?
- Ahora no estoy seguro.
- No digas no al amor, cielo.
- ¡Ayuda!

12

- Let's bounce to the beat!
- Let's!
- Cool?
- Cool!
- Oh, the bed broke!
- Don't worry. This is my dad and mom's bed. Now let's go to my brother's bed!

13

- Who is speaking on the platform?
- This is the president's wife.
- Where's the president?
- He is also on the platform. He is standing next to his wife. Do you see that little guy?
- Will the president himself be speaking?
- Of course. If he can get to the microphone.

14

- When I drink this tea, I feel such energy on my tongue!
- That's because I poured Coca-Cola instead of water into the teapot by mistake. I'm sorry.

15

- Miss, give me a chance to get to know you.
- Okay, I'll give you only one chance. Just don't refuse it later, okay?
- Now I'm not sure.
- Don't say no to love, my dear.
- Help!

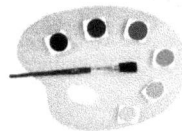

22

La vida no perdona los errores
Life doesn't forgive mistakes

A

Palabras

1. abandonar - abandon
2. absolutamente - absolutely
3. acercándose - approaching
4. afeitado - shaved
5. agarrando - clutching
6. agitado - agitated
7. aldea - village
8. ametrallador - gunman
9. apasionadamente - passionately
10. apasionado - passionate
11. armado - armed
12. atemorizante - frightening
13. beso - kiss
14. bloqueó - blocked
15. bombardeando - bombing
16. bombardeó - bombed
17. ceremoniosamente - ceremoniously
18. ciudadano - citizen
19. cobarde - coward
20. columna - pillar
21. comisión - commission
22. conexión - connection
23. cuartel - headquarter
24. cumple - fulfill
25. decisivo - decisive
26. delgado - thin
27. desastre - disaster
28. desempleados - unemployed
29. despertó - woke
30. diminuto - tiny
31. duna - dune
32. elecciones - elections
33. en - within
34. encendió - lit
35. entregando - handing
36. Europa - Europe

37. finalmente - finally
38. firmando - signing
39. frialdad - coldness
40. futuro - future
41. garantizar - guarantee
42. gesticuló - gestured
43. gritando - screaming
44. guardaespaldas - bodyguard
45. helicóptero - helicopter
46. historia - history
47. hoguera - bonfire
48. importancia - importance
49. informó - informed
50. libertad - freedom
51. limpiamente - cleanly
52. más - most
53. momento - moment
54. nación - nation
55. nacional - national
56. ntregó - handed
57. nunca - Ever
58. par - pair
59. pobres - poor
60. por - throughout
61. promesa - promise
62. puerto - port
63. punto - dot
64. quedó - stayed
65. rápidamente - rapidly
66. rápido - fast
67. rechazó - refused
68. recibir - receive
69. reconocer - recognize
70. régimen - regime
71. rodeado - surrounded
72. rodeó - circled
73. salarios - salary
74. salve - save
75. se extiende - stretch
76. se supone - supposed
77. señora - madam
78. símbolo - symbol
79. suavemente - softly
80. sucias - dirty
81. superestrella - superstar
82. sur - south
83. susurró - whispered
84. tirando - pulling
85. tradicional - traditional
86. unión - union
87. vasto - vast
88. vigilar - oversee

La vida no perdona los errores

Paul Rost entró en el edificio. Un hombre con una ametralladora le bloqueó la entrada, pero Lisa Pandora lo vio. Dijo algo a una de las personas y ordenó al ametrallador que dejara pasar a Rost. Rost se acercó a la habitación donde había entrado Lisa, abrió un poco la puerta y vio que Pandora estaba entregando el dinero y firmando unos papeles. Vio a Paul y sonrió nerviosamente: "Paul, espérame en el recibidor," dijo. Las personas que estaban con ella miraron a Rost y él sintió la frialdad atemorizante de sus ojos.
Por la tarde, la gente encendió hogueras en la plaza. Estaban sentados alrededor de las hogueras mientras en la plataforma las personas hablaban unas detrás de otras. Todos hablaban sobre Peter

Life doesn't forgive mistakes

Paul Rost entered the building. A man with a machine gun blocked his way, but Lisa Pandora saw him. She said something to one of the people, and he commanded the gunman to let Rost in. Rost came up to the room that Lisa Pandora had entered. The door opened slightly, and Rost saw that Pandora was handing over the money and signing some papers. She saw Paul and smiled nervously: "Paul, wait for me in the hallway," she said. The people with her looked at Rost and he felt the frightening coldness in their eyes.
In the evening, the people in the square lit bonfires. They sat around the fires while on the platform people spoke one after another. They all spoke about Peter Ashur as the leader of their

Ashur como líder del nuevo país. Decían que habría escuelas y hospitales gratuitos, que los salarios serían tan buenos como en Europa, y que las personas pobres y los desempleados recibirían dinero del estado.

Rost estaba en el borde de la plaza cuando Lisa se acercó por detrás y lo abrazó.

"Pa-ul," susurró suavemente, "Estamos en el Sáhara, pero tengo frío. Vayamos a la casa. He preparado una cama para ti," fueron hacia una casita que estaba en el extremo del pueblo, "¿Sabías que a nuestro alrededor no hay ciudades ni aldeas en doscientos kilómetros? Y hacia el sur el Sáhara se extiende otros mil quinientos kilómetros. Y a nuestro alrededor no hay más que dunas de arena. Y no hay nada de agua. Dame un poco de agua," dijo. Paul Rost miró a su alrededor buscando la botella de agua, pero Lisa tomó su cara entre las manos y la volvió hacia ella, "No, no mires. Dame de beber, Paul." Él quiso volver a mirar, pero ella no le dejó, "No, no mires. Dame de beber, dame... " susurró apasionadamente. Él la besó, y ella le devolvió un beso apasionado. La luna y las hogueras iluminaban el pueblo, que era como un punto diminuto en el vasto océano de arena.

Por la mañana Lisa tocó la cara de Paul con la mano y lo despertó.

"Hola," susurró ella.

"Hola," susurró él. Ella le mostró un pequeño anillo. Después le besó la mano y le puso el anillo en el dedo.

"¿Qué es eso?" preguntó sorprendido.

"Es un símbolo de lo que hay ahora entre nosotros. Nunca te lo saques, ¿de acuerdo?" susurró ella.

"De acuerdo," susurró él. En aquel momento hubo gritos y tiros. John Vega entró en la habitación con una ametralladora, "Señora primer ministro, su ministro quiere su salario," John Vega era difícil de reconocer. Estaba muy delgado. Sus ojos estaban totalmente abiertos, como los de un loco, "¡su ministro también quiere echarla, Lisa Pandora! ¡Porque no cumple sus promesas!" continuó gritando. John Vega apuntó con su pistola a Pandora, pero dos tiros lo detuvieron y se cayó. Tras él estaba un hombre del equipo de

new country. They said that there would be free schools and hospitals, that salaries will be as good as in Europe, and that poor and unemployed people will receive money from the state.

Rost was standing at the edge of the square when Lisa came up behind him and hugged him.

"Pa-ul," she whispered softly, "We're in the Sahara, but I'm cold. Let us go into the house. I prepared a bed for you," they went to a small house on the edge of town, "Do you know that all around us there are no cities and no villages within two hundred kilometers? And to the south the Sahara stretches for fifteen hundred kilometers. And all around there is nothing but sand dunes. And there's no water at all. Give me some water," she said. Paul Rost looked around for the water bottle, but Lisa took his face in her hands and turned it toward her, "No, don't look. Give me a drink, Paul." He wanted to look around again, but she didn't let him, "No, do not look. Give me a drink, give me... " she whispered passionately. He kissed her, and she also gave him a passionate kiss. The moon and the bonfires lit the town, which was like a tiny dot in the vast ocean of sand.

In the morning Lisa touched Paul's face with her hand and woke him up.

"Hi," she whispered.

"Hi," he whispered back. She showed him a small ring. Then she kissed his hand, and put the ring on his finger.

"What is that?" he asked in surprise.

"It is a symbol of what is now between us. Don't ever take it off, okay?" she whispered.

"Okay," he whispered. At this moment, there were shouts and shots. John Vega entered the room with a machine gun, "Madam Prime Minister, your minister wants to get his salary," John Vega was difficult to recognize. He was very thin. His eyes were wide open like a madman's, "Your minister also wants to fire you, Lisa Pandora! Because you do not fulfill your promises!" he continued to shout. John Vega pointed his gun at Pandora, but two shots stopped him and he fell down. Behind him stood a man from Lisa Pandora's team.

Lisa Pandora.
"Gracias, Said," dijo Pandora, y salió de la cama, "Hoy es un día decisivo, Paul. No me dejes, ¿de acuerdo?" dijo.
Ashur entró en la habitación, y con él entraron otras cuatro personas con pistolas y se quedaron junto a la puerta. Rost se dio cuenta de que eran los guardaespaldas de Ashur.
"Hoy nos visitará la Comisión de la Unión Europea," dijo Ashur, "Señora Pandora, usted, como futuro primer ministro, tiene que demostrar a la comisión que garantizamos elecciones absolutamente democráticas para toda nuestra nación." Peter Ashur entregó ceremoniosamente a Pandora algunos documentos. A Rost le sorprendía el hecho de que Ashur actuase como un presidente real. Estaba bien vestido y afeitado. Llevaba el traje nacional de los locales. Rost tocó su barba y miró sus ropas sucias. Ashur se acercó a Rost.
"El día más importante ha llegado, Sr. Rost. Hoy comenzamos la historia de un nuevo estado democrático," Ashur levantó las manos para mostrar la importancia del momento y salió de la habitación. El padre de Ashur se quedó allí. Se arrojó a los pies de Paul Rost y gritó: "¡Paul, salve a mi hijo! ¡Se va a meter en grandes problemas! ¡Usted es el único que no se ha vuelto loco por el dinero!"
"¿Pero qué puedo hacer ahora?" se justificó Paul, tirando del anciano para levantarlo, "Se supone que nuestra gente me va a sacar de aquí, y él podría venirse también. Pero, ¿quiere?"
"¡Arréstelo, Paul!" suplicó el anciano, y le mostró a Paul un par de esposas, "¡Aquí tiene las esposas!"
"Ahora es imposible, ya que está rodeado de muchos hombres armados," dijo Paul, mirando por la ventana.
"Oh, qué desastre, qué desastre..." repitió el anciano, agarrándose la cabeza con las manos. En la plaza había todavía más gente. Todos gritaban y estaban muy agitados.
"¡Por la noche bombardearon los puertos marítimos!" gritó Ashur desde la plataforma, "¡El antiguo régimen no quiere darnos la libertad! Hoy nos visitará la Comisión de la Unión Europea;

"Thank you, Said," Pandora said, and got out of bed, "Today is a decisive day, Paul. Do not leave me, okay?" she said.
Ashur entered the room, and along with him entered four more people with guns and stood by the door. Rost realized that they were Ashur's bodyguards.
"Today, the European Union Commission will visit us," Ashur said, "Madam Pandora, you, as the future prime minister, have to show the commission that we guarantee absolutely democratic elections throughout our young nation." Peter Ashur ceremoniously handed Pandora some documents. Rost was surprised by the fact that Ashur acted like a real president. He was well-groomed and cleanly shaved. He wore the traditional national dress of the local people. Rost touched his stubble and looked at his dirty clothes. Ashur went up to Rost.
"The most important day has arrived, Mr. Rost. Today we begin the history of a new democratic state," Ashur raised his hands to show the importance of the moment and left the room. His bodyguards and Lisa followed him out. Peter Ashur's father stayed in the room. He threw himself at Paul Rost's feet and shouted: "Paul, save my son! He is going to get into big trouble! You are the only one here who hasn't gone mad for money!"
"But what can I do now?" Paul justified himself, pulling the old man to his feet, "Our people are supposed to get me out of here, and he could go too. But will he want to go?"
"Arrest him, Paul!" the old man cried, and showed Rost a pair of handcuffs, "Here are the handcuffs!"
"That's very hard to do now, when he's surrounded by so many armed men," Paul said, looking out the window.
"Oh, what a disaster, what a disaster..." the old man repeated, clutching his head in his hands. In the square there were even more people. All of them were screaming and were very agitated.
"At night, they bombed the sea ports!" Ashur shouted from the platform, "The old regime doesn't want to give us freedom! Today the European Union Commission will visit us; it will

¡vigilará las elecciones democráticas de nuestro nuevo país!"
Un avión volvió a sobrevolar el pueblo y en ese momento el teléfono de Rost sonó en su bolsillo.
"Sí," dijo Rost.
"Paul, ¡es peligroso estar ahí ahora! ¡Nuestros cuarteles han sido informados de que pronto van a bombardear! Nuestros chicos te sacarán de ahí en helicóptero en cualquier momento," gritó Andrew por teléfono, "¡Estate preparado para salir corriendo!"
"¿Qué pasará con todas esas personas?" preguntó Paul, mirando a las mujeres y los niños de la multitud.
"¡No sé, Paul! ¡Nadie lo sabe!" respondió Andrew.
En aquel momento se perdió la conexión y Paul vio unos cuantos puntos en el cielo, a la derecha. Se acercaban rápidamente a la ciudad. Entonces, un helicóptero con una bandera azul a un lado voló por detrás de las dunas y aterrizó junto a la plaza. Nadie salió de él ni nadie entró. Rost corrió hacia él y abrió la puerta. Había dos hombres armados dentro.
"¿Paul Rost?" preguntó uno de ellos, "¡Entre, rápido! ¡Solo tenemos un minuto! ¡Van a empezar a bombardear este lugar ahora mismo!"
"¡Necesito llevar a más personas conmigo!" gritó Paul.
"¡Es solo usted! ¡Rápido!" insistieron los del helicóptero.
"¡Son de nuestro país! ¡No pueden dejar a ciudadanos nuestros aquí ahora! ¡Será rápido!" gritó Paul, y corrió hacia la plaza, hasta la plataforma. Lisa Pandora y Peter Ashur rechazaron volar.
"¡No somos cobardes! ¡Lucharemos!" protestó Ashur desde la plataforma.
"¡Suba al helicóptero, rápido!" gritó Paul al padre de Ashur.
"¡No lo abandonaré! ¡Es mi hijo! Debo morir con él," contestó el anciano.
Pandora miró hacia los puntos en el cielo. Ahora estaban cerca y se podía ver que eran grandes aviones militares.
"¡Paul!" gritó, corrió hacia él y le agarró el brazo. Juntos corrieron hacia el helicóptero y entraron.

oversee the democratic elections in our new country!"
An airplane flew over the town again and at that moment Rost's phone rang in his pocket.
"Yes," Rost said.
"Paul, it is dangerous to be there now! Our headquarters have been informed that the city will soon be bombed! Our guys will take you away in a helicopter any moment now," Andrew shouted through the receiver, "Be ready to run away at once!"
"What will happen to all these people?" Paul asked, looking at the women and children in the crowd.
"I don't know, Paul! No one knows!" Andrew replied.
At that moment the connection was lost and Paul saw a few dots in the sky to the right. They were rapidly approaching the city. At that moment, a helicopter with a blue flag on the side flew from behind the dunes and landed near the square. Nobody comes out of it and no one went in. Rost ran to the helicopter and opened the door. Two armed men were sitting in the helicopter.
"Paul Rost?" One of them asked, "Get in quickly! We have only one minute! They will start bombing this place right now!"
"I need to take more people with me!" Paul cried.
"It's only you! Quickly!" The people in the helicopter insisted.
"They are all from our country! You can't leave our citizens here now! It will be fast!" Paul shouted and ran to the square toward the platform. Lisa Pandora and Peter Ashur refused to fly.
"We are not cowards! We will fight!" Ashur protested from the platform.
"Get in the helicopter quickly!" Paul shouted to Ashur's father.
"I won't abandon him! He's my son! I must die with him," the old man replied.
Pandora looked at the dots in the sky. Now they were close and one could see that they were large military airplanes.
"Paul!" She shouted, ran to him, and grabbed his arm. Together, they ran to the helicopter and got in. The helicopter rose and circled over the city.

El helicóptero se izó y rodeó la ciudad volando. Las primeras bombas empezaron a caer sobre la ciudad. Cuando el helicóptero sobrevoló la plaza, Rost vio que Ashur estaba de pie sobre la plataforma y gritaba algo a las personas de la plaza. Las primeras bombas cayeron sobre la plaza y la gente corrió en diferentes direcciones. Pero él no se marchó. Era su momento de gloria. Ashur elevó las manos sobre la cabeza y gesticuló apasionadamente. ¡Era una superestrella! ¡Su sueño se había finalmente convertido en realidad! Estaba preparado para morir, pero no quería dejar marchar su sueño sin luchar. Fue lo último que vio Rost desde el helicóptero. El pueblo desapareció en el humo de las explosiones. Y pronto solamente una columna de humo en el horizonte señaló el lugar en que se hallaba.

The first bombs began to fall on the city. As the helicopter flew over the square, Rost saw that Ashur was standing on the platform and shouting something to people in the square. The first bombs fell on the square and people ran in different directions. But he did not leave. It was his shining moment. Ashur raised his hands above his head and gestured passionately. He was a superstar! His dream finally came true! He was ready to die, but did not want to give up his dream without a fight. It was the last thing Rost saw from the helicopter. The town disappeared in the smoke of the explosions. And soon only a pillar of smoke on the horizon pointed to the place where the town was.

C

Repaso de nuevo vocabulario

1
- ¿Podrías decirme si hoy todavía estamos en enero o si ya es febrero?
- Creo que hoy todavía es enero. No estoy seguro.
- ¿Podrías decirme qué hora es?
- Déjame mirar el teléfono. Exactamente las cinco.
- Gracias. Por cierto, ¿está lloviendo?
- No está lloviendo, sino nevando, y hace mucho frío.

2
- En este país hay mucha gente pobre y desempleada.
- ¿Recibe la gente desempleada apoyo financiero del estado?
- Sí, el estado apoya a la gente pobre dándoles dinero. Pero pagan muy poca cantidad.
- ¿Les da el estado comida y ropa gratis?
- Sí, les da un poco a los inválidos y a las familias con muchos hijos pequeños.

3
- ¿Dónde trabaja tu futuro marido?
- Mi futuro marido trabaja en una prisión de mujeres, mamá. Y antes trabajó como director de

New vocabulary review

1
- *Could you tell me, is today still January or is it February already?*
- *I think that today is still January. I'm not sure.*
- *Could you tell me, what time is it?*
- *Let me look at my phone. Exactly five o'clock.*
- *Thank you. By the way, isn't it raining outside?*
- *It isn't raining but snowing outside and it's very cold.*

2
- *In this country, there are many poor and unemployed people.*
- *Do unemployed people receive financial support from the state?*
- *Yes, the state supports poor people by giving them money. But they pay a very small amount.*
- *Does the state give them free food and clothing?*
- *Yes, it gives a little to the disabled and families with many small children.*

3
- *Where does your future husband work?*
- *My future husband works in a women's prison, mom. And earlier he worked as a manager at a*

banco.
- ¿Por qué cambió de trabajo y se fue a una prisión, particularmente a una prisión de mujeres?
- Robó dinero del banco, y su ex-mujer dijo que había sido ella, así que la metieron en la cárcel. Ahora él la ve casi todos los días.
- ¿Y a ti no te importa eso?
- No. Primero porque estoy gastando el dinero por el que ella está cumpliendo condena, y segundo porque pronto robaremos un montón de comida de la prisión.
- Me temo que su próxima mujer se comerá la comida que tú planeas robar.

4
- Papá, ¿qué es mejor, un helicóptero o un avión?
- No se pueden comparar, hijo.
- ¿Por qué no?
- El helicóptero vuela en vertical. Es como un ascensor. Los aviones vuelan en horizontal. Pueden compararse con un camello.
- Entonces ¿qué es más fácil de conducir, un avión o un camello, papá?

5
- Si me convierto en presidente, garantizo que habrá libertad y trabajo para todos los ciudadanos de este país.
- ¿Y si no te conviertes en presidente?
- ¡Entonces garantizo que todos los ciudadanos de nuestro país irán a prisión y habrá una dictadura!
- Eso es demasiado malo. De nuevo, nada cambiará.

6
- ¿Turquía está en Europa o en Asia?
- Geográficamente Turquía está en Asia, no en Europa. Pero políticamente, Turquía entraría en la Unión Europea.
- ¿Eso quiere decir que los turcos serán europeos?
- Sí, parece increíble, pero podría ocurrir.

7
- ¿Dónde son más altos los salarios, en Europa o en Asia?
- No puedes compararlos así. En los distintos países hay diferentes salarios para las diferentes profesiones.

bank.
- Why did he changed jobs and went to prison, particularly a women's prison?
- He stole money from the bank, and his ex-wife said that she had done it. And they put her in jail. Now he sees her almost every day.
- And this fact doesn't bother you?
- No. First, because I am spending the money for which she is doing time. And, secondly, because we will soon steal a lot of food from the prison.
- I am afraid that his next wife will be eating the food that you're planning to steal.

4
- Dad, what better a helicopter or plane?
- They cannot be compared, son.
- Why not?
- The helicopter flies vertically. It is like an elevator. A plane flies horizontally. It can be compared to a camel.
- Then, what is easier to steer, an airplane or a camel, dad?

5
- If I become president, I guarantee that there will be freedom and work for all the citizens of our country.
- And if you don't become president?
- Then I guarantee that all the citizens of our country will be in prison and under a military dictatorship!
- That's too bad. Again, nothing will change.

6
- Is Turkey in Europe or in Asia?
- Geographically Turkey is in Asia, not Europe. But politically Turkey could enter the European Union.
- It means the Turks will become Europeans?
- Yes, it sounds incredible. But it might happen.

7
- Where are the salaries higher, in Europe or Asia?
- You can't compare it like that. In different countries there are different salaries for different professions.

8

- Hola. ¿Dónde está su director?
- Soy yo.
- Encantado de conocerlo. ¿Cómo está?
- ¡Muy bien! ¿En qué puedo ayudarle?
- Soy de la comisión de inspección de bancos.
- ¡Estoy enfermo!
- ¿Qué? ¿Se encuentra mal?
- Sí. ¡Llame a un médico! ¡Necesito un hospital!

9

- Sr. Presidente, la gente quiere saber la historia de su país.
- No hay problema. Déles la historia de nuestro país.
- ¿Pero qué versión debería darles, la que teníamos antes de las elecciones presidenciales o la de después?
- ¡La versión en la que yo soy una superestrella y el símbolo del estado!

10

- Sr. Presidente, los ciudadanos están agitados. ¡No hay trabajo ni comida!
- Entonces hable en la radio. ¡Déles a los ciudadanos esperanza tradicional y garantías tradicionales! Usted es el primer ministro. ¡Tiene que saber cómo hacer promesas!
- Pero la gente no quiere promesas. Quieren reformas. Hay quinientas personas en la plaza.
- ¡Entonces arréstenlas! ¡Y deje de molestarme con esas tonterías!

11

- Sr. Presidente, ¡nuestros ciudadanos están viniendo hacia aquí!
- De acuerdo, hablaré con ellos. ¿Estoy bien vestido y afeitado?
- ¡Pero están armados!
- ¡Entonces llame a mis guardaespaldas! ¿Dónde están los ministros?
- ¡Sus guardaespaldas huyeron con los ministros!
- ¡Cobardes! Entonces es hora de que yo también huya. ¿Dónde está mi helicóptero?
- ¡La multitid de la plaza incendió el helicóptero!
- Cuando venga la multitud, dígales que soy cocinero. ¿De acuerdo, primer ministro?
- Sí señor, Sr. Presidente.

8

- Hello. Where is your manager?
- It's me.
- Nice to meet you. How are you?
- Excellent! How may I help you?
- I'm with the commission for bank inspection.
- I'm sick!
- What? Are you ill?
- Yes. Call a doctor! I need a hospital!

9

- Mr. President, the people want to know the history of their country.
- No problem. Give them the history of our country.
- But what version of the history should I give, the one we had before the presidential election, or the one we had after them?
- The version in which I am a superstar and the symbol of our state!

10

- Mr. President, the citizens are agitated. There is no work and no food!
- Then speak on the radio. Give the citizens traditional hope and traditional guarantees! You are the prime minister. You have to know how to make promises!
- But the people don't want promises. They want reforms. Fifteen hundred people are standing in the square.
- Then arrest them! And don't bother me with such nonsense anymore!

11

- Mr. President, our citizens are coming here!
- Okay, I'll talk to them. Am I well-groomed and shaved?
- But they are armed!
- Then call my bodyguards! Where are the ministers?
- Your bodyguards ran away together with the ministers!
- Cowards! Then it's time for me to run away too. Where's my helicopter?
- The crowd in the square set the helicopter on fire!
- When the crowd comes in, tell them I'm a cook. Okay, Prime Minister?
- Yes, sir, Mr. President.

12

- Primer Ministro, mire el globo, ¿la frontera está al norte o al sur?
- Un momento, Sr. Presidente.
- ¡Más rápido! La multitud nos va a alcanzar.
- El globo solo muestra nuestro país. No hay frontera, Sr. Presidente.
- ¿No es un globo terráqueo?
- No, es el Globo nacional de nuestro país. Es su invento personal, Sr. Presidente.

12

- *Prime Minister, look at the globe, is the border in the north or the south?*
- *One moment, Mr. President.*
- *Faster! The crowd is catching up with us.*
- *The globe only shows our country. There is no border, Mr. President.*
- *Do you have the globe of the world?*
- *No, it is our country's national Globe. It's your personal invention, Mr. President.*

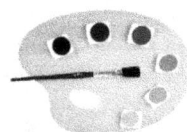

23

Crimen y castigo
Crime and punishment

A

Palabras

1. aburrido - boring
2. acabó - finished
3. avergonzada - ashamed
4. condecorar - awarded
5. barba - beard
6. cabeza - head
7. calmó - soothed
8. chico - boy
9. chocolate - chocolate
10. clasificación - classification
11. cometí - committed
12. cuerpo - body
13. defendió - defended
14. eléctrico - electric
15. enfadada - angrily
16. fríamente - coldly
17. fruta - fruit
18. gritó - screamed
19. helado - ice cream
20. indescriptible - indescribable
21. justicia - fairness
22. limpió - wiped
23. lluvia - rain
24. mar Mediterráneo - Mediterranean Sea
25. objetivo - goal
26. olvidar - forget
27. para siempre - forever
28. pareja - couple
29. poco amistosa - unfriendly
30. principalmente - mainly

31. prisionero - prisoner
32. protegió - shielded
33. recibió - greeted
34. recluso - inmate
35. relajó - relaxed
36. robar - stealing
37. salida - exit
38. según - according
39. sorpresa - amazement
40. suavemente - gently
41. vainilla - vanilla
42. vano - vain

Crimen y castigo

El helicóptero sobrevolaba el Sáhara. Rost y Pandora iban sentados en silencio. Luego ella puso su mano sobre la de él y le sonrió. Lisa sacó una bolsa que se había llevado con ella de debajo del asiento y la abrió. Contenía dinero. Sonrió y guñó un ojo a Paul.
"Es una pequeña sorpresa para mi chico," dijo. Paul se sacó un par de esposas del bolsillo. Se las mostró a Lisa, sonrió y le guiñó un ojo.
"¿Qué es eso?" dijo Lisa, sorprendida.
"Es una pequeña sorpresa para mi chica. Te quedarás en la cárcel unos cuantos meses, comprenderás tus errores y saldrás siendo una persona diferente," dijo Paul, y le puso a Lisa las esposas.
"¿Qué? Paul Rost, ¡eres un rufián! ¡Sácamelas inmediatamente!" gritó enfadada Lisa Pandora.
"No te preocupes. Te prometo que no te condenarán a más de un par de meses," prometió Paul.
"¡No quiero ir a la cárcel! ¡Vete tú! ¡Rufián!" gritó Lisa enfadada. Pero Paul solo rió.
"No te preocupes, te llevaré fruta y helado," calmó a Pandora.
"¡No quiero seguir conociéndote!" protestó ella.

Transcurrieron algunas semanas. Paul Rost volvió al trabajo. Lo condecoraron con una medalla. Lisa Pandora fue juzgada. Paul la defendió y solo la condenaron a cuatro meses de prisión. Pero cuando fue a visitarla a la cárcel y le llevó fruta y helado, el helado acabó sobre su cabeza y la fruta salió volando por la sala. Paul dejó la prisión cubierto de helado y fruta. Pero no estaba enfadado con Lisa y, una semana más tarde, le

Crime and punishment

The helicopter was flying over the Sahara. Rost and Pandora sat in the helicopter in silence. Then she put her hand on his and smiled at him. Lisa pulled out a bag which she took with her to the helicopter from under the seat and opened it. There was money inside the bag. She smiled and winked at Paul.
"It's a little surprise for my boy," she said. Paul took a pair of handcuffs out of his pocket. He showed Lisa the handcuffs, smiled and winked at her.
"What is it?" Lisa said in surprise.
"It's a little surprise for my girl. You will sit in jail for a few months, understand your mistakes and come out a different person," Paul said, and put the handcuffs on Lisa.
"What? Paul Rost, you're a scoundrel! Take them off immediately!" Lisa Pandora cried angrily.
"Don't worry. I promise that they'll give you no more than a couple of months," Paul promised.
"I don't want to go to jail! You go to jail! Scoundrel!" Lisa screamed angrily. But Paul just laughed.
"Don't worry, I'll bring you fruit and ice cream," he soothed Pandora.
"I don't want to know you anymore!" she protested.

A few weeks passed. Paul Rost returned to work. He was awarded a medal. Lisa Pandora was tried. Paul defended her, and she was given only four months in prison. But when he came to visit her in prison and brought her fruit and ice cream, the ice cream ended up on his head, and the fruit went flying down the hall. Paul left the prison all

volvió a llevar fruta y helado. Esta vez, Lisa lo recibió con una sonrisa.
"¿Cómo estás, Paul Rost?" dijo ella, cogiéndole la mano. Paul se relajó y le sonrió.
"Todo va bien, Lisa. Te he echado de menos," dijo, cogiendo una mano suavemente entre las suyas. Ella metió la mano en su bolsa y el helado acabó de nuevo sobre su cabeza. El guarda, que estaba en la sala, protegió a Paul ante la enfadada Lisa con su cuerpo, y la fruta también terminó sobre su cabeza. El guarda cayó al suelo y Rost salió rápidamente de la habitación. Mientras caminaba por el recibidor hacia la puerta de la prisión oía los gritos de Lisa Pandora. Un guarda y el prisionero que llevaba se detuvieron y miraron a Paul sorprendidos mientras él se limpiaba el helado de la cara. Paul sonrió y les dijo: "Una loca. En lugar de helado de vainilla, lo quería de chocolate."
Finalmente volvió sin helado ni fruta. Lisa Pandora lo miraba en silencio.
"Si no rechazas las visitas, espero..." estaba intentando encontrar las palabras adecuadas, "Lisa, creo que hice lo correcto. Quiero que comprendas…" Paul gesticuló agitado, pero Lisa no dijo nada y simplemente se quedó mirándolo.
"No rechazo las visitas simplemente porque es aburrido estar en una celda," le dijo ella fríamente.
"Lisa, entiendo que estés enfadada..." empezó, pero ella lo interrumpió.
"Paul Rost, hay muchas cosas que no entiendes. Yo te las digo pero tú no escuchas, como un dálmata sordo. Tú y yo vivimos en mundos distintos. Tú y yo tenemos intereses y objetivos muy diferentes," continuó, "te di la oportunidad de empezar una vida nueva e interesante. ¿Qué hiciste? ¿Cómo me lo agradeciste, Paul Rost? Te llevaste todo lo que tenía y me metiste en la cárcel. ¿Por qué vienes a verme ahora? No te necesito. ¡Olvídate de mí para siempre y no vuelvas por aquí!" concluyó Pandora, se levantó y se marchó. Paul de repente se sintió avergonzado. No podría entender por qué estaba así y además delante de Lisa. Después de todo, no había hecho nada malo. ¡Había hecho lo correcto! Paul se tocó la cara roja con la mano. Miró por la habitación.

covered in ice cream and fruit. But he wasn't angry at Lisa, and a week later, he brought her fruit and ice cream again. This time, Lisa greeted him with a smile.
"How are you, Paul Rost?" she said, taking his hand. Paul relaxed and smiled at her.
"All is well, Lisa. I've missed you," he said, gently holding her hand with both his hands. She put her hand in his bag, and the ice cream ended up on his head again. The guard, who was standing in the room, shielded Paul from the angry Lisa with his body, and the fruit ended up on his head. The guard fell to the floor and Rost quickly ran out of room. As he walked down the hall to the prison door, Lisa Pandora's screams could be heard throughout the hall. A guard and a prisoner he was leading stopped and watched in amazement as Paul wiped ice cream off his face. Paul smiled awkwardly and said to them: "Crazy woman. Instead of vanilla ice cream, she wanted chocolate."
Finally, he came without the ice cream and fruit. Lisa Pandora sat and looked at him in silence.
"If you do not refuse the meetings, I hope ..." he was trying to find the right words, "Lisa, I think that I did the right thing. I want you to understand..." Paul gestured in agitation, but Lisa said nothing and just stared at him.
"I don't refuse the meetings only because it's boring to sit in a cell," she said to him coldly.
"Lisa, I understand why you are angry..." he began, but she interrupted him.
"Paul Rost, you don't understand many things. I tell you, but you don't hear anything, just like a deaf Dalmatian. You and I live in different worlds. You and I have very different interests and goals," she continued, "I gave you a chance to start a new and interesting life. What did you do? How did you thank me, Paul Rost? You took everything I had, and put me in jail. Why do you come to see me now? I don't need you. Forget about me forever, and never come here again!" Pandora finished, got up and left. Paul suddenly felt ashamed. He couldn't understand why he felt ashamed and in front of whom. After all, he didn't do anything wrong. He did all the right things! Paul touched his red face with his hand. He

Algunos guardas de seguridad y varios reclusos, que también tenían visitas, dejaron de hablar y lo miraron. Después todos siguieron con sus asuntos, y Paul Rost se levantó despacio y caminó hacia la salida.

Pasaron otros dos meses. Paul no regresó a la prisión, principalmente se quedó en casa sin hacer nada. Finalmente, llegó el día en que Lisa Pandora salía de la cárcel. Paul Rost fue en su coche hasta las puertas de la prisión y se detuvo. Estaba lloviendo. En la calle no había nadie, solo otro coche estaba aparcado no lejos de la puerta de la cárcel. De él salió un hombre y miró en dirección a Rost. De pie bajo la lluvia, miraba hacia el coche de Paul Rost. Rost examinó al hombre, quien tenía barba y pelo largo. Encendió un cigarro y se sacó las gafas. ¡Era Ashur! Rost salió del coche. Ambos se quedaron bajo la lluvia, mirándose el uno al otro. En aquel momento la puerta se abrió y Lisa Pandora salió de la cárcel. Vio a Rost y a Ashur. Lisa caminó y después se detuvo en medio de los dos. A continuación encendió un cigarrillo y miró atentamente, primero a Rost, después a Ashur. Tiró el cigarro y se dirigió hacia Rost. Al llegar a él se detuvo.
 "Hola," dijo Rost. No le sonrió y la miró muy serio.
"Viniste en vano. Perdiste la oportunidad que te di," dijo Lisa, sonrió y caminó hacia el coche de Ashur. Ashur le abrió la puerta del coche y la cerró una vez ella estuvo dentro. El coche empezó a moverse, pero Paul sacó una pistola y se puso en medio de la carretera. Apuntó a Ashur con ella. Ashur detuvo el coche.
"¿Qué pasa? ¿Quieres arrestarme por robar muebles en tu casa?" Ashur se puso las gafas y continuó, "según tu clasificación de justicia, yo debería ir a la silla eléctrica o pasar el resto de mi vida echando agua del mar Mediterráneo a la arena del desierto del Sáhara. Pero en este país, no he cometido ningún crimen grave. Por lo de tus muebles no me darían más de un año en prisión. Y eso no es lo que quieres, ¿me equivoco?" Ashur sonrió y miró a Pandora, "¿Sabes cómo huelen sus muebles? Es indescriptible," añadió.

looked around the room. Some security guards and several inmates, who also had meetings, stopped talking and looked at him. Then they all went on with their business, and Paul Rost slowly stood up and walked toward the exit.

Another two months went by. Paul never went back to the prison. He mainly stayed at home and did nothing. Finally the day came when Lisa Pandora got out of prison. Paul Rost drove up to the prison doors in his own car and stopped. It was raining. The street was empty of people. Only one more car stood not far from the prison door. A man got out of the car and looked in Rost's direction. He stood in the rain and looked at Paul Rost's car. Rost looked closely at the man. The man had a beard and long hair. He lit a cigarette and took off his glasses. This was Ashur! Rost got out of the car. They both stood in the rain and looked at each other. At that moment the door opened and Lisa Pandora walked outside. She saw Rost and Ashur. Lisa walked and then stopped right in the middle between them. Then she lit a cigarette and looked carefully first at Rost, then at Ashur. She threw down the cigarette and walked toward Rost. Lisa went up to Rost and stopped.
"Hi," Rost said. He didn't smiled at her and looked at her very seriously.
"You came in vain. You missed the chance I gave you," Lisa said, smiled and walked to Ashur's car. Ashur opened the car door for her, and closed it when she was inside. The car began to move, but Paul pulled out a gun and went out to the middle of the road. He pointed the gun at Ashur. Ashur stopped the car.
"What the matter? Do you want to arrest me for stealing furniture out of your house?" Ashur put on his glasses and continued, "According to your classification of fairness, I should either go to the electric chair or spend my life pouring water from the Mediterranean Sea on the sand of the Sahara desert. But in this country, I haven't committed any serious crime. For your furniture, they will give me no more than a year in prison. And this isn't what you want, right?" Ashur smiled and looked at Pandora, "Do you know what his

Paul Rost bajó la pistola y se apartó de la carretera.
"¡No te pongas triste, Paul! Nuestro amigo vendrá hasta ti y después tu vida dejará de ser triste para siempre," gritó Ashur desde la ventanilla del coche agitando su mano de forma poco amistosa.

furniture smells like? It's indescribable," he added.
Paul Rost lowered the gun and walked off the road.
"Don't be sad, Paul! Our friend might come to you and then your life won't be sad anymore," Ashur shouted from the window of the moving car waved to him in an unfriendly way.

C

Repaso de nuevo vocabulario

1
- ¿Podrías decirme si seguimos en febrero o si ya estamos en marzo?
- Hoy es veintiocho de febrero. Mañana será uno de marzo.
- ¿Podrías decirme qué hora es?
- Déjame mirarlo en el teléfono. Son las seis y media.
- Gracias. Por cierto, ¿está nevando?
- Probablemente nevó toda la noche. Ahora no llueve, pero hace mucho frío.

2
- Cuando paseo con mi perro me protege de los atacantes.
- ¿Es grande tu perro?
- Es muy grande y agresivo. ¡Un verdadero asesino!
- Y en casa, ¿está tranquilo?
- Está bien. En casa yo defiendo al frigorífico y al gato de él.

3
- Tiene helado en la barba, Sr. Presidente.
- Es helado de vainilla, mi favorito.
- ¿Quiere que se lo limpie?
- ¡No! Nadie tiene que reconocerme.
- Brillante, Sr. Presidente!

4
- Eh, chica, ¿cómo se llama tu perra?
- Se llama Barona.
- Qué perra más grande.
- Oh, señor, ¡mi perra quiere correr hacia usted!
- ¡Agárrala!
- Barona, ¡ven aquí!
- ¡Agárrala, chica!

New vocabulary review

1
- *Could you tell me, is today still February or is it March already?*
- *Today is the twenty-eighth of February. Tomorrow is March first.*
- *Could you tell me, what time is it?*
- *Let me look at my phone. It is six thirty.*
- *Thank you. By the way, is it snowing outside?*
- *It probably snowed all night. It isn't snowing now, but it's very cold.*

2
- *When I walk with my dog, it protects me from hooligans.*
- *Is your dog big?*
- *It's very large and angry. A real killer!*
- *And, at home, does it behave calmly?*
- *It's OK. At home, I defend the refrigerator and the cat from it.*

3
- *You have ice cream on your beard, Mr. President.*
- *It's vanilla ice cream, my favorite.*
- *Should I wipe your beard?*
- *No! Now no one will recognize me.*
- *Brilliant, Mr. President!*

4
- *Hey girl, what is your dog's name?*
- *Her name is Barona.*
- *What a big dog.*
- *Oh, mister, my dog wants to run to you!*
- *Hold her!*
- *Barona, come here!*
- *Hold her, girl!*
- *I can't stop her!*

- ¡No puedo detenerla!
- ¡Ayuda!

5

- ¿Puedo hacerle una pregunta?
- ¿Solo una? Bien, pregunte.
- ¿Sabe cómo clasificar crímenes?
- Por supuesto. Los crímenes que comete uno mismo— esos no son graves. Pero los crímenes cometidos por otro—entonces son graves y peligrosos.
- Claro. ¿Y usted comete crímenes a menudo?
- Bueno, no. Solo cuando estoy de mal humor.
- ¿Y cuándo se pone de mal humor?
- ¿Qué?
- He dicho, ¿cuándo se pone de mal humor?
- ¡Me pongo de mal humor cuando me hacen preguntas estúpidas!
- Comprendo. No tengo más preguntas.
- Cómo, ¿ya ha terminado con sus maravillosas preguntas?
- Sí. Gracias. Me voy.
- ¿Y ya no le interesa saber cómo me comporto con los que me hacen esas maravillosas preguntas?
- ¡No! ¡Déjeme ir! ¡Ayuda!

6

- Señor, ¿qué piensa sobre los ladrones?
- ¿Quién? ¿Yo?
- Sí, usted.
- Estoy de acuerdo con ellos.
- ¿De forma que está de acuerdo con haberme robado el bolso?
- ¿Es este su bolso? No lo sabía. Creí que era el bolso de aquella señora. Lo siento. Puede coger su bolso, de todas maneras no hay nada dentro.

7

- Eh, chico ¡no tires fruta a la gente desde el balcón!
- ¡Aquí hay un plátano para usted!
- ¡Ay! ¿No te da vergüenza?
- No, todavía soy pequeño. ¡Ahí le va un poco de helado de chocolate!
- ¡Ay! Le diré todo a tus padres. ¡Y este helado no es de chocolate, sino de vainilla!
- Perdóneme, por favor, me quivoqué. ¡Ahí le va un poco de helado de vainilla!
- ¡No tienes vergüenza, niño!

- Help!

5

- Can I ask you one question?
- Just one? Well, ask.
- Do you know how to classify crimes?
- *Of course. The crimes that you commit yourself— those aren't serious. But the crimes committed by other people—these are serious and dangerous.*
- Clear. And do you commit crimes often?
- *Well, no. Only when I'm in a bad mood.*
- And when are you in a bad mood?
- *What?*
- I said, when are you in a bad mood?
- *I'm in a bad mood when I get asked stupid questions!*
- I understand. I have no more questions.
- *What, your wonderful questions have already run out?*
- Yes. Thank you. I'm leaving.
- *And are you no longer interested in how I conduct myself with those who ask such wonderful questions?*
- No! Let go! Help!

6

- Mister, how do you feel about thefts?
- *Who? Me?*
- Yes, you.
- *I feel OK about them.*
- So, you think it's OK that you took my bag?
- *This is your bag? I didn't know. I thought it was that woman's bag. Sorry. You can take back your bag, there is nothing in it anyway.*

7

- Hey, boy, don't throw fruit at people from the balcony!
- *Here's a banana for you!*
- Ouch! Aren't you ashamed?
- *No, I'm still a little. Here's some chocolate ice cream for you!*
- Ouch! I'll tell your parents everything. And this ice cream is not chocolate, but vanilla!
- *Excuse me, please. I was wrong. Here's some chocolate ice cream for you!*
- You have no shame, boy!

8

- Creo que nuestro presidente es un loco.
- ¡Me sorprendes! ¿Por qué está loco?
- Porque roba locas cantidades de dinero del presupuesto.
- Pues yo adoro a nuestro presidente. ¡Es justo! Solo coge dinero del que no pertenece a nadie personalmente.
- ¡Pero perdió su única oportunidad de unirse a la Unión Europea!
- ¡Y no deberíamos unirnos a ellos! Primero que la Unión Europea nos dé algún dinero, si quieren que nos unamos. ¡Sí, sí!
- ¿Dinero para qué?
- Oh, ¡para todo!

8

- *I think that our president is a madman.*
- *You surprise me! Why is he mad?*
- *Because he steals crazy amounts of money from the budget.*
- *But I love our president. He is just! He only takes money that doesn't personally belong to anyone.*
- *But he missed his only chance to join the European Union!*
- *And we shouldn't join it! Let the European Union give us some money first, if they want us to join! Yes, yes!*
- *Money for what?*
- *Oh, for everything!*

24

Patrulla de caminos
Highway patrol

 A

Palabras

1. abruptamente - abruptly
2. alta - loud
3. altamente - highly
4. antena - antenna
5. autopista - highway
6. azul - blue
7. bajando - lowering
8. caja - box
9. cantó - sang
10. capó - roof
11. cliente - customer
12. colgando - hanging
13. compró - bought
14. conduciendo - driving
15. conectaba - connected
16. conocido - acquaintance
17. constantemente - constantly
18. corrió - rushed
19. criminal - criminal
20. cuello - neck
21. deber - duty
22. decidir - decide
23. dejando caer - dropping
24. dejó caer - dropped
25. ejecución - execution
26. ejemplo - example
27. encendió - lit
28. entregó - handed
29. escapó - escaped
30. estantería - shelf
31. evidente - evident
32. falsa - fake

33. farola - lamppost
34. Ford - Ford
35. foto - photo
36. freno - brake
37. historia - story
38. hizo una pausa - paused
39. imposible - impossible
40. informó - reported
41. jefe - chief
42. jugó - played
43. jurar - swear
44. largo - long
45. llorando - weeping
46. mal - bad
47. matrícula - license
48. mirando - staring
49. modelo - model
50. nervio - nerve
51. nieve - snow
52. operación - operation
53. oscurecer - get dark
54. pájaro - bird
55. peligro, riesgo - risk
56. persecución - chase
57. pintado - painted
58. principio - principle
59. punto de mira - crosshairs
60. quedó bamboleándose - stood uncertainly
61. recomendar - recommend
62. recordar - remember
63. se dio a la fuga - fled the scene
64. sirena - flashing lighting
65. tablero de mandos - dashboard
66. tanque - tank
67. vendedor - clerk
68. vendedor - salesman
69. violó - violated

B

Patrulla de caminos

Pasó otro mes. Paul Rost volvió a sus asuntos habituales. La Policía le pidió ayuda varias veces, cuando no tenían personas suficientes. Una vez tuvo que trabajar en la carretera que conectaba la ciudad con un campo de aviación militar. Era por la tarde y ya había empezado a anochecer. Casi no había coches en la carretera. En algún lugar cantaban los pájaros. Las primeras estrellas empezaban a aparecer en el cielo. De repente comenzó a nevar. Paul salió del coche y encendió un cigarillo. Miró el anillo que Lisa le había dado. Se quedó allí, de pie, con la nieve cayendo sobre su pelo.
La radio del coche comenzó a hablar: "Atención a todas las unidades. Un coche blanco se estrelló contra una farola y se dio a la fuga."
Después de un corto espacio de tiempo, pasó un coche blanco con la música muy alta. Paul tuvo tiempo de percibir que el coche estaba muy dañado y que había algo sobre él. Montó en su coche, puso la sirena sobre el capó y salió detrás. Lo alcanzó y lo detuvo. De él salió un hombre.

Highway patrol

Another month passed. Paul Rost returned to his usual business. The Police asked for his help sometimes, when they didn't have enough people. Once he was on duty on the road that connected the city with a military airfield. It was evening and already started to get dark. There were almost no cars on the road. Somewhere birds sang. The first stars began to appear in the sky. Suddenly it began to snow. Paul got out of the car and lit a cigarette. He looked at the ring that Lisa gave him. He stood there and smoke and the snow fell slowly on his hair.

The radio in the car began to speak: "Attention all stations! A white car crashed into a lamppost and fled the scene."
After some time, a white car drove by. Very loud music played in the car. Paul had time to notice that the car was badly damaged, and that something lay on top of it. He got into his car, put a flashing light on the roof and drove after the white car. He caught up with the white car and

Se quedó de pie bamboleándose y Rost se dio cuenta de que estaba borracho. El hombre sonrió y le entregó a Rost sus documentos.
"¿Cómo está, oficial?" preguntó. Paul miró al coche sin poder creer lo que estaba viendo. Sobre él había una farola.
"Gracias. Estoy bien," dijo Paul, "¿Qué es lo que hay encima del coche?" preguntó Rost señalando la farola.
El hombre miró el poste durante largo rato y después dijo: "Estaba ahí cuando compré el coche, lo juro," miró a Rost, "Creo que es una antena de GPS. ¿Usa usted el GPS, oficial? Gran invento, se lo recomiendo," se sujetó al coche con la mano para evitar caerse. Paul Rost llevó al hombre a la comisaría.
En la comisaría pidieron a Rost que ayudara a un grupo de policías que estaban buscando a dos hombres que se habían fugado de la prisión. En una tienda saltó la alarma y Rost fue allí con uno de los oficiales de policía. Cuando llegaron allí había unos cuantos clientes y un vendedor. El vendedor era Bruno, el conocido de Paul Rost.
"Buenas tardes. Ha saltado su alarma," dijo el policía.
"Buenas tardes. ¿Ha saltado una alarma? ¿En nuestra tienda?" preguntó el vendedor.
"Sí, en su tienda," contestó el policía.
"No, debe haber algún error," Bruno miró a Rost, "Aquí todo está bien. Paul, quiero darte el regalo que te prometí. Amigo, coge esa caja azul que está en la estantería," pidió Bruno.
"¿Qué es, Bruno?" dijo Paul, sorprendido.
"Adelante, ábrela. Creo que te gustará," sonrió el vendedor. Paul fue a la estantería y cogió la caja azul. Tenía pintadas flores amarillas. Paul miró a Bruno con sorpresa. Bruno le devolvió la mirada en silencio. Paul abrió la caja y sacó un vestido de mujer. El vestido era azul con flores amarillas.
"¿Qué es esto?" se sorprendió Paul de nuevo.
"Es un vestido de mujer, amigo," respondió el vendedor, "Para tu mujer," sonrió Bruno.
"Pero si yo no estoy casado," Paul no comprendía.
"Bueno, hoy no estás casado y al día siguiente puedes estarlo," dijo Bruno con seriedad, "La

stopped it. A man came out of the white car. He stood uncertainly and Rost realized that the man was drunk. The man smiled and handed Rost his documents.
"How are you, officer?" he asked. Paul looked at the car and could not believe his eyes. On top of the car lay a lamppost.
"Thank you. I'm fine," Paul said, "What is that on top of the car?" Rost pointed to the lamppost.
The man stared at the post for a long time, and then said: "It was there when I bought this car. I swear," he looked at Rost, "I think it's an antenna for GPS. Do you use GPS, officer? Great thing. I highly recommend it," he held on to the car with his hand to keep from falling. Paul Rost took the man to the police station.
At the police station, they asked Rost to help a group of policemen who were looking for two men who had escaped from prison. The alarm went off in one of the stores, and Rost went there with one of the police officers. When they arrived at the store, there were a few customers there and a sales clerk. The sales clerk was Bruno, Paul Rost's acquaintance.
"Good afternoon. Your alarm went off," the policeman said.
"Good afternoon. An alarm went off? At our place?" the sales clerk asked.
"Yes, at your place," the policeman replied.
"No, this is some kind of mistake," Bruno looked at Rost, "Everything is alright here. Paul, I want to give you the gift that I promised you. My friend, take that blue box on the shelf," Bruno asked.
"What is it, Bruno?" Paul said in surprise.
"Go ahead, open it. I think you'll like it," the sales clerk smiled. Paul went to the shelf and took the blue box. Yellow flowers were painted on the box. Paul looked at Bruno in surprise. Bruno looked at him in silence. Paul opened the box and took out a woman's dress. The dress was blue with yellow flowers.
"What is that?" Paul was surprised again.
"This is a woman's dress, my friend," the salesman replied, "For your wife," Bruno smiled.
"But I'm not married," Paul did not understand.
"Well, today you're not married, and the next day, you might get married," Bruno said seriously,

vida – no es fácil. Por ejemplo, ahora yo estoy bien y dentro de cinco minutos me podría pasar algo," dijo el vendedor.
"Me lo llevaré después. Gracias," Paul volvió a poner la caja del vestido en la estantería y salió de la tienda. El policía salió con Paul. Montaron en el coche y condujeron de vuelta a la comisaría. Rost miró atentamente las fotos de los criminales fugados. Iban por la carretera que pasaba por delante del aeródromo.
"Se escaparon de una prisión que está a trescientas kilómetros de aquí. ¿Por qué los buscan por esta zona?" preguntó Rost.
"Uno de ellos tiene aquí a su mujer y a su hijo. Se llama Arthur Stravinsky. Se fugaron de la cárcel la semana pasada, y hace tres días, la mujer y el hijo desaparecieron," dijo el policía.
"¿Por qué están cumpliendo condena?" preguntó Rost.
"Arthur Stravinsky cumple condena por un atraco a mano armada a un banco. Es una larga historia. Los periodicos hablaron de ella," continuó el policía, "Su niño necesitaba someterse a una cara operación, y él atracó el banco para pagarla. Después hubo una persecución. Y durante la persecución uno de los coches de policía volcó y murió el policía que lo conducía." El policía miró a Rost, "Por supuesto, lo condenaron a cadena perpetua. Ésa es la historia," concluyó.
"Así que están buscando a toda la familia," dijo Paul. Hizo una pausa y después añadió, "Mira, hoy tengo que ir al médico. ¿Puedes dejarme por allí cerca?" Preguntó Rost.
"Oh vamos. Así se empieza. Yendo al médico… poniéndose enfermo… ¿Tú crees que yo quiero buscarlo?" el policía miró a Paul. Paul no tuvo tiempo de contestar porque el policía pisó abruptamente el freno.
"Ahí hay un Ford azul," dijo el policía, "Su mujer tiene un Ford azul de este modelo. Tenemos que comprobarlo. ¡Ven conmigo!" el policía miró a Rost. Salieron del coche y caminaron hacia el Ford azul. El coche estaba vacío. El oficial de policía comprobó el número de matrícula en la radio. El número era falso. El policía pidió refuerzos.

"Life - it's not a simple thing. For example, now I'm well, and in five minutes, something bad might happen," the sales clerk said.
"I'll take it later. Thank you," Paul put the box with the dress back on the shelf and left the store. The policeman went out with Paul. They got into the car and drove back to the police station. Rost looked closely at photos of the escaped criminals. They were driving on the road that passes by the airfield.
"They escaped from a prison that's located three hundred miles away from here. Why are they looking for them here?" Rost asked.
"One of them has a wife and a son here. His name is Arthur Stravinsky. They escaped from prison last week, and three days ago the wife and child disappeared," the policeman said.
"Why are they doing time?" Rost asked.

"Arthur Stravinsky is doing time for an armed bank robbery. It was a long story. Even the papers reported it," the policeman continued, "His child needed to have an expensive operation. He robbed the bank to pay for the operation. Then there was a chase. And during the chase one of the police cars overturned. The policeman was killed." the policeman looked at Rost, "Of course, they gave him a life sentence. That's the story," he concluded.

"So we're looking for the whole family," Paul said. He paused, then added, "Look, I need to make it to the doctor today. Can you drop me off around here somewhere?" Rost asked.
"Oh come on. That's how it starts. Going to the doctor... Getting sick.. And you think that I want to look for him?" the policeman looked at Paul. Paul didn't have time to answer because the policeman abruptly hit the brakes.
"There is a blue Ford over there," the policeman said, "His wife has a blue Ford with this model. We need to check it. Come with me!" the policeman looked at Rost. They got out of the car and walked to a blue Ford. The car was empty. The police officer checked the license plate number on the radio. The number was a fake. The policeman called for reinforcement.

"Puede que estén ahí," dijo el policía, señalando un gran hangar. Entraron en el hangar, donde había varios aviones pequeños. En uno de ellos había gente. El policía señaló el avión a Rost, sacó una pistola y fue hacia el otro lado. Rost también sacó la pistola y caminó desde el lado opuesto hacia el avión en el que había gente. Pero entonces vio la cara de un niño en la ventanilla de otro aeroplano. Rost caminó despacio hacia el avión y abrió la puerta. En su interior estaban Arthur Stravinsky, su mujer y su hijo. El hombre intentaba poner en marcha el avión, pero levantó las manos cuando vio que Rost llevaba una pistola. Rost los miró atentamente durante un largo espacio de tiempo. Entonces fue al tablero de mandos y arrancó el motor.

"No pierdan tiempo," le dijo al hombre. El hombre puso las manos lentamente sobre el tablero de mandos. A continuación el avión empezó a avanzar hacia la puerta del hangar. El policía corrió hacia él, disparando. Paul Rost se tiró sobre el policía y cayó con él al suelo.
"¡Puedes matarlos a todos si le das al tanque de combustible!" gritó Paul al policía. Éste apuntó con su pistola a la cara de Rost y disparó. Ya ha acabado todo…
"¡Levanten las manos y salgan del avión!" Rost escuchó la voz del policía, "Paul, ¡apártate y manténlos en tu blanco de tiro!"
Paul Rost todavía estaba al lado del avión, apuntando con su pistola al hombre que estaba dentro, cuando el policía se le acercó por detrás. Paul no se separó del avión. Permaneció allí y miró al niño y a su padre. El niño fue junto a su padre y le rodeó el cuello con el brazo, mirando a Rost.

"Papá, ¿qué quiere ese señor?" le preguntó a su padre. Arthur Stravinsky miró a Rost sin bajar las manos. No podía salir del avión, porque Rost estaba justo al lado de la puerta.
"Rost, ¡apártate inmediatamente del avión!" gritó el policía.
"Papá, ¿qué quiere ese señor?" volvió a preguntar el niño. El hombre miró a Rost y al policía sin dejar caer las manos. Era evidente que tenía miedo de que el policía disparara. Quería

"They may be in there," the policeman pointed to a big hangar. They went into the hangar. There were several small planes there. There were people in one of them. The policeman pointed out the plane to Rost, pulled out a gun and went to the other side. Rost also took out a gun and walked from the other side to the airplane with the people inside. But then he saw a boy's face in the window of another aircraft. Rost slowly walked up to the plane and opened the door. Arthur Stravinsky sat there, along with his wife and child. The man was trying to start the plane, but he raised his hands when he saw that Rost was holding a gun. Rost looked at them carefully for a long time. Then he looked at the dashboard and started the plane's engine.

"Don't waste time," he told the man. The man slowly put his hands on the plane's dashboard. Then the airplane began to move toward the door of the hangar. The policeman rushed to the plane, shooting on the move. Paul Rost threw himself on the policeman and fell with him to the ground.
"You can kill them all, if you hit the gas tank!" Paul cried to the policeman. The policeman pointed his gun to Rost's face and shot.. It's all over...
"Put your hands up and get off the plane!" Rost heard the voice of the policeman, "Paul, get away from the plane and keep it in your crosshairs!" Paul Rost was still standing by the plane, pointing his gun at the man in the airplane, when the policeman came up behind him. Paul didn't move away from the plane. He stood and looked at the child and his father. The boy went up to his father and put his arm around his neck, staring at Rost.

"Dad, what does this man want?" he asked his father. Arthur Stravinsky looked at Rost without lowering hands. He couldn't get off the plane, because Rost was standing right next to the door.
"Rost, get away from the plane immediately!" the policeman shouted.
"Dad, what does this man want?" the boy asked again. The man looked at Rost and the policeman without dropping his hands. It was evident that he was afraid that the policeman would shoot. He

salir, pero Rost estaba justo al lado de la puerta y no se apartaba.

"Rost, ¡apártate inmediatamente del avión!" repitió el oficial.

Rost fue al tablero de mandos y puso el motor en marcha.

"Detective Paul Rost, ¡baje la pistola y apártese del avión!" gritó el policía, disparando al aire.

"¡No pierdan tiempo!" gritó Rost, y cerró la puerta del avión. Dejó caer su pistola al suelo, se volvió al policía y levantó las manos.

"¿Quieres arrestarme? Adelante," dijo Rost al policía. El avión fue hacia la puerta del hangar. Pero en ese momento apareció junto a la salida un gran grupo de oficiales de policía en coche. Bloquearon el paso al avión. El hombre detuvo el avión para no poner en peligro la vida de su mujer y su hijo. Salió con el niño, que continuaba colgando de su cuello. Su mujer se acercó a él y empezó a separar al niño, quien empezó a llorar. Paul se dio la vuelta para no ver ni oir nada. Salió del hangar. El jefe de policía se le acercó.

"Así que, detective Rost, ¿les pasa algo a sus nervios? ¿Sabe que tengo que arrestarlo por ayudar a un criminal?" miró a Paul, "Mañana por la mañana vendrá y hará un informe," dijo, y se alejó de Paul.

Sacaron a Arthur Stravinsky del hangar para llevarlo a un coche de policía. Vio a su mujer y a su hijo, que estaban al lado del hangar. De repente se dio cuenta de que no los volvería a ver más. Los miró y no podía apartar los ojos de ellos. Sus ojos eran como los de un loco. Luego empezó a gritar: "¡Recordadme! ¡Recordadme!," les gritó, "¡Hijo, recuérdame! ¡Recuérdame, hijo! ¡Y tú, Mary, recuérdame! ¡Recuérdame como soy ahora! ¡No me olvidéis! ¡No me olvidéis nunca!" Los policías lo metieron en el coche, pero él segúia gritando como un loco. Paul Rost miraba constantemente para el hombre. El coche se alejó, dejando atrás a la desconsolada mujer y al niño.

Rost volvió a casa. Cuando estaba llegando, vio a Peter Ashur dentro de un coche.

"¿Cómo está, Paul?" dijo Ashur cuando Rost se le acercó. Rost se detuvo y lo miró.

wanted to get out, but Rost was standing right next to the door and didn't move away.

"Rost, get away from the plane immediately!" the officer repeated.

Rost looked at the dashboard and started the airplane's engine.

"Detective Paul Rost, put the gun down and step away from the plane!" the policeman shouted and shot into the air.

"Don't waste time!" Rost shouted and shut the plane door. He dropped his gun on the ground, turned to the policeman and raised his hands.

"You want to arrest me? Go ahead," Rost said to the policeman. The plane drove toward the door of the hangar. But at that point, a large group of police officers in police cars appeared near the exit. They blocked the way of the airplane. The man stopped the airplane, so as not to risk the life of his child and wife. He got off the plane, but the child was hanging onto his neck. His wife went up to him and began to take the child off his neck. The child began to cry. Paul turned away, so as not to see or hear it all. He walked out of the hangar. The police chief walked up to Rost.

"So, detective Rost, is there something wrong with your nerves? You know that I have to arrest you for helping a criminal?" he looked at Paul, "Tomorrow morning you will come in and give a report," he said and walked away from Paul.

They took Arthur Stravinsky out of the hangar in order to put him in the police car. He saw his wife and son, who stood near the hangar. Suddenly he realized that he will never see them again. He looked at them and couldn't take his eyes off them. His eyes were like the eyes of a madman. Then he began to shout: "Remember me! Remember me," he shouted to them, "Son, remember me! Remember me, son! And you, Mary, remember me! Remember me, the way I am now! Do not forget me! Never forget me!" The policemen put him in the car, but he continued to scream like a madman. Paul Rost constantly looked at the man. The car drove away, and the weeping woman and boy were left behind.

Rost drove home. When he walked up to his house, he saw Peter Ashur in one of the cars.

"How are you, Paul?" Ashur said when Rost came

"Pensé que le interesaría saber," continuó Ashur, encendiendo un cigarrillo, "que Lisa Pandora está en la cárcel de Mezzeh, en Siria. Está esperando a que la ejecuten," Ashur miró a Paul a los ojos.
"¿Por qué no está con ella?" preguntó Paul.
"Como siempre, ha violado los términos de nuestro acuerdo. Y, como sabe, soy un hombre de principios. Le di libertad para hacer lo que quiera," Ashur miró de nuevo a Rost, "Usted sabe tan bien como yo que si decide algo es imposible detenerla."
"¿Cuánto tiempo le queda?" preguntó Rost.
"Quizás un día, o puede que un mes. Quién sabe," dijo Ashur, y se fue.

up to him. Rost stopped and looked at Ashur. "I thought you'd be interested to know," Ashur continued, lighting a cigarette, "that Lisa Pandora is in Mezzeh prison in Syria. She is waiting for her execution," Ashur looked Paul in the eyes.
"Why aren't you with her?" Paul asked.
"As usual, she has violated the terms of our agreement. And, as you know, I am a man of principle. I gave her the freedom to do what she wants," Ashur looked back at Rost, "You know as well as I do that if she decides something, it's impossible to stop her."
"How long does she have?" Rost asked.
"Maybe a day, and maybe a month. Who knows," Ashur said and drove on.

C

Repaso de nuevo vocabulario

1
- ¿Podrías decirme si estamos en marzo o si ya es abril?
- Hoy es treinta y uno de marzo. Mañana es uno de abril.
- ¿Podrías decirme qué hora es?
- Déjame mirar en el teléfono. Son las diez y media.
- Gracias. Por cierto, ¿hace frío?
- Hay mucha niebla pero no hace frío.

2
- Regálame un coche.
- No.
- ¡Hoy estás raro, querido!
- No, hoy estoy normal, querida. ¡Pero no te daré dinero para un coche nuevo!
- ¡Pero un coche nuevo es algo muy importante para mí! ¡Regálamelo!
- Para mí no es importante en absoluto. No te lo voy a regalar
- Sabes, tu antena no capta todos los canales, querido.
- ¡Y a ti te faltan unos cuantos botones en el panel de control, mi amor!

3
- El tanque de combustible de mi coche está vacío.
- ¿A dónde quieres ir, querida?

New vocabulary review

1
- *Could you tell me, is today still March or is it April already?*
- *Today is March thirty-first. Tomorrow is April first.*
- *Could you tell me, what time is it?*
- *Let me look at my phone. It is ten thirty.*
- *Thank you. By the way, is it cold outside?*
- *It is foggy out there, but not very cold.*

2
- *Give me a car as a present.*
- *No.*
- *You're strange today, dear!*
- *No, I'm normal today, dear. But I won't give you money for a new car!*
- *A new car is very important for me! Give it to me as a present!*
- *It isn't important for me at all. I won't give it to you.*
- *You know, your antenna doesn't get all the channels, dear.*
- *And you are missing a few buttons on the control panel, my dear!*

3
- *My car's gas tank is empty.*
- *Where do you want to go, dear?*

- Al salón de belleza, cariño.
- Estás muy guapa como estás.
- ¡No he vuelto a ir desde el domingo pasado!
- ¡Pero hoy aún es martes!
- ¿No puedo ir nunca al salón de belleza?
- De acuerdo, puedes ir en autobús.
- ¿Te casaste conmigo para que vaya en bus?
- Me casé contigo porque me gustabas mucho.
- Entonces ¿ya no te gusto?
- Coge el dinero y vete a donde quieras.
- Gracias, cariño.

4

- ¡No enciendas la luz! No hay por qué correr peligro, podrían ver desde la calle que hay alguien en el banco.
- Mira, un coche con una sirena acaba de pisar los frenos al lado del banco.
- Es una patrulla de policía. ¡Silencio! Apártate de la ventana o te verán.
- Han salido dos policías del coche.
- ¿A dónde van?
- Se han acercado a nuestro coche y lo están mirando atentamente.
- ¿Lo aparcaste bien?
- Por supuesto. No rompí las reglas. Aunque es cierto: la farola se cayó sobre otro coche. – Qué raro. Apenas la toqué, lo juro.
- ¡Subiré al tejado y tú irás hacia ellos!
- ¿Por qué?
- ¡Escribe un informe sobre el accidente, idiota!

5

- El conductor del bus hizo bajar a los pasajeros antes de llenar el tanque de combustible.
- ¿Por qué se quedaron detrás los pasajeros y el autobús regresó a la estación sin ellos?
- El conductor se olvidó de mandarles subir después de llenar el depósito.
- ¡Debería volver! Los pasajeros lo están esperando.

6

- ¡Su coche ha chocado contra el mío!
- ¡Eso es porque pisó los frenos muy rápido!
- No. ¡Es porque usted no estaba prestando atención!
- ¡Pero es imposible frenar de golpe! ¿Lo comprende?
- Escriba un informe del accidente.

- To the beauty parlor, darling.
- You are very beautiful as you are.
- I haven't been there since last Sunday!
- But today is only Tuesday!
- Should I never go to the beauty salon?
- All right, you can take the bus.
- Did you marry me so I'd take the bus?
- I married you because I liked you a lot.
- So, now you don't like me anymore?
- Take the money and go wherever you want.
- Thank you, darling.

4

- Don't turn on the light! No need to take a risk. They could see from the street that there is someone at the bank.
- Look, a car with flashing lights hit the brakes next to the bank.
- This is a police patrol. Quiet! Get away from the window, or they'll notice you.
- Two police officers got out of the car.
- Where are they going?
- They came up to our car and are looking at it closely.
- Did you park it correctly?
- Of course. I didn't break the rules. Although it's true: the lamppost fell on another car. - Strange. I barely hit it, I swear.
- I'll climb on the roof, and you go to them!
- Why?
- Write a report about the incident, you idiot!

5

- The bus driver dropped off the passengers before filling up the gas tank.
- Why did the passengers stay behind and the bus return to the bus station without them?
- The driver forgot to let them back on after filling up the gas tank.
- He should go back! The passengers are waiting for him.

6

- Your car crashed into mine!
- That's because you hit the brakes quickly!
- No. It's because you weren't paying attention!
- But it's impossible to brake right away! Do you understand?
- Write it in a report about the incident.

7

- ¿Por qué ha bloqueado la policía la carretera?
- Están buscando a los ladrones que atracaron el banco.
- ¿Cuánto dinero robaron los criminales?
- Dicen que no robaron dinero, pero dañaron varios coches en el aparcamiento durante la persecución.

8

- Recuerda querida, debes avanzar cuando la luz esté verde y frenar cuando esté roja. ¿Comprendes?
- Por supuesto que entiendo, querido. ¿Estoy conduciendo bien?
- Sí. Muy bien.
- Lo ves, cariño, tienes una gran chica.
- ¡Frena!
- ¡Oh!
- ¡Has chocado contra un coche!
- ¿Por qué no cambió la luz roja a verde? ¡Después de todo, no pisé los frenos!
- ¡Siéntate en el asiento del pasajero!
- ¿Por qué no me enseñas a conducir, amor?
- Olvídalo, cariño.

9

- Hoy estaré trabajando en la cárcel hasta tarde, mi amor.
- ¿Entonces hoy podremos robar comida de la prisión?
- Exacto. Estate en la puerta de la prisión a las doce. ¡Recuérdalo!
- Lo recordaré, cariño. ¿Qué vamos a robar?
- ¡Tres toneladas de pan y una tonelada de sal!
- ¡Wow! ¡Eso es mucho!
- Hoy verás el cielo de diamantes, cariño. ¡Te lo juro!

10

- El jefe dijo que deberíamos volver a poner esta caja roja a la salida inmediatamente.
- Pero esta caja es verde, no roja. Y la salida está aquí, no ahí.
- En nuestra empresa el jefe siempre tiene razón. ¡Recuérdalo! Y es mejor nunca preguntar dos veces.

11

- Vendedor, por favor, déme un poco de sal.
- Aquí tiene.

7

- Why did the police lookout post block the road?
- They are looking for thieves who robbed a bank.
- How much money did the criminals steal?
- They say they didn't steal the money, but they damaged several cars in the parking lot during the chase.

8

- Remember, dear, you should drive when the light is green and brake when it's red. Understand?
- Of course, I understand, my dear. Well, am I driving well?
- Yes. Great job.
- You see, dear, you have a great girl.
- Break!
- Oh!
- You crashed into a car!
- Why didn't the red light turn green? After all, I didn't hit the brakes!
- Sit in the passenger seat!
- What about learning to drive the car, my dear?
- Forget it! Dear.

9

- Today I will be on duty in the prison until nighttime, my dear.
- So today we could steal prison food?
- Exactly. Be at the prison exit at twelve o'clock. Remember!
- I remember, dear. What will we steal?
- Three tons of bread and a ton of salt!
- Wow! That's a lot!
- Today you will see the sky in diamonds, dear! I swear!

10

- The boss said that we should carry this red box back to the exit immediately.
- But this box is green and not red. And the exit is here, and not there.
- In our company the boss is always right. Remember that! And it is better to never ask twice.

11

- Sales clerk, please give me some salt.
- Here, take it.

- Gracias.
- ¡Cliente, me ha dado billetes falsos!
- ¡No puede ser!
- Mire, la pintura se está quedando en mis manos.
- La máquina Xerox de nuestra oficina no funciona bien.
- El oficial de policía de aquí al lado le mandará a un curso de cinco años para aprender a manejar la máquina Xerox. Después de eso sabrá cómo funciona y, lo más importante, podrá imprimir con una Xerox.

12
- ¿Sabes usar un ordenador?
- Por supuesto.
- Enséñame, por favor
- Siempre tienes que usar estas cuatro teclas con las flechas, o este botón grande.
- ¿Y si hay algo incorrecto?
- Entonces utiliza este botón de la esquina.
- Gracias.

13
- ¿Son los términos de nuestra cooperación adecuados para usted?
- Sí, todos excepto uno.
- ¿Excepto cuál exactamente?
- No me viene bien tener que hacer todo con cuidado y a tiempo.
- ¿Y cómo quiere hacerlo?
- Podría cometer errores. Y necesito más tiempo.
- ¿Cuánto tiempo quiere?
- ¡Cuanto más, mejor!

- Thank you.
- Customer, you gave me fake bills!
- That can't be!
- Look, the paint is coming off on my hands.
- The Xerox machine in our office is probably not working well.
- The police officer over here will send you to a five-year course on how to work with a Xerox machine. After that, you will know how and, more importantly, what you can print on a Xerox machine.

12
- Do you know how to use a computer?
- Of course.
- Teach me, please.
- You always have to use these four arrow keys, or this big button.
- And if something is incorrect?
- Then use this button in the corner.
- Thank you.

13
- Are the terms of our cooperation suitable for you?
- Yes, all except one of the terms is suitable.
- Except which of the terms exactly?
- It doesn't suit me that I have to do everything carefully and on time.
- And how do you want to do it?
- I could make mistakes. And I need more time.
- How much time do you want?
- The more, the better!

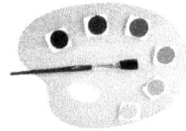

25

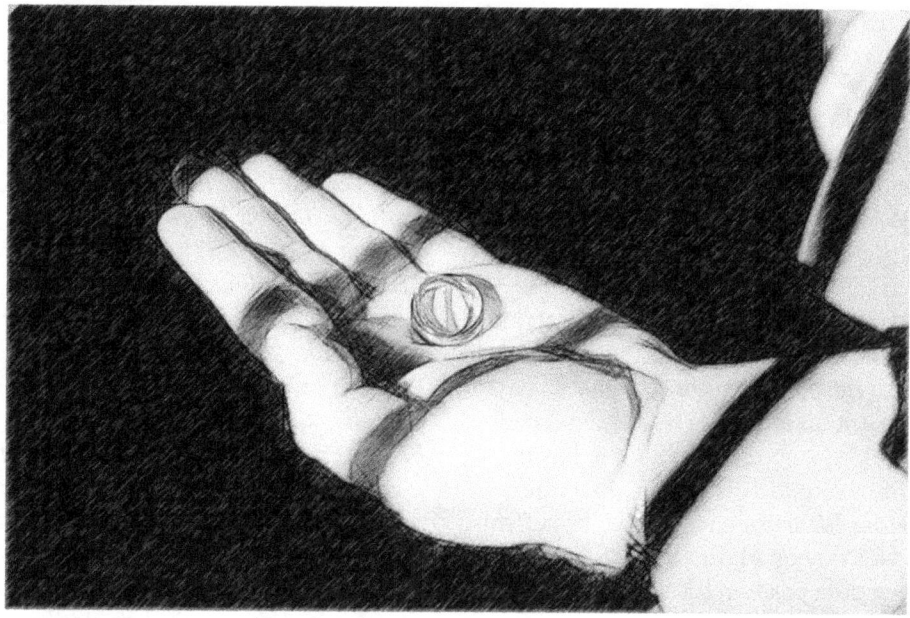

El arresto
The arrest

A

Palabras

1. amó - loved
2. anterior - previous
3. apuntó - aimed
4. ayer - yesterday
5. certificado - certificate
6. ciego - blind
7. confidencialmente - confidently
8. cumplir - commit
9. ejército - army
10. elegido - chosen
11. elegir - choose
12. escasamente - dimly
13. escribir - draw
14. estómago - stomach
15. evento - event
16. explicó - explained
17. girando - turning
18. héroe - hero
19. hoja - leaf
20. mostrador - counter
21. objetivo - purpose
22. odio - hatred
23. pantalones - pants
24. papel - role
25. permanente - permanent
26. pista - hint
27. placa - badge
28. prohibición - ban
29. prohibir - forbid
30. quedar bien - fit
31. reloj - clock
32. saqué - removed

33. situación - situation
34. sonaba - ticked
35. temporal - temporary
36. temporalmente - temporarily
37. tolerar - tolerate
38. ugitivo - fugitive
39. viví - lived

B

El arresto

Cuando Paul volvió a casa ya estaba oscureciendo. En su casa lo esperaba su madre. Se sentaron en una habitación débilmente iluminada. Paul se sacó el anillo del dedo.
"¿Es ése el anillo de Lisa?" preguntó su madre.
"Sí," respondió Paul.
"Cuando tu padre nos dejó, yo también me saqué el anillo que me dio al principio, y hasta quería tirarlo a la basura, pero después pensé que ya había dejado de ser suyo. Ya era mi anillo, se había convertido en parte de mi vida, y no quería tirar a la basura parte de mi vida. No pude olvidarlo, igual que tampoco pude dar la vuelta a una nueva hoja," miró a Paul, "Pero yo viví con él diez años, hijo, ¿y cuánto hace que conoces tú a Lisa?
"No lo sé ni yo... No sé qué... vi en ella. Simplemente era interesante estar con ella," Paul se detuvo un momento, "Estoy seguro de que me ama… amó… estoy seguro de que también piensa en mí," dijo el hijo en voz baja.
"Puede que te amara. Puede que fuera un sentimiento fuerte," dijo su madre, "Pero ahora las cosas han cambiado, tienes que entenderlo. Los sentimientos fuertes no se van con rapidez, pero pueden convertirse en algo más," miró a su hijo, "Sus sentimientos pueden ser todavía fuertes, pero probablemente no sea amor... siente odio." Madre e hijo se quedaron en silencio. Había mucha tranquilidad. Solamente el reloj sonaba sobre la mesa.
"Pero ya no importa," dijo él finalmente, "Mamá, ¿crees que todos tenemos un objetivo?" preguntó.
"¿Un objetivo? ¿Qué quieres decir?" preguntó su madre.
"Creo que cada uno de nosotros puede hacer algo importante. Ese es nuestro propósito, nuestro papel en el juego," dijo Paul con seguridad.

The arrest

When Paul came home it was already getting dark. At home, Rost's mother was waiting for him. They sat down in a dimly lit room. Paul took the ring off his finger.
"Is that Lisa's ring?" his mother asked.
"Yes," Paul replied.
"When your father left us, I also removed the ring that he gave me at first, and even wanted to throw it away. But then I thought that it was no longer his ring. It was my ring now. It had become part of my life. I didn't want to throw away a part of my life. I couldn't forget it. And I couldn't just turn over a new leaf," she looked at Paul, "But I lived with him for ten years, son, and for how long have you known Lisa?"
"I don't know myself... I do not know what I... I saw in her. It was just interesting to be with her," Paul paused for a moment, "I'm certain that she loves me... Loved... I'm certain that she also thinks about me," the son said quietly.
"Maybe she did love you. Maybe it was a strong feeling," his mother said, "But now things have changed. You have to understand that. Strong feelings don't go away quickly. But they can change into something else," she looked at her son, "Her feeling could still be strong, but it is probably not love... she feels hatred." Mother and son sat in silence. It was very quiet. Only the clock ticked on the table.
"But now it doesn't matter," he said finally, "Mom, do you think that every person has a purpose?" he asked.
"A purpose? What do you mean?" his mother asked.
"I think that everyone can do something very important. That's his purpose, his role in the game," Paul said confidently.

"Hablan de objetivos cuando se va a empezar una guerra," respondió ella, "¿Qué papel han elegido de nuevo para ti? ¿Y en qué tipo de juego, Paul? Después de todo, llevas mucho tiempo sin estar en el ejército."
"Nadie ha elegido por mí. Yo elijo mi propio objetivo. Tengo que irme, mamá," contestó.
"¿A dónde vas esta vez? ¿No fue suficiente ese viaje al Sáhara, Paul?" preguntó ella.
"No será por mucho tiempo, mamá," respondió, "Estaré de vuelta en un par de meses. Quiero cumplir mi objetivo," concluyó.

A la mañana siguiente, el Detective Rost fue a la comisaría a redactar un informe para el jefe de policía.
"Paul Rost, en el cuartel de policía se ha decidido prohibirle temporalmente trabajar como detective. Ponga el certificado y la placa sobre la mesa," dijo el jefe de policía, "Ahora vaya a ver al Detective Schmidt y haga un informe sobre los hechos de ayer," concluyó. Cuando Paul Rost estaba saliendo del despacho, el jefe añadió: "Y, Rost, espero que esta prohibición temporal se convierta en permanente. ¡No toleraré que alguien como usted se quede en mi comisaría! ¿Ha entendido?"
Rost miró al jefe largamente. No dijo nada, simplemente sonrió un poquito y salió. Fue a junto del detective Schmidt y empezó a informarlo sobre los hechos del día anterior. En ese momento Bruno entró en la comisaría. Vio a Rost y empezó a gesticular nerviosamente.
"¡Le regalé un vestido a tu mujer!" dijo, volviéndose a Rost, "¡A una mujer que no tienes!" rió de forma poco amistosa, "¿No es obvio? ¿No es eso una pista?" se molestó Bruno, "Ahora estoy bien, y en cinco minutos algo malo podría ocurrir. ¿Y eso tampoco es una pista? ¿No está claro? Paul Rost, ¿estabas ciego?" miró a los oficiales de policía que se hallaban cerca. "¿En qué estabas pensando?" se molestó Bruno.
"El segundo fugitivo estaba sentado bajo su mostrador," Schmidt le explicó a Rost la situación completa," La caja registradora de Bruno estaba casi vacía, así que decidió esperar a que entraran unos cuantos clientes y pagaran. Apuntó con un paquete de cigarrillos al estómago de Bruno como

"They speak of a purpose when they are about to start a war," she replied, "What role have they chosen for you again? And in what kind of game, Paul? After all, you haven't been in the army for a long time."
"No one has chosen for me. I choose my own purpose. I have to leave, Mom," he replied.
"Where are you going this time? Wasn't that trip to the Sahara enough, Paul?" she asked.
"It won't be for long, Mom," he replied, "I'll be back in a couple of months. I want to fulfill my purpose," he concluded.

The next morning, Detective Rost came to the police station to make a report to the chief of police.
"Paul Rost, the police headquarters decided to temporarily forbid you to work as a detective. Put the certificate and the badge on the table," the police chief said, "Now go through to Detective Schmidt and make a report on yesterday's events," he concluded. As Paul Rost was leaving the office, the chief added: "And, Rost, I hope this temporary ban becomes permanent. I will not tolerate someone like you in my police station! Got it?"
Rost gave the chief a long look. He said nothing, just smiled a little and left. He came to detective Schmidt and began to report on the events of the previous day. At this point Bruno entered the police station. He saw Rost and began to gesticulate nervously.
"I gave your wife a dress!" he said, turning to Rost, "A wife that you don't have!" he laughed in an unfriendly way, "Isn't it obvious? Isn't that a hint?" Bruno resented, "Now I'm well, and in five minutes, something bad might happen. And isn't that a hint? Is it not clear? Paul Rost, were you blind?" he looked at the police officers who were standing nearby, "What was he thinking?" Bruno resented.
"The second fugitive was sitting under his counter," Schmidt explained the whole situation to Rost, "Bruno's cash register was almost empty, so he decided to wait for a few customers to come in and pay. He aimed a pack of cigarettes at Bruno's stomach like a gun and

si fuera una pistola y le ordenó pasarle el dinero de los clientes por debajo del mostrador. Y Bruno se mojó los pantalones y empezó a darte pistas cuando entraste por lo de la alarma," terminó el Detective Schmidt.
"¿Y quién conectó la alarma?" inquirió Rost.
"Yo, ¿quién iba a ser?" gritó Bruno con indignación, "¿Qué, el vestido no le quedaba bien?"
"Yo sí que te voy a dejar bien," dijo Rost.
"Rost, cállese y escriba el informe," dijo el jefe de policía, que acababa de entrar en la sala, "¿Cree que es usted un héroe? A lo mejor en el Sáhara fue un héroe, pero aquí la ley es la ley. Abrieron un caso en su contra por ayudar a cometer un crimen," continuó el jefe, "John Schmidt, escriba un informe sobre el arresto y métalo en una celda," concluyó el jefe de policía.

told him to pass the customer's money to him under the counter. And Bruno wet his pants and began to give you hints when you came because of the alarm," Detective Schmidt finished.
"And who turned on the alarm?" Rost inquired.
"I did, who else?" Bruno cried indignantly, "What, the dress didn't fit?"
"It will fit you just fine," Rost said.
"Rost, shut up and make the report," the police chief, who had just entered the room, said, "You probably think that you're a hero? Maybe in the Sahara you were a hero, but here the law is the law. They opened a case against you for helping to commit a crime," the chief continued, "John Schmidt, draw up a report of the arrest and put him in a cell," the police chief concluded.

C

Repaso de nuevo vocabulario

1

- ¿Podrías decirme si aún estamos en abril o si ya es mayo?
- Hoy es treinta de abril. Mañana es uno de mayo.
- ¿Podrías decirme dónde está la estación?
- Vete por aquí. Tardarás unos cinco minutos a pie.
- Gracias. Por cierto, ¿puedo tomar aquí el transporte público?
- Toma el bus número siete. Tienes que bajarte en la segunda parada.
- Gracias.
- De nada.

2

- ¿Es el servicio militar obligatorio para todos en tu país?
- En nuestro país, el servicio militar es obligatorio para todos los hombres entre dieciocho y veintisiete años. ¿Y en el tuyo, también sirven los hombres en el ejército?
- No es obligatorio. Nuestro ejército está basado en contratos. Los que sirven al ejército ganan un salario.
- ¿Se les paga mucho?
- Lo suficiente.

New vocabulary review

1

- *Could you tell me, is today still April or is it already May?*
- *Today is April thirtieth. Tomorrow is May first.*
- *Could you tell me, where is the station?*
- *Walk this way. It takes about five minutes on foot.*
- *Thank you. By the way, could I get there by public transportation?*
- *Take the number seven bus. You need to get off at the second stop.*
- *Thank you.*
- *You're welcome.*

2

- *Is military service mandatory for everyone in your country?*
- *In our country, military service is mandatory for all men between the ages of eighteen and twenty-seven. And in your country, do men have to serve in the army, too?*
- *It isn't mandatory. Our army is based on contract. Those who serve in the army get a salary.*
- *Are they paid a lot?*
- *Enough.*

3

- Estoy buscando un trabajo temporal. ¿Puede decirme dónde encontrarlo?
- Inténtelo en el ejército. El mes pasado estaban buscando trabajadores temporales.
- El ejército no paga lo suficiente a los trabajadores temporales.
- Entonces debería pensar en un puesto permanente.

4

- La situación de este país es difícil, pero es temporal.
- ¿Desde cuándo estáis en esta situación difícil?
- Desde el siglo pasado, exactamente desde mil novecientos noventa y tres.
- ¡Hace más de veinte años!
- Exacto. ¡Pero todavía dicen que es algo temporal!

5

- Podemos ir a París o a Roma. ¿Cuál eliges, cariño?
- ¡Elijo Tokio y un anillo con un diamante azul!
- ¡Pero eso es demasiado caro! ¡No tengo el suficiente dinero!
- No te preocupes, querido. Es una situación temporal. Después podremos ir a París o a Roma.

6

- Mis amigas dicen que tengo el estómago grande. ¿Tú qué crees?
- Por supuesto que tu estómago no es grande, querida.
- No te enteras de la pista, amor.
- De acuerdo, lo diré así: mi amor por ti es mucho más grande que tu estómago.
- Todavía no captas mi pista.
- Espera un minuto, déjame pensar… ¿necesitas dinero para el salón de belleza?
- Te estás acercando, amor. Sigue intentándolo.
- Espera… ¿quieres que te prohíba que comas tres bistecs al día?
- No es eso exactamente, pero estás cerca. Piensa un poco más.
- ¿Podría ser una dieta?
- ¡Bien hecho! ¡Eso es! Solo comeré una pieza de fruta cada hora.
- Te compraré plátanos y kiwis, querida.
- También necesito un reloj suizo. Tengo que

3

- I'm looking for temporary work. Could you tell me where to find it?
- Try the army. They needed temporary workers last month.
- The army doesn't pay temporary workers enough.
- Then you should consider a permanent position.

4

- The situation in this country is difficult. But that is temporary.
- Since when did they have this difficult situation?
- Since the last century. More precisely since nineteen ninety-three.
- That's more than twenty years now!
- Exactly. But they still say it's temporary!

5

- We can go to Paris or Rome. What do you choose, my dear?
- I choose Tokyo and a ring with a blue diamond!
- But it's too expensive! I don't have enough money!
- Do not worry, dear. This is a temporary situation. Then we can go to Paris or Rome.

6

- My friend says that I have a big stomach. What do you think?
- Of course, your stomach is not big, dear.
- You can't get the hint, dear.
- Okay, I'll say this: my love for you is much bigger than your stomach.
- You still don't understand my simple hint.
- Then wait a minute, let me think... you need money for the beauty parlor?
- You're getting closer, darling. Think again.
- Wait... You want me to forbid you from eating three steaks each day?
- This isn't smart enough, but also close. Think some more.
- Could it be a diet?
- Well done! Right! I'll eat just one piece of fruit every hour.
- I'll buy you bananas and kiwi, dear.
- I also need a new Swiss watch. I have to eat on time.

comer a mis horas.

7
- No puedo soportar a esos camellos.
- ¿Por qué, querida?
- Están siempre masticando.
- ¿No sabes que pueden vivir dos semanas sin beber agua?
- No lo sabía, amor.
- ¡Y que pueden vivir sin comida un mes entero!
- ¿Qué quieres decir?
- ¿Qué?
- ¿Qué quieres decir? ¿Que como más que un camello?
- ¡En absoluto!
- ¡Estás diciendo que estoy gorda, así que iré y viviré con un camello!

8
- ¿Puedes explicarme como hacer un informe de incidentes correctamente?
- Es mejor que vayas a la policía. Es donde suele ir la gente con esas preguntas.

9
- Perdone, señorita. ¿Puedo hacerle una pregunta?
- Por supuesto. Me encantaría poder ayudarle, señor.
- Por favor, dígame cómo ir a la policía.
- Tome el tranvía número diez y baje después de cinco paradas.
- Gracias.
- De nada. Por cierto, me llamo Anna.

7
- *I can't stand these camels.*
- *Why, my dear?*
- *They are chewing something all the time.*
- *Do you know that they can live without water for two weeks?*
- *I didn't know that, dear.*
- *And they can live without food for a whole month!*
- *What are you hinting at?*
- *What?*
- *What are you hinting at? You mean to say that I eat more than a camel?*
- *Not at all!*
- *You are hinting that I'm fat! Then go and live with a camel!*

8
- *Can you explain to me how to draw an incident report correctly?*
- *You need to go to the police. That's where people usually go with such questions.*

9
- *Excuse me miss, can I address one question to you?*
- *Of course, I'd be happy to help you, sir.*
- *Please tell me how to get to the police.*
- *Take tram number ten and get off after five stops.*
- *Thank you.*
- *You're welcome. By the way, my name is Anna.*

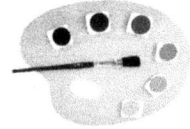

26

No mires atrás
Don't look back

A

Palabras

1. abrir - unlocked
2. además - besides
3. aguacero - downpour
4. alcanzó - struck
5. antibalas - bulletproof
6. ardía - burned
7. atacar - attack
8. aullido - wailing
9. barrote - bar
10. bosque - forest
11. central - central
12. chaleco - vest
13. colgaban - hung
14. comportarse - behave
15. cruce - crossing
16. dando - giving
17. detenido - Detainee
18. deuda - debt
19. distancia - distance
20. enseñar - teach
21. esperaba - hoped
22. esperado - expected
23. estruendo - din
24. expresión - expression
25. extendió - extended
26. fluía - flowed
27. furgón - van
28. gasolina - gasoline
29. gatear - crawl
30. goma - rubber

31. gradualmente - gradually
32. guió - led
33. iluminando - lightening
34. infernal - infernal
35. labio - lip
36. ladrando - barking
37. levantarse - stand
38. llevar - wear
39. maleante - crook
40. más fuerte - stronger
41. más lejos - farther
42. mercancías - freight
43. modales - manner
44. mutuo - mutual
45. no se movían - motionless
46. obedecer - obey
47. ocho - eight
48. permitido - allowed
49. perro - dog
50. planear - plan
51. porra - baton
52. realmente - actually
53. recordó - remembered
54. recuperó - regained
55. relámpagos / rayos - lightning
56. ridículo - ridiculous
57. sarcasmo - sarcasm
58. sarcásticamente - sarcastically
59. se deslizó - slipped
60. siática - Asian
61. silenciosamente - silently
62. sirena - siren
63. transportar - transporting
64. trueno - thunder
65. vía - track
66. viendo - seeing
67. yaciendo - lying

B

No mires atrás

Paul Rost fue arrestado y metido en una celda en la comisaría. Rost entró en la celda y no podía creer lo que veían sus ojos. Allí sentado estaba John Vega. John Vega abrió la boca, sorprendido.
"¿Detective Rost?" dijo, "Nunca habría esperado verlo aquí. ¿Cómo está?"
"¿Sr. John Vega?" dijo Rost, "¿Cómo está? ¿Cuándo tiene pensado atracar de nuevo su propio banco, Sr. Director?" preguntó Rost sarcásticamente.
"Su sarcasmo es ridículo, Paul. Después de todo, usted también está aquí. También es un criminal, Paul Rost," respondió Vega.
"Por cierto, le dispararon pero está vivo," percibió Rost.
"Ashur y Pandora tienen unos sentimientos tan apasionados hacia mí que siempre llevo un chaleco antibalas cuando voy a reunirme con ellos," sonrió el antiguo director del banco.
"Creo que ese sentimiento es mutuo, John, ¿me equivoco?" dijo Rost.
"Oh, sí, tiene razón. Por cierto, ¿sabe dónde

Don't look back

Paul Rost was arrested and put into a cell at the police station. Rost entered the cell and could not believe his eyes. Sitting there was John Vega. John Vega opened his mouth in surprise.
"Detective Rost?" he said, "I never expected to see you here. How are you?"
"Mr. John Vega?" Rost said, "How are you? When do you plan a new robbery at your own bank, Mr. Manager?" Rost asked sarcastically.
"Your sarcasm looks ridiculous, Paul. After all, you are also here. You're also a criminal, Paul Rost," Vega replied.
"By the way, you were shot, but you are alive," Rost noted.

"Ashur or Pandora have such passionate feelings for me that I always wear a bulletproof vest when I go to meet them," the former bank manager smiled.
"I think that these feelings are mutual, John, isn't it so?" Rost said.
"Oh yes, you are right. By the way, do you know

están?" inquirió Vega.
"No puede pasar un día sin que vea a sus queridos amigos," respondió Rost.
"Sí, realmente tengo ganas de verlos," sonrió John Vega poco amablemente.
"No creo que tenga la oportunidad de verlos en los próximos cinco años" dijo Rost.
"¡Cinco años es mucho mejor que una cadena perpetua en una cárcel asiática!" rió Vega, "Además, siento lo que hice, así que espero que no me condenen a más de tres años," Vega estaba casi feliz. Rost se dio cuenta de que Vega había pasado de ser un director de banco respetable a una persona completamente diferente. Su apariencia y modales eran como los de un maleante. Realmente lo era, por supuesto. Rost miró hacia los barrotes de la ventana y recordó su primera reunión con él en el banco. También entonces había conocido a Lisa por primera vez. En ese momento el guarda abrió la puerta y miró dentro de la celda.
"John Vega y Paul Rost, se os va a trasladar a la prisión central. ¡Salid de la celda!" ordenó. El guarda guió a Vega y a Rost hacia la salida de la comisaría. Se les metió en un furgón para transportar prisioneros. Dentro ya había uno, era Arthur Stravinsky. Vio a Rost, pero su expresión no cambió. Parecía que ni siquiera estaba sorprendido.
"Gracias por darme una oportunidad," miró a Rost, "Estoy en deuda con usted."
"¡Cierra la boca, Stravinsky!" le gritó el guarda.
El furgón con los tres prisioneros se puso en marcha. Nubes negras colgaban sobre el pueblo. En el horizonte aparecieron resplandores de relámpagos. Dejaron la ciudad y fueron hacia la prisión central, que estaba a unos treinta kilómetros de allí. Los relámpagos se acercaban cada vez más. Empezó a llover y a tronar. La lluvia se convirtió gradualmente en un fuerte aguacero. El agua golpeaba fuertemente las ventanillas y el capó. Los relámpagos seguían acercándose.
"Será mejor parar y esperar a que pase la tormenta" sugirió el guarda al conductor.
"¡No hay tiempo!" respondió, "¡Tengo que ir a dos sitios antes de las cinco!"

where they are?" Vega inquired.
"You can't spend a day without seeing your old friends," Rost replied.
"Yes, I really want to see them," John Vega smiled unkindly.
"I don't think that you'll have a chance to see them in the next five years," Rost said.
"Five years is much better than a life sentence in an Asian prison!" Vega laughed, "Besides, I'm sorry for what I did! So I hope that I will get no more than three years," Vega was almost happy. Rost noticed that Vega changed from a respectable bank manager into a completely different person. His appearance and manners were like those of a crook. Actually, he was a crook, of course. Rost looked at the bars on the window and remembered his first meeting with him at the bank. He met Lisa for the first time then too. At this point the guard opened the door and looked into the cell.
"John Vega and Paul Rost, you are being moved to the central prison. Get out of the cell!" he ordered. The guard led Vega and Rost toward the exit of the police station. They were put into a van for transporting prisoners. One prisoner was already inside. It was Arthur Stravinsky. He saw Rost, but his expression didn't change. It seemed that he wasn't even surprised.
"Thank you for giving me a chance," he looked at Rost, "I won't stay in your debt."
"Shut your mouth, Stravinsky!" the guard shouted at him.
The van with the three prisoners drove down the street. Black clouds hung above the town. Flashes of lightning appeared on the horizon. They left the city and drove toward the central prison, which was located about thirty kilometers from the city. The lightning flashes were getting closer and closer. It started to rain and thunder. The rain gradually turned into a heavy downpour. The water beat loudly on the windows and on the roof. The lightning struck closer and closer.

"We'd better stop and wait out the bad weather!" the guard suggested to the driver.
"There's no time!" he replied, "I have to make it to two places before five o'clock!"

Pasaban por delante del aeródromo cuando un rayo alcanzó un gran árbol junto a la carretera. Justo en aquel momento el furgón pasaba al lado del árbol, así que el rayo también los alcanzó a ellos. El estruendo infernal y el choque eléctrico aturdieron a todos los ocupantes del furgón. Éste se incendió, se salió de la carretera y volcó. Arthur Stravinsky fue el primero en recuperar la consciencia y miró a su alrededor. El fuego era cada vez más fuerte. Las demás personas yacían sin sentido. Extendió la mano a través de los barrotes y sacó la llave del bolsillo del guarda. A continuación abrió las esposas y los barrotes y trepó fuera. Cogió la pistola de uno de los guardas y se la metió en el bolsillo. La lluvia y los relámpagos continuaban. No se veían coches alrededor. Stravinsky se alejó corriendo del furgón, pero después se detuvo y miró atrás. La gasolina fluía fuera del furgón y el fuego era cada vez más fuerte. Rápidamente regresó al vehículo y empezó a sacar a Rost. Vega y otro guarda recuperaron la consciencia y comenzaron a salir del coche. Vega salió y se deslizó inmediatamente en el interior del bosque que bordeaba la carretera.

"Sácalo del furgón," ordenó el guarda a Stravinsky, señalando a otro guarda que todavía permanecía en el furgón incendiado. Stravinsky tiró del guarda y lo depositó en el suelo. El guarda no se movía. Después Stravinsky sacó Rost y también lo puso en el suelo. El guarda cogió la radio para pedir ayuda, pero Stravinsky lo apuntó con la pistola.

"¡Ponga la radio en el suelo!" gritó. Rost abrió los ojos y miró a Stravinsky.

"Stravinsky, no dispare," dijo en voz baja. Estaba herido y no podía levantarse.

"No va a disparar," dijo el guarda en voz baja, "Es un buen chico. ¿Verdad, Stravinsky?" el guarda se acercó a Stravinsky, le sacó la pistola de la mano y golpeó a Stravinsky en la cara con ella. El prisionero cayó al suelo. El guarda acercó la radio lentamente a su cara y pidió ayuda, mirando a Stravinsky. A continuación sacó una porra de goma y empezó a golpearlo.

"¡No vuelvas a hacer eso!" gritó, y continuó golpeándolo, "¡No vuelvas a hacerlo! ¡Cuando

They were driving past the airfield when lightning struck a large tree near the road. The van just then passed by the tree and the lightning hit the van also. The infernal din and electric shock stunned everyone in the van. The van caught fire, slipped off the road and overturned. Arthur Stravinsky regained consciousness first and looked around. The fire in the van burned stronger and stronger. The other people lay motionless. He extended his hand through the bars and took the key from the guard's pocket. Then he unlocked the handcuffs and the bars and climbed out. He took a gun from one of the guards and put it in his pocket. The rain and lightning continued. There were no other cars around. Stravinsky ran away from the van, but then stopped and looked back. Gasoline flowed out of the van, and the fire in the van burned even stronger. He quickly returned to the car and began to pull Rost out. Vega and another guard regained consciousness and began to get out of the car. Vega got out and immediately fled into the forest near the road.

"Pull him out of the van," the guard ordered to Stravinsky and pointed to another guard who was still lying in the burning van. Stravinsky pulled the guard out and put him on the ground. The guard did not move. Then Stravinsky pulled Rost out and put him on the ground. The guard picked up the radio to call for help, but Stravinsky pointed the gun at him.

"Put the radio on the ground!" he shouted. Rost opened his eyes and looked at Stravinsky.

"Stravinsky, don't shoot," he said quietly. He was injured and could not get up.

"He won't shoot," the guard said quietly, "He's a good boy. Right, Stravinsky?" the guard came up to Stravinsky, took the gun from his hand and hit Stravinsky in the face with the gun. The prisoner fell to the ground. The guard slowly raised the radio to his face and called for help, looking at Stravinsky. Then he pulled out a rubber baton and began to beat Stravinsky.

"Don't ever do that!" he shouted, and continued to beat him, "Don't ever do that! When you go back to prison, I'll teach you how to behave!"

"Stop! You'll kill him!" Rost cried. The guard

vuelvas a prisión te enseñaré a comportarte!"
"¡Pare! ¡Lo va a matar!" gritó Rost. El guarda se detuvo y miró hacia él. Después se dobló y se limpió la cara con la mano.
"Rost, ¿quién eres tú para dar órdenes?" preguntó, "¡Estás arrestado y debes obedecer! ¡Detenido Rost, levántate!" orden. Rost miró al guarda en silencio. No podía levantarse porque estaba herido. El guarda sonrió y empezó a golpear a Rost con la porra. Rost se cubrió la cabeza con las manos y empezó a gatear debajo del coche volcado para protegerse de los ataques. En aquel momento se oyó un tiro. El guarda se detuvo y miró a Stravinsky, quien empuñaba la pistola que le había sacado al otro guarda.
"¡Apártese de él!" le gritó al guarda.
"Stravinsky, ahora nunca verá su nueva prisión," dijo el guarda, sacando rápidamente una pistola, pero Stravinsky le disparó y el guarda cayó. Stravinsky levantó a Rost: "Paul, tengo que irme. Lo siento," dijo.
"Ayúdeme, tengo que terminar una cosa. Coja la radio y vámonos," dijo. En la distancia se oían sirenas de policía. Paul Rost no podía caminar rápido con una pierna herida, así que Stravinsky lo llevó hacia el bosque. Cuando ya habían recorrido una corta distancia alejándose de la carretera y se dieron la vuelta para elegir una dirección, escucharon un tiro y Stravinsky cayó. El guarda, que había disparado desde detrás de un árbol, lo hirió en el hombro. Rost le ayudó a levantarse y siguieron. Stravinsky y Rost caminaron un poco más lejos y vieron unas vías de tren. Había un tren sobre la vía. Subieron a uno de los vagones esperando que el tren partiría pronto, pero pasaba el tiempo y el tren no se movía. En la distancia oyeron el aullido de las sirenas y los ladridos de perros de búsqueda. Al fin el tren empezó a moverse.
Alrededor de cinco kilómetros más allá del lugar en que Stravinsky y Rost habían subido al tren había un cruce de vías, donde se hallaban varios coches detenidos. La barrera estaba cerrada y los coches estaban esperando a que pasara el tren, que se detuvo allí. En uno de los coches iba una familia – una madre, un padre y un niño pequeño, de siete u ocho años. La madre y el padre estaban

stopped and looked at Rost. Then he went over and wiped his face with his hand.
"Rost, who are you to give orders?" he asked, "You're under arrest and must obey my orders! Detainee Rost, stand up!" he ordered. Rost silently looked at the guard. He couldn't get up because he was injured. The guard smiled and began to beat Rost with the baton. Rost covered his head with his hands and started to crawl under the overturned car to protect himself from the attacks. At that moment a shot rang out. The guard stopped and looked at Stravinsky. Stravinsky was holding a gun that he had taken from the other guard.
"Get away from him!" he shouted at the guard.
"Stravinsky, now you'll never see your prison," the guard said and quickly pulled out a gun, but Stravinsky shot him and the guard fell. Stravinsky picked up Rost: "Paul, I have to go. I'm sorry," he said.
"Help me. I have to finish one business. Take the radio and let's go," he said. Police sirens were heard in the distance. Paul Rost couldn't walk fast with a wounded leg, so Stravinsky led Rost into the forest. When they walked a short distance away from the road and looked around to choose the direction, a shot was heard and Stravinsky fell. The guard, who shot from behind a tree, wounded him in the shoulder. Rost helped him get up and they went on. Stravinsky and Rost walked a little farther and saw railway tracks. A train was on the tracks. They climbed onto one of the cars. They hoped that the train would go soon. But time passed and the train did not move. Far away they heard the wailing of sirens and the barking of search dogs. At last the train began to move forward.
About five kilometers away from the place where Stravinsky and Rost had climbed on the train there was a railway crossing. Several cars were at the crossing. The crossing was closed and the cars waited for the train to pass. The train stopped at the crossing. In one of the cars there was a family—a mother, a father and a small son. The son was seven or eight. The mother and father were talking about something and the boy looked at the train.

hablando y el niño miraba al tren.
"¿Va gente en este tren?" preguntó el niño.
"No, hijo, la gente va en los trenes de pasajeros, este es un tren de mercancías y no se permite que viajen en él personas," respondió el padre. El niño volvió a mirar hacia el tren. Había dos personas sentadas entre los vagones y lo miraron. El niño levantó la mano y los saludó. Los que iban en el tren continuaban mirándolo. Después uno de los hombres se llevó el dedo a los labios. El niño comprendió que era gente mala porque habían hecho algo que no les estaba permitido hacer. El tren empezó a moverse y el niño saludó a la gente mala.

"Do people ride this train?" the son asked.
"No, son, people have to ride the passenger train. This is a freight train. People are not allowed to ride a freight train," the father replied. The boy looked at the train again. Two people sat between the cars and looked at him. The boy raised his hand and waved to them a little. The people on the train kept looking at him. Then one of the men pressed a finger to his lips. The boy understood that these were bad people because they did something they weren't allowed to do. The train began to move and the boy waved to the bad people.

C

Repaso de nuevo vocabulario

1

- ¿Podría decirme si es mayo o si ya estamos en junio?
- Hoy es treinta y uno de mayo, mañana es uno de junio.
- ¿Podría decirme dónde está el hospital más cercano?
- Camine por ahí. Ande unos diez minutos y habrá llegado.
- Gracias. Por cierto, ¿se puede llegar en transporte público?
- Tome el tranvía número quince. Debe bajar en la cuarta parada.
- Gracias.
- De nada.

2

- Ese señor de apariencia asiática fue arrestado por robo.
- ¿Qué robó?
- Robó gasolina de coches aparcados. La gente de las casas cercanas lo vieron y llamaron a la policía.

3

- ¿Quiere un poco de café caliente?
- Me encantaría.
- Lo siento, no hay café. ¿Quiere un poco de té caliente?
- Sí, por favor.
- Lo siento, no queda té. ¿Quiere unos sándwiches

New vocabulary review

1

- Could you tell me, is today still May or is it June already?
- Today is May thirty-first. Tomorrow is June first.
- Could you tell me, where is the closest hospital?
- Walk that way. Walk for about ten minutes and you'll be there.
- Thank you. By the way, could I get there by public transportation?
- Take tram number fifteen. You need to get off at the fourth stop.
- Thank you.
- You're welcome.

2

- That man with an Asian appearance was arrested for theft.
- What did he steal?
- He stole gasoline from railway cars. People from nearby houses saw it and called the police.

3

- Do you want some hot coffee?
- With pleasure.
- Sorry, there is no more coffee. Do you want some hot tea?
- Yes, please.
- Sorry, there is also no more tea. Do you want

calientes?
- Sí.
- Desafortunadamente no hay pan. ¿Quiere escuchar la radio?
- No, gracias.

4
- Por favor, enseña buenos modales a nuestro hijo.
- ¿Tiene malos modales?
- Sí. Fuma.
- ¿A menudo?
- Cuando bebe.
- ¿Y bebe a menudo?
- Cada vez que pierde mucho dinero en el casino.

5
- ¿Has oído lo del incidente en el cruce de vías?
- No. ¿Qué ha ocurrido?
- Un vagón de carga se estropeó y se detuvo justo en el cruce. En ese momento pasaba un tren de pasajeros y chocó contra el vagón. Uno de los vagones de pasajeros volcó. Hubo gente herida.
- ¿Y el conductor de los vagones está vivo?
- Saltó del vagón justo a tiempo y escapó. La policía lo está buscando.

6
- Hola. ¿Cómo estás?
- No me va mal, gracias. ¿Y tú?
- Tampoco me va mal, gracias. ¿Has escuchado lo que le ha ocurrido al presidente?
- ¿Qué le ha ocurrido?
- Lo arrestaron en un país vecino y lo trajeron de vuelta. Ahora está en prisión y se arrepiente de lo que ha hecho.
- ¿De qué se arrepiente?
- Se arrepiente de haber ordenado a los guardas de la prisión que golpeen a los prisioneros con porras de goma.

7
- ¿Por qué estás tan triste?
- Me arrepiento de muchas cosas que he hecho.
- ¡Eso es ridículo! Todo el mundo se arrepiente de algo antes o después. ¿Pero por qué estar tan triste?
- No es ridículo. La vida pasa rápido, como arena entre los dedos. Y yo todavía estoy en el punto en que inicié mi viaje hace tiempo.
- Eso quiere decir que todavía te faltan muchas cosas por vivir. ¡Alégrate de eso!

some hot sandwiches?
- Yes.
- Unfortunately, there is no bread. Do you want to listen to the radio?
- No, thank you.

4
- Please teach our son some good manners.
- Does he have bad manners?
- Yes. He smokes.
- Often?
- When he drinks.
- And does he drink often?
- When he loses a lot of money at the casino.

5
- Have you heard about the incident at the railway crossing?
- No. What happened there?
- A cargo van broke down and stopped right at the crossing. At that time a passenger train was passing. It hit the van. One passenger car overturned. People were injured.
- And is the van's driver still alive?
- He jumped out of the van just in time and ran away. The police are looking for him.

6
- Hello. How are you?
- Not bad, thank you. And how about you?
- Not bad either, thank you. Have you heard what happened to the president?
- What happened to him?
- He was arrested in a neighboring country and they brought him back. Now he is in prison and regrets it.
- What does he regret?
- He regrets that he ordered the prison guards to beat prisoners with rubber batons.

7
- Why are you so sad?
- I regret many things that I have done.
- That's ridiculous! Everyone begins to regret something sooner or later. But why be so sad?
- It's not ridiculous. Life goes by fast, like sand through one's fingers. And I'm still at the point where I began my journey long ago.
- It means that everything is still ahead of you. Be happy that it is so!

27

Blanco y negro (parte 1)
Black and white (part 1)

A

Palabras

1. accidente - accident
2. acera - sidewalk
3. ajustó - adjusted
4. analgésico - painkiller
5. apenas - barely
6. atracador - robber
7. atrás - behind
8. auténtico - sheer
9. callejón - alley
10. cámara - camera
11. caminando - walking
12. celo - tape
13. cerebro - brain
14. cinco minutos - five-minute
15. comida - lunch
16. comiendo - eating
17. compañía - company
18. completamente - fully
19. contando - counting
20. contar - count
21. costar - cost
22. de una patada - kicked
23. dirigir - manage
24. disculpe - excuse
25. disfrutar - enjoyed
26. dolor de cabeza - headache

27. dormido - asleep
28. dos veces - twice
29. dosis - dose
30. elección - choice
31. espejo - mirror
32. estiró - straightened
33. examinó - examined
34. facial - facial
35. farmacia - pharmacy
36. gotas - drops
37. herida - wound
38. juego - play
39. mancha - spot
40. manta - blanket
41. marrón - brown
42. merecer - worth
43. micrófono - microphone
44. monitor - monitor
45. navaja - knife
46. obedecieron - obeyed
47. ocultó - hid
48. orgasmo - orgasm
49. orinar - urinate
50. orinó - urinated
51. pasos - steps
52. pavimento - pavement
53. permitir - allow
54. pierna - leg
55. plástico - plastic
56. por ciento - percent
57. porcentaje - percentage
58. practicando - practicing
59. razón - reason
60. recuperó - recovered
61. resistencia - resistance
62. reunido - gathered
63. robando - robbing
64. rodilla - knee
65. romper - break
66. se dobló - bent
67. silla de ruedas - wheelchair
68. simplemente - simply
69. sobornar - bribe
70. superficial - slight
71. treinta y cinco - thirty-five
72. vendí - sold
73. viandante - passersby

B

Blanco y negro (parte 1)

En un pequeño callejón, un grupo de adolescentes entablaron una pelea con un viandante que no quería darles su bolsa de comida. Los adolescentes lo rodearon riendo y gritando. Uno de ellos sacó una navaja. El viandante les entregó su bolsa inmediatamente y los adolescentes borrachos empezaron a comer la comida de la bolsa, sin darse cuenta de que por detrás se les había acercado un policía. El viandante huyó. El policía sacó la pistola.
"Que aproveche," dijo el policía, "Ahora pagad la comida," añadió, apuntando con su pistola a los adolescentes. Los adolescentes miraron al policía atemorizados.
"Tenéis diez segundos para pagar la comida," dijo al adolescente de la navaja.
"No tengo dinero," dijo el adolescente, y ocultó la

Black and white (part 1)

In a small alley, a group of teenagers got into a drunken fight with a passerby. The passerby didn't want to give them his bag of food. The teenagers surrounded the passerby. They were laughing and shouting. One of the teenagers took out a knife. The passerby immediately gave them the bag. The drunk teenagers began eating the food from the bag. They didn't notice that a policeman came up behind them. The passerby fled. The policeman took out his gun.
"Bon Appetite," the policeman said, "Now pay for the lunch," he added, and pointed the gun at the teenagers. The teenagers looked fearfully at the policeman.
"You have ten seconds to pay for the lunch," he told the teenager with the knife.
"I have no money," the teenager replied and hid

navaja.

"Tampoco tienes cerebro, aunque tengas una navaja," dijo el policía, sonriendo, "Ponte de rodillas," añadió. Al policía le gustaba la situación. Sabía cómo romper la resistencia de las personas con su voz y expresiones faciales. "¡Contaré hasta tres y te dispararé entre los ojos! ¡Tres!" el adolescente cayó de rodillas, "Orina sobre él," Dijo quedamente el policía a otro de los adolescentes. El adolescente orinó sobre el que estaba de rodillas. El policía miró atentamente las caras de los demás, de la forma en que un amo mira a sus perros de pelea. Había roto su resistencia y le obedecían completamente. Disfrutaba con sus emociones, su miedo. Estaba seguro de que estaban preparados para obedecerlo completamente y cumplir cualquiera de sus órdenes. "Perdeos," dijo en voz tan baja que apenas se le oía, y guardó la pistola. Los adolescentes desaparecieron rápidamente. Todos excepto uno, que fue hacia el policía y le entregó algún dinero.

"¿Cuánto?" preguntó el policía.

"Vendí doce dosis," contestó el adolescente.

"¿Por qué tan poco, Kent?" protestó el policía, contando el dinero, "Aprende a trabajar más rápido. Adiós," dijo al adolescente, quien se fue rápidamente. El policía salió del callejón y montó en el coche. Condujo a lo largo de una manzana y se detuvo en el cruce.

En el otro lado, Stravinsky llevaba una silla de ruedas por la acera. Rost iba sentado en la silla. Se detuvieron en un semáforo y esperaron a que se pusiera en verde. Stravinsky miró hacia un lado y vio un coche de policía detenido en el cruce. El policía también lo miró. Stravinsky se dobló sobre Rost y le ajustó la manta sobre las piernas. La luz se volvió verde y el coche de policía avanzó despacio por el cruce y se fue. Stravinsky empujó la silla de ruedas por el cruce y después por la acera. Los viandantes no le prestaban atención, pero si alguno hubiera mirado al pavimento habría visto las manchas de sangre que iban dejando atrás. Un conductor fue más atento. Salió del coche y se dirigió a la acera. Tocó las gotas de sangre con su zapato marrón y miró hacia aquellas dos personas. Después se metió en

the knife.

"You also don't have any brains, even though you have a knife," the policeman said and smiled, "Get down on your knees," he said to the teenager. The policeman liked this situation. He knew how to break people's resistance with his voice and facial expressions. "I'll count to three and shoot you between the eyes! Three!" the teenager fell to his knees, "Urinate on him," the police officer told another teenager quietly. The teenager urinated on the one who was on his knees. The policeman looked attentively at the teenagers' faces, the way a master looks at his fighting dogs. He broke their resistance, and they obeyed him completely. He enjoyed their emotions, their fear. He was sure that they were now ready to fully obey him and follow any of his orders. "Get lost," he said so quietly one could barely hear, and hid the gun. The teenagers quickly disappeared. All except one. That teenager went up to the policeman, and handed him some money.

"How much?" the policeman asked.

"I sold twelve doses," the teenager replied.

"Why so little, Kent?" the policeman protested, counting the money, "Learn to work faster. Bye," he told the teenager and the teenager quickly left. The policeman walked out of the alley and got into his car. He drove one block and stopped at the intersection.

On the other side, Stravinsky was rolling a wheelchair down the sidewalk. Rost sat in the chair. They stopped at a traffic light and waited for the green light. Stravinsky looked to one side and saw the police car stopped at the intersection. The policeman looked at them. Stravinsky bent down to Rost and adjusted the blanket over his legs. The light turned green, and the police car moved slowly through the intersection and drove away. Stravinsky rolled the wheelchair through the intersection and further down the sidewalk. The passersby didn't pay any attention to them. But if one of the passersby had looked closely at the pavement, he would have seen the blood spots that they had left behind. One driver was more attentive. He got out of the car and walked to the sidewalk. He

el coche y se fue. Cayó la noche. En una farmacia, el vendedor estaba tumbado en el suelo, pero no estaba dormido, sino que miraba a un hombre que estaba sentado en una silla. Las manos del vendedor estaban atadas a su espalda con celo. Stravinsky se sentó en una silla y examinó la herida de su hombro en un espejo. Era superficial. Rost le puso una venda.
"Necesito encontrar dinero," dijo Stravinsky, "Mi hijo necesita ser sometido a una operación cara. ¿Qué tal va su negocio? ¿Qué tipo de negocio merece el castigo de una fuga, Paul? Quiero ayudarle con su negocio, si puedo," ofreció Stravinsky a Rost.
"Mi amiga está en la cárcel y quiero liberarla," respondió Paul.
"¿Es una mujer?" preguntó Stravinsky.
"Sí. Está en la prisión Mezzeh. Está muy lejos, en Siria," dijo Rost.
"Quiero ayudarle, Paul. Pero... ¿Cómo lo va a hacer?" Stravinsky no podía comprenderlo.
"Con dinero. Podría sobornar a los guardas..." contestó Rost.
"¿Tiene dinero?" preguntó Stravinsky.
"No, pero creo que podría coger algunos millones de un banco," explicó Rost.
"¿Está planeando atracar un banco?" se informó Stravinsky.
"Conozco a una persona a quien le encantaría hacerlo," dijo Rost, "Mire," añadió.
Stravinsky se levantó y caminó hasta Rost. Miró los monitores de la cámara que mostraban las dos entradas a la farmacia. En una de ellas se veía un hombre. Se puso la chaqueta sobre la cabeza y levantó la mano. Luego se bajo la chaqueta y la volvió a colocar sobre la cabeza y levantó la mano de nuevo.
"¿Qué está haciendo?" preguntó Stravinsky, "Lo he visto en alguna parte. ¿Quién es?"
"Es John Vega. Está practicando. Quiere robar esta farmacia," explicó Paul, "Aquí hay un micrófono," dijo, y apretó el botón del micrófono. El hombre se volvió a poner la chaqueta sobre la cabeza y levantó la mano: "¡Esto es un atraco! ¡Ponga el dinero en la bolsa!" gritó.
"Está entrando. Quédese detrás del mostrador," dijo Rost a Stravinsky.

touched the blood drops with his brown shoe and looked after these two people. Then he got into his car and drove on.
Night fell. In one pharmacy, the sales clerk lay on the floor. But he wasn't asleep; he was looking at a man who was sitting in a chair. The sales clerk's hands were tied behind his back with scotch tape. Stravinsky sat on a chair and examined the wound on his shoulder in a mirror. The wound was slight. Rost put a bandage over it.
"I need to find some money," Stravinsky said, "My son needs an expensive operation. What about your business? What kind of business is worth the punishment for an escape, Paul? I want to help you with your business, if I can," Stravinsky offered to Rost.
"My friend is in jail. I want to free her," Paul replied.
"Is it a woman?" Stravinsky inquired.
"Yes. She is in the Mezzeh prison. It's very far away, in Syria," Rost said.
"I want to help you, Paul. But... How are you going to do this?" Stravinsky could not understand.
"With the help of some money. I could bribe the guards..." Rost replied.
"Do you have money?" Stravinsky asked.
"No. But I think I could get a few million from one bank," Rost explained.
"Are you planning to rob a bank?" Stravinsky inquired.
"I know one person who would be happy to do it," Rost said, "Look over here," he added.
Stravinsky got up and walked up to Rost. He looked at the camera monitors that showed both entrances to the pharmacy. A man was visible on one of the cameras. He pulled his jacket over his head and raised his hand. Then he dropped his jacket down and pulled it back over his head and raised his hand again.
"What is he doing?" Stravinsky asked, "I've even seen him somewhere. Who is it?"
"This is John Vega. He is practicing. He wants to rob this pharmacy," Paul explained, "There is a microphone here," he said and pressed the microphone button. The man pulled his jacket over his head again and raised his hand: "This is

La puerta de la farmacia se abrió y entró un hombre. Vio que no había clientes en la farmacia. A continuación se puso la chaqueta sobre la cabeza y levantó la mano, en la que llevaba una pistola.

"¡Esto es un atraco! ¡Ponga el dinero en la bolsa!" gritó. Caminó hacia el mostrador y tiró una bolsa de plástico. Stravinsky levantó la cabeza y miró al atracador. El atracador reconoció a Stravinsky y dio unos pasos hacia atrás, sorprendido.

"Discúlpeme, Sr. Director," oyó el atracador, y giró la cabeza. Paul Rost estaba de pie apuntándole a la cabeza con su pistola, "¿Podría decirme qué emociones siente una persona cuando roba el banco que él mismo dirige?" preguntó Rost, y bajó su mano de la cabeza del atracador. John Vega miró a Rost con sorpresa. Rost añadió: "Estoy seguro que el orgasmo de cinco minutos es una de las razones de atracar un banco que dirige, ¿No es así, John?

"¿Rost? ¿Por qué siempre me está siguiendo? ¿Qué quiere de mí?" Vega se sentó en el suelo, "Por favor, véndeme la mano. Y aquí me duele mucho," añadió, señalando su estómago. Entonces Rost se dio cuenta de que Vega también estaba herido. Vega estaba tumbado en el suelo y percibieron que había sido gravemente herido durante el accidente. Stravinsky le vendó la mano y le dio analgésicos. Rost se sentó a su lado en el suelo.

"¿Cómo está su hijo?" preguntó Rost a Stravinsky.

"Le hicieron una pequeña operación, pero no dio resultado," contestó Stravinsky, "Una operación grande cuesta cientos de miles," se estiró la ropa, "Los médicos le dieron tres meses, así que tengo tres meses para encontrar el dinero," dijo Stravinsky, y se calló. Vega se recuperó lentamente. Abrió los ojos y miró a su alrededor:

"¿Rost? ¿Por qué me está siguiendo?" dijo Vega, "¿Qué quiere de mí?"

"Necesitamos que vuelva a robar su banco. Ya lo ha robado dos veces, así que la tercera será un juego de niños para usted. Se llevará el treinta por ciento," sugirió Rost.

"¡Me llevaré el cincuenta por ciento! ¡Porque es mi banco!" protestó Vega.

a robbery! Put the money in the bag!" he shouted. "He's coming in. Stand behind the counter," Rost said to Stravinsky.

The pharmacy door opened and a man came in. He saw that there were no customers in the pharmacy. Then he pulled his jacket over his head and raised a hand with a gun.

"This is a robbery! Put the money in the bag!" he shouted, walked up to the counter and threw down a plastic bag. Stravinsky raised his head and looked at the robber. The robber recognized Stravinsky and took a few steps back in surprise.

"Excuse me, Mr. Manager," the robber heard and turned his head. Paul Rost stood pointing a gun at his head, "Could you tell me, what emotions does a person feel when he robs a bank that he himself manages?" Rost asked and lowered his hand from the robber's head. John Vega looked at Rost in surprise. Rost added: "I'm sure that the five-minute orgasm is one of the reasons for robbing a bank that you manage. Isn't it so, John?"

"Rost? Why are you always following me? What do you want from me?" Vega sat down on the floor, "Please bandage my hand, and it hurts very badly here," he added, pointing to his stomach. Only then Rost noticed that Vega was also wounded. Vega lay down on the floor, and they realized that he had been badly injured during the accident. Stravinsky bandaged Vega's hand and gave him painkillers. Rost sat down next to him on the floor.

"How is your son?" Rost asked Stravinsky.

"He had a small operation, but it didn't help," Stravinsky replied, "A big operation costs hundreds of thousands," he straightened his clothes, "The doctors gave him three months. I have three months to find the money," Stravinsky said and fell silent. Vega recovered slowly. He opened his eyes and looked around:

"Rost? Why are you following me?" Vega said, "What do you want from me?"

"We need you to rob your bank again. You robbed it twice already. The third time will be simply child's play for you. You'll get thirty percent," Rost suggested.

"I'll get fifty percent! Because it's my bank!" Vega

"Era su banco," Rost miró a Stravinsky buscando su apoyo, "De acuerdo, treinta y cinco por ciento. ¡Acepte o lo entregaré a la policía por atraco a mano armada a una farmacia!" pidió.
"¡Ese porcentaje es un auténtico robo! ¡Y no le permitiré robar un banco que yo dirijo!" Vega los miró, "¡No me dejan opción!" puso la cabeza sobre el suelo, "Acepto."
En aquel momento se abrió la puerta y entró el policía que había visto a Rost y a Stravinsky aquella mañana en el cruce. Stravinsky se quedó junto al mostrador. Vega y Rost se ocultaron silenciosamente en la sala de servicio. El policía avanzó hacia el mostrador mirando atentamente a su alrededor.
"Buenas noches. ¿Desea algo?" preguntó Stravinsky.
El policía no contestó. Examinaba todo atentamente. Luego se llevó un dedo a los labios, sacó una pistola y apuntó a Stravinsky.
"Déme pastillas para el dolor de cabeza," respondió el policía, caminando en silencio hacia la puerta de la sala de servicio. Abrió la puerta de una patada y Rost, que estaba al lado de la puerta, cayó al suelo y dejó caer su pistola.
"¡De rodillas!" gritó el policía. Rost y Vega se pusieron de rodillas. El policía apuntó a Stravinsky, "¡Quédate ahí! ¡De rodillas!"
También se puso de rodillas. El policía recogió la pistola de Rost.
"La compañía al completo se ha reunido," el policía miró a cada uno de ellos a los ojos, "¡Tú!" señaló a Vega, "Átales las manos," ordenó.
Vega hizo lo que el policía le había mandado. A continuación el policía también le ató las manos a él.

"It was yours," Rost looked at Stravinsky for support, "Okay, thirty-five percent. Agree to it or I'll turn you in to the police for an armed robbery of a pharmacy!" he demanded.
"This percentage is sheer robbery! And I won't allow you to rob a bank that I manage!" Vega looked at them, "You leave me no choice!" he laid his head on the floor, "I agree."
At that moment the door of the pharmacy opened and the policeman who saw Rost and Stravinsky that morning at the intersection came in. Stravinsky stood at the counter. Vega and Rost quietly hid in the service room. The policeman slowly walked toward the counter. He looked around attentively.
"Good evening. Would you like something?" Stravinsky asked.
The policeman did not answer. He examined everything attentively. Then he pressed a finger to his lips, took out a gun and pointed it at Stravinsky.
"Give me some headache pills," the policeman replied, quietly walking to the door of the service room. He kicked open the door and Rost, who was standing near the door, fell to the ground and dropped his gun.
"On your knees!" the policeman shouted. Rost and Vega got on their knees. The policeman pointed the gun at Stravinsky, "Stand over there! On your knees!" He also got on his knees. The policeman picked up Rost's gun.
"The whole company is gathered together," the policeman looked each of them in the eye, "You!" he pointed to Vega, "Tie both of their hands," he demanded.
Vega did what the policeman had demanded. Then the policeman tied Vega's hands.

C

Repaso de nuevo vocabulario
1
- ¿Podría decirme si ya es julio o todavía estamos en junio?
- Hoy es treinta de junio. Mañana es uno de julio.

New vocabulary review
1
- Could you tell me, is today still June or is it July already?
- Today is June thirtieth. Tomorrow is July first.

- ¿Podría decirme dónde está la parada de autobús más próxima?
- Vaya por ahí. Camine unos dos minutos y habrá llegado.
- Gracias.
- De nada.

2

- La semana pasada hubo un accidente al lado de la farmacia. Un coche chocó contra la furgoneta de la farmacia justo al lado de la puerta.
- ¿Hubo algún herido?
- No hubo heridos, pero desaparecieron algunos paquetes de la furgoneta. Dicen que había droga en los paquetes.

3

- Ayer dos atracadores atracaron un banco de la calle principal.
- ¿Los arrestaron?
- Grabaron el atraco con una videocámara. La policía reconoció a uno de los atracadores como empleado del banco.
- ¿No llevaban careta?
- Llevaban careta, pero aquel quiso orinar sobre el director del banco, y cuando lo hizo se le cayó la careta de la cabeza. .
- ¿Lo arrestaron?
- Todavía no. Dicen que él y el otro atracador desaparecieron.
- ¿Se llevaron mucho dinero?
- Los guardas llegaron rápido y empezaron a disparar, así que no se llevaron nada, pero ambos fueron heridos.

4

- Ese hombre tiene una expresión de miedo.
- Por supuesto. Su mujer ha dado a luz a trillizos.
- En ese caso debería estar contento.
- En esa situación cualquier hombre tendría miedo en principio. Después ya estará contento.

5

- Dicen que si tocas un espejo a medianoche puedes ver a un vampiro en él.
- ¡No es cierto! Yo lo toqué y solo vi una especie de mono extraño.
- Tienes que tocarlo y mirar al espejo desde atrás. ¿Desde qué lado lo miraste, por detrás o por el frente?
- Miré desde el frente. Me pregunto qué querrá

- Could you tell me, where is the closest bus stop?
- Walk that way. Walk for about two minutes and you'll be there.
- Thank you.
- You're welcome.

2

- Last week, there was an accident near the pharmacy. A car crashed into a pharmacy van right next to the pharmacy entrance.
- Was anyone injured?
- There were no injured, but some packages disappeared from the pharmacy van. They say that there were drugs in the packages.

3

- Yesterday, two robbers robbed a bank on the main street.
- Were they arrested?
- The robbery was recorded by a video camera. The police recognized one of the bank robbers as a bank employee.
- They weren't wearing masks?
- They wore masks. But that one wanted to urinate on the bank manager. And when he did that, the mask fell off his head.
- Was he arrested?
- Not yet. They say that he and the other robber disappeared.
- Did they take a lot of money?
- The guards arrived quickly and started shooting. They didn't take anything, but both of them were injured.

4

- That man has a frightened expression.
- Of course. His wife gave birth to triplets.
- In that case, he should be happy.
- In that situation, any man would be frightened at first. He will be happy later.

5

- They say that if you touch a mirror at midnight, you can see a vampire in the mirror.
- Not true! I touched it and saw only some kind of a strange monkey.
- You have to touch and look in the mirror from the back. Which side did you look from—the back or the front?
- I looked from the front. I wonder, what does it

decir que haya visto a un mono en el espejo.
- Para una mujer significa que irá pronto a un salón de belleza. Y para un hombre no significa nada. Para ellos es lo normal.

6
- Querido, ¿cerraste la puerta con llave cuando nos fuimos de casa?
- No me acuerdo. No me molestes y déjame disfrutar la película, amor.
- Tú la estás disfrutando y yo estoy preocupada. Creo que no desconecté la plancha.
- ¿Estás segura?
- Sí, y dejé la ventana abierta.
- Tenemos que ir a casa.
- Vamos rápido, querido, para que no haya problemas.

7
- ¿De quién es esta bolsa de plástico?
- Mía no. ¿Podría ser tuya?
- No, no es mía. ¿Habrá una bomba dentro?
- Echaré un vistazo. No hay ninguna bomba, hay un micrófono y una cámara oculta.

8
- Mira amor, las ventanas están cerradas y no sale humo, así que eso significa que apagué la plancha y cerré las ventanas.
- Y la puerta está cerrada con llave. Hemos venido para nada. Podíamos habernos quedado a disfrutar la película.
- ¿Y qué es ese ruido que viene de la cocina?
- Ven, vamos a mirar.
- Mira. Nos llega el agua hasta la rodilla. ¡Parece que me he olvidado de cerrar el grifo!

9
- ¡Mira! ¡Ha habido un accidente!
- El hombre del coche está sangrando mucho. Debemos sacarlo de ahí y ponerle una venda en la herida.
- Tenemos que darle analgésicos. Los hay en el botiquín de primeros auxilios del coche.
- Yo se los daré. Rápido, llama a la ambulancia y a la policía.

mean if I saw a monkey in the mirror?
- For a woman it means that she will go to a beauty parlor soon. And for a man, it means nothing. For them it's normal.

6
- Darling, did you lock the front door when we left the house?
- I don't remember. Don't bother me and let me enjoy the movie, dear.
- You're enjoying it, and I worry. I think that I didn't shut off the iron.
- Are you sure?
- Yes, and I left the window open.
- We have to go home.
- Come quickly, dear. So we won't have any problems.

7
- Whose plastic bag is this?
- Not mine. Could it be yours?
- No, it isn't mine. Maybe there is a bomb inside?
- I'll take a look. There is no bomb here. There is a microphone and a hidden video camera.

8
- Look, dear, the windows are closed, and there is no smoke coming out. It means that I turned off the iron and closed the window.
- And the front door is locked. We came for no nothing. We could have enjoyed the film.
- And what about the noise in the kitchen?
- Come on, let's see.
- Look. There is water up to our knees. I forgot to turn off the water!

9
- Look! There was an accident here!
- The man in the car is bleeding heavily. We must get him out of there and put a bandage on his wounds.
- We have to give him painkillers. We have them in the first aid kit in the car.
- I'll give them to him. Quickly, call an ambulance and the police.

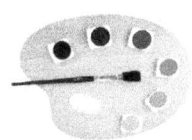

28

Blanco y negro (parte 2)
Black and white (part 2)

A

Palabras

1. adolescente - teenager
2. alcanzó - reached
3. antes - earlier
4. armario - closet
5. avaricioso - greedy
6. caja - box
7. calmarse - calm
8. contrató - hired
9. conversación - conversation
10. cortan - cut
11. creando - creating
12. desabrochó - unbuttoned
13. desató - untied
14. distribuyó - distributed
15. drogas - drugs
16. eligió - chose
17. especial - special
18. extraño - strange
19. favorito - favorite
20. finalmente - eventually
21. gemir - groan
22. gimió - groaned
23. interrumpir - interrupt
24. ningún sitio - anywhere
25. paquete - package
26. participar - participate
27. recuperarse - recover
28. repitiendo - repeating
29. resistió - resisted
30. ropa - clothes
31. seguridad - safety
32. suelo - floor
33. tranquilamente - calmly
34. vías - railroad

B

Blanco y negro (parte 2)

Después el policía se sentó y encendió un cigarrillo. Sentado mirándolos y fumando, pensaba en algo.
"¿Dónde está el vendedor?" preguntó el policía tras una pausa. Hubo un ruido bajo el mostrador. El policía miró allí y sonrió de nuevo. Sacó el celo de las manos y la boca del vendedor de la farmacia.
"¿Dónde están las drogas?" preguntó al vendedor.
"En esta farmacia no hay drogas," dijo el vendedor, "Solo hay drogas en farmacias especiales."
"¿Quién disparó al vendedor?" preguntó el policía.
"Nadie le disparó," dijo Stravinsky. El policía cogió una especie de bolsa, la presionó contra el vendedor y disparó a través de ella con la pistola que Stravinsky le había sacado al policía cuando volcó el coche. El vendedor empezó a gemir.
"Caja número diez del armario marrón," gimió el vendedor, "No me mate."
"Ellos fueron los que te eligieron. No yo," el policía sacó su teléfono, "Kent, estoy en la farmacia de al lado del aparcamiento. ¡Ven, rápido! Te doy dos minutos." A continuación fue al armario marrón, encontró la caja número diez y empezó a sacar paquetes.
"Las pastillas para el dolor de cabeza no están en esa caja," dijo un hombre con zapatos marrones que avanzó silenciosamente hasta situarse tras él "En mi pistola hay siete pastillas para el dolor de cabeza. Te ayudarán inmediatamente."
El policía se detuvo y giró la cabeza. El hombre de los zapatos marrones lo apuntaba con su pistola: "¿Quieres probarlas?" ofreció.
"¿Ashur?" Rost estaba sorprendido, "¿Cómo nos encontró?"
"Hay sangre vuestra por toda la acera, desde la vía hasta la farmacia. Es extraño que la policía todavía no esté aquí," explicó Ashur.
"¿Qué hacemos con el policía?" dijo Vega.
"Este tiene sus propios intereses," respondió

Black and white (part 2)

Then the policeman sat down and lit a cigarette. He was sitting, looking at them, and smoking. Then he smiled an unpleasant smile. He was thinking about something.
"Where is the sales clerk?" the policeman inquired after a pause. There was a sound under the counter. The policeman looked under the counter and smiled again. He took the Scotch tape off the pharmacy sales clerk's mouth.
"Where are the drugs?" he asked the sales clerk.
"There are no drugs in this pharmacy," the sales clerk said, "There are drugs only in special pharmacies."
"Who shot the sales clerk?" the policeman asked.
"No one shot him," Stravinsky said. The policeman took some kind of bag, pressed it to the sales clerk and shot through it with the gun that Stravinsky took from policeman in the overturned car. The sales clerk began to groan.
"Box number ten in the brown closet," the sales clerk groaned, "Don't kill me."
"They were the ones who chose you. Not me," the policeman took out his phone, "Kent, I'm at the pharmacy near the parking lot. Come here, quickly! I give you two minutes." Then he went to the brown closet, found box number ten and began to take out packages.
"The headache pills are not in this box," said a man in brown shoes who walked up quietly behind him, "In my gun, there are seven headache pills. They will help right away."
A policeman stopped and turned his head slowly. The man in the brown shoes pointed the gun at him: "Want to try them?" he offered.
"Ashur?" Rost was surprised, "How did you find us?"
"Your blood is all over the sidewalk from the railroad to the pharmacy. It's strange that the police aren't here yet," Ashur explained.
"What about this policeman?" Vega said.
"This one has his own interests here," Ashur replied, "Right? You're a bad policeman, aren't

Ashur, "¿Verdad? Eres un policía malo, ¿a que sí?" preguntó Ashur al policía.
"En cinco minutos toda la policía de la ciudad estará aquí," dijo el policía, "Baja la pistola y dámela," añadió, estirando la mano, "Entonces no tendrás problemas."
"¡Levanta las manos y ponte de rodillas!" gritó Ashur, "¡O te daré un par de pastillas ahora mismo!"
"Estás muy nervioso," dijo el policía en voz baja, "Tienes que calmarte. Te conozco. Ya nos hemos visto antes, ¿verdad? Resistirte no te va a ayudar. Yo soy la ley. Ahora soy el poder," miró a todas las personas de la farmacia una tras otra, "Bueno o malo, garantizo seguridad para todos vosotros. Bajad las pistolas y dad tres pasos atrás. Después solo tendréis un pequeño problema." El policía habló despacio, sin detenerse, acercándose a Ashur cada vez más, "Si no lo haces tendrás grandes problemas. Todos los que se me resistieron los tuvieron."
"¡Levanta las manos y ponte de rodillas!" repitió Ashur despacio.
"No te resistas. Solo dame la pistola y todo acabará bien para todos," seguía repitiendo el policía.
Ashur siguió retrocediendo hasta dar con la espalda en la pared. El policía se acercaba cada vez más y hablaba despacio y tranquilamente. Ashur bajó levemente la pistola. Justo entonces se abrió la puerta de la farmacia y entró Kent. Ashur miró al adolescente. El policía rápidamente le sacó la pistola con una mano y apagó las luces con la otra. El policía y Ashur empezaron a dispararse el uno al otro. En la oscuridad, solo el ruido y los destellos de los disparos señalaban sus posiciones y la dirección en que disparaban. Tras cuatro o cinco segundos todo cesó. Vega encendió la luz. Tanto el policía como Ashur estaban en el suelo y ninguno se movía. Había sangre debajo de ellos. Kent no estaba en la farmacia. Vega se acercó al policía y lo miró atentamente. Después desató las manos de Rost y de Stravinsky. Rost se acercó a Ashur y le desabrochó la ropa. Llevaba un chaleco antibalas, pero tenía el brazo herido. Rodó hacia un lado y se sentó en el suelo. Stravinsky le puso

you?" Ashur asked the policeman.
"In five minutes, the city's entire police force will be here," the policeman said, "Put the gun down and give it to me," he added and reached out his hand, "Then you won't have any problems."
"Raise your hands and get down on your knees!" Ashur shouted, "Or you'll get a couple of pills right now!"
"You are very nervous," the policeman said quietly, "You have to calm down. I know you. We have already met, right? Your resistance won't help you. I am the law here. Now I am the power," he looked at each person in the pharmacy one after another, "Good or bad, I guarantee safety to all of you. Put down the gun and move three steps back. Then you will have only a small problem." The policeman spoke quietly, without stopping, and came closer and closer to Ashur, "If you don't do that, you will have big problems. Everyone who had resisted me had big problems."
"Raise your hands and get down to your knees!" Ashur repeated quietly.
"Don't resist. Just give me the gun, and all will end well for everyone," the policeman kept repeating.
Ashur kept moving back until his back came up against the wall. A policeman came closer and closer and spoke calmly and slowly. Ashur slightly lowered the gun. Just then the door of the pharmacy opened and Kent entered the pharmacy. Ashur looked at the teenager. The policeman quickly grabbed his gun with one hand and turned off the lights with the other. The policeman and Ashur started shooting at each other. In the dark, only the din and the flashes of the shots pointed to their location and the direction in which they were fired. After four or five seconds everything grew quiet. Vega turned on the light. The policeman and Ashur both lay on the floor and didn't move. There was blood on the floor under each of them. Kent wasn't in the pharmacy. Vega went up to the policeman on the floor and carefully looked at him. Then he untied Rost's and Stravinsky's hands. Rost came up to Ashur and unbuttoned his clothes. A bulletproof vest was under his clothes. Ashur began to recover. His arm was wounded. He rolled to his side and sat up on the floor.

una venda en la herida.

"Sabe, Paul," Ashur miró a Rost, "Mi padre me hizo ayudarle, pero usted está metiéndose en cada vez más problemas. Si hubiera sabido antes que no tiene control sobre la situación, no le habría contado lo de Pandora," dijo Ashur, guardando la pistola en el bolsillo, "Creo que no tenemos más de cinco minutos para salir de aquí antes de que llegue la policía. Tengo el coche fuera."

No perdieron tiempo y se fueron rápidamente. En el coche, John Vega miró a Ashur durante largo tiempo. Finalmente empezó a hablar.

"Peter Ashur, ¿puedo hacerle una pequeña pregunta?" dijo finalmente.

"John, ¿quieres hacerme una pequeña pregunta acerca de una gran cantidad de dinero?" respondió Ashur con otra pregunta.

"¡Exacto! ¿Dónde están los cuatro millones de dólares que robé de mi banco?" gritó Vega, "¡Cuatro millones de dólares por los que casi me cortan la mano en Asia! ¡Por los que fui disparado en Libia por los soldados de Lisa Pandora, a quienes contrató con mi dinero! ¡El dinero por el cual me metieron en la cárcel! ¡Y por el que perdí mi trabajo favorito, Ashur!"

Ashur detuvo el coche al lado del Banco Imperial. Miró a Vega.

"Siento que hayas perdido tu trabajo, John. Hemos repartido el dinero entre los pobres de Libia, a quienes queríamos dar la libertad," explicó Ashur.

"¿Llamas a soldados contratados pobres de Libia?" protestó Vega, "¡Pero yo también quería participar! ¡Yo también quería liberar a los pobres de Libia! ¡Yo, un respetable director de banco, acepté arriesgar todo por los pobres de Libia! ¡Pero tú y Pandora me engañasteis! ¡Tú querías quedarte con todo! ¡Tú y Pandora sois unos asquerosos rufianes avariciosos, Peter Ashur!"

"Siento interrumpir su conversación, Sr. Director," dijo Rost, "Pero ya estamos cerca del banco, Es hora de entrar."

"¡Yo no voy a ningún sitio!" gritó Vega, "¡Ashur debería devolverme mi dinero!"

"Escucha, Vega," Ashur volvió a decir, "Te saqué de la farmacia. ¡Aquel policía te habría matado

Stravinsky put a bandage over his wound.

"You know, Paul," Ashur looked at Rost, "My father made me help you, but you are creating more and more problems for yourself and everyone around you. If I had known earlier that you are not in control of the situation, I wouldn't have told you about Pandora," Ashur said and put his gun in his pocket, "I think that we have no more than five minutes to get out of here before the police arrive. My car is outside."

They lost no time and left quickly. Sitting in the car, John Vega looked at Ashur for a long time. Eventually he began to speak.

"Peter Ashur, can I ask you one small question?" he finally said.

"John, do you want to ask me a small question about big money?" Ashur replied with a question.

"Exactly! Where are my four million dollars, that I took from my own bank?" Vega shouted, "Four million dollars, because of which my hand was nearly cut off in Asia! Because of which I was shot at in the Libya by Pandora's soldiers, whom she hired with my money! The money because of which I was put in jail! And because of which I lost my favorite job, Ashur!"

Ashur stopped the car near the Imperial Bank. He gave Vega a long look.

"I'm sorry, John, that you lost your job. We have distributed the money among the poor of Libya, to whom we wanted to give freedom," Ashur explained.

"You call hired soldiers the poor of Libya?" Vega protested, "But I also wanted to participate in it! I also wanted to give freedom to the poor of Libya! I, a respectable bank manager, agreed to risk everything for the poor of Libya! But you and Pandora cheated me! You wanted to take everything for yourself! You and Pandora are both greedy and disgusting scoundrels, Peter Ashur!"

"I'm sorry to interrupt your conversation, Mr. Manager," Rost said, "But we are already near your bank. Time to go into the bank."

"I'm not going anywhere!" Vega shouted, "Ashur should give me back my money!"

"Listen, Vega," Ashur turned to him again, "I got you out of the pharmacy. That policeman would

por las drogas! ¿Merece la pena dar la vida por cuatro millones de dólares?" miró a Vega, "Yo me trabajé ese dinero, ¿o no?"
Vega no respondió. Sentado, miraba por la ventanilla del coche.
"John, el tiempo pasa. En media hora se llevarán el dinero del banco a la oficina central" dijo Rost. Pero Vega no contestó.

have killed you all for the drugs! Is your life worth four million dollars?" he looked at Vega, "I worked off that money, didn't I?"
Vega didn't reply. He sat and looked out the car window.
"John, the clock is ticking. In half an hour, they will take away most of the money from the bank to the central office," Rost said. But Vega did not reply.

C

Repaso de nuevo vocabulario

1
- Primer Ministro, ¿podría decirme si estamos en junio o en julio?
- Hoy ya es uno de agosto, Señor Presidente. Ya llevamos una semana en la cárcel.
- El tiempo vuela. Pronto habrá terminado el verano y empezará el otoño. Por cierto, ¿sabe qué vamos a desayunar hoy?
- En la cárcel solo dan desayunos los domingos. ¿Se ha olvidado?
- No, no lo he olvidado. ¿A qué clase de idiota se le ocurriría una idea así?
- Fue idea suya, Sr. Presidente.

2
- ¿Por qué es la gente tan avariciosa? Especialmente los pobres.
- No sé, Sr. Presidente, ¿por qué lo pregunta?
- Los pobres siempre están pidiendo. Piden colegios, hospitales mejores salarios.
- Sí, los pobres son muy avariciosos, Sr. Presidente.
- Yo, por ejemplo, nunca pido nada. Por cierto Primer Ministro, lleva media hora tumbado en el colchón, y solo tenemos un colchón en la celda. ¡Déjeme tumbarme a mí también!

3
- Disculpe, Sr. Presidente, pero aquí hay una cola para cenar. Usted también tiene que ponerse a la cola.
- Escuche, prisionero, soy el Primer Ministro. Él se pondrá a la cola por mí. Y no iré a ponerme a la cola porque hoy están dando mi comida favorita: ¡pescado!
- No soy prisionero. Soy guarda. ¡Y tengo una

New vocabulary review

1
- *Prime Minister, could you tell me, is it June or July?*
- *Today is already August first, Mr. President. We've been in prison for a week already.*
- *Time flies. Soon summer will be over and fall will start. By the way, could you tell me, what will we have for breakfast today?*
- *In prison, they give you breakfast only on Sundays. Have you forgotten?*
- *No, I haven't forgotten. What kind of an idiot would come up with such a rule?*
- *It's your idea, Mr. President.*

2
- *Why are people so greedy? Especially the poor.*
- *I don't know, Mr. President. Why do you ask?*
- *The poor always demand something. They demand schools, hospitals, a big salary.*
- *Yes, the poor are very greedy, Mr. President.*
- *I, for example, never demand anything. By the way, Prime Minister, you have been lying on the mattress for half an hour. We have only one mattress in our cell. Let me lie on it too!*

3
- *Excuse me, Mr. President, there is a line here for dinner. You also have to stand in line.*
- *Listen, prisoner, this is the Prime Minister. He will stand in line for me. I'll go without waiting in line because today they are giving out my favorite food—fish!*
- *I'm not a prisoner. I'm a guard. And I have my rubber baton! It's a special object for calming*

porra! Es un objeto especial para calmar a los prisioneros demasiado listos.
- Disculpe, Sr. guarda, estaba de broma. ¿Quién es el último para la cola del pescado?

4

- ¿Qué tipo de ejército es más eficaz: uno obligatorio o uno contratado, Primer Ministro? ¿Qué opina?
- Si es para luchar contra otro país, cualquier tipo, Sr. Presidente. Y si es para luchar contra su propia gente, los soldados contratados son mucho más eficaces. Especialmente soldados contratados de otros países.

5

- Nuestro guarda es una persona muy desagradable. ¿No está de acuerdo, Señor Ministro?
- ¿Nuestro guarda? Suele ejecutar prisioneros. ¿Por qué lo pregunta, Señor Presidente?
- Hoy me miró de una forma muy rara.
- Dicen que su padre y su abuelo también trabajaron en esta cárcel. También ejecutaban prisioneros.
- ¿De veras? Lo de ejecutar prisioneros… ¿también fue idea mía?
- No. Siempre se ha ejecutado prisioneros en nuestro país. Pero no puede decapitar a tres prisioneros de un solo golpe, así que cálmese, Sr. Presidente. Es un gran profesional.
- Pero decapitar no es moderno.
- Por eso es exactamente por lo que usted encargó una nueva silla eléctrica de América hace medio año, Sr. Presidente, ¿recuerda?
- ¿También fue idea mía?
- No, esta vez fue idea mía. Usted sabe que adoro todo lo americano: películas, coches, sillas eléctricas. ¿Recuerda hace una semana cuando nos dieron la comida?
- Claro que me acuerdo. Pata de camello asada. Por cierto, ¿cómo asaron un camello? Esa no es comida típica de nuestro país.
- ¡Lo ejecutaron! El camello orinó ilegalmente en suelos de nuestro país, Sr. Presidente. Nuestro guarda necesitaba practicar con la silla eléctrica y para ello utilizó al camello.
- Creo que deberíamos arriesgarnos y huir de la prisión lo antes posible.

down prisoners who are too smart.
- Excuse me, Mr. guard. I was just joking. Who is the last in line for the fish?

4

- What kind of army is more effective: a mandatory or a hired one? Prime Minister, what do you think?
- If it is fighting against another country, then any kind, Mr. President. And if it is fighting its own people, hired soldiers are much more effective. Especially hired soldiers from other countries.

5

- Our guard is a very unpleasant person. Don't you think so, Prime Minister?
- Our guard? Usually he executes prisoners. Why do you ask, Mr. President?
- He gave me a very strange look today.
- They say that his father and grandfather also worked in this prison. And they also executed prisoners.
- Really? To execute prisoners—was that also my idea?
- No. Prisoners have always been executed in our country. But he can behead three prisoners with one stroke. So you should calm down, Mr. President. He's a great professional.
- But to behead is not modern.
- That's exactly why you ordered a new electric chair from America half a year ago, Mr. President. Remember?
- Also my idea?
- No, that time it was my idea. You know that I love everything American: movies, cars, electric chairs. Remember, a week ago, when we were given our lunch?
- Of course, I remember. Roasted camel legs. By the way, why did they roast a camel? That isn't our national cuisine.
- He was executed! This camel illegally urinated on your palace grounds, Mr. President. Our guard practiced executing with the electric chair and used the camel for this.
- I think we should take a risk and run away from this prison as soon as possible.

29

Tú decides, tío
You decide, man

A

Palabras

1. acompañando - accompanying
2. acompañó - accompanied
3. animal - animal
4. azúcar - sugar
5. bombardero - bomber
6. café - coffee
7. coger - catch
8. continente - continent
9. correctamente - correctly
10. cualquiera - anyone
11. cuidadosamente - thoughtfully
12. dirigiendo - conducting
13. dirigió - conducted
14. ejecutada - executed
15. enorme - enormous
16. guiar - lead
17. habló - talked
18. incidente - incident
19. inutilidad - uselessness
20. investigación - investigation
21. moral - moral
22. ocupado - busy
23. oído - ear
24. ojos muy abiertos - wide-eyed
25. orden - command
26. paralizó - froze
27. película - film
28. percibiendo - realizing
29. permiso - permission
30. postcombustión - afterburner
31. preguntando - questioning
32. presentó - introduced
33. proceso - process
34. proeza - stunt
35. remover - stir
36. sinvergüenza - shameless
37. taza - cup
38. tensión - tension
39. terminando - finishing
40. vídeo - video

B

Tú decides, tío

El guarda del banco George Titan no se sorprendió en absoluto cuando vio al antiguo director de banco John Vega acompañado del Detective Paul Rost.
"Buenos días, George," le dijo Rost, "Estoy realizando una investigación sobre el atraco a su banco. Ahora acompaño a John Vega para llevar a cabo una reconstrucción relacionada con la investigación."
"Comprendo. Entren, por favor," dijo Titan, "Buen día, Sr. Director. ¿Cómo le va?" preguntó el guarda al director, como si fuera un buen amigo.
"Gracias, George," dijo el antiguo director del banco John Vega, "Bien o mal, pero va yendo."
Rost y Vega entraron en el banco y vieron que la caja estaba cerrada. Entonces pidieron al guarda que los guiara hasta el nuevo director. Entraron en su despacho y Titan presentó a Rost y a Vega al nuevo director, que era una mujer de cuarenta y cinco años. Se llamaba Anna Furtada. La Sra. Furtada se sorprendió cuando Rost le pidió que abriera la caja fuerte para la reconstrucción, pero fue con ellos a la caja y la abrió.
"¿Por qué está realizando esta reconstrucción un detective y no la policía?" Preguntó la Sra. Furtada.
"La policía me pidió llevar a cabo esta parte de la investigación," explicó Rost, "porque ya había dirigido la investigación sobre el primer caso, cuando John Vega robó diez mil dólares de su propio banco."
"¿Fue ese el incidente en que cambió dinero por billetes falsos?" preguntó la Sra. Furtada.
"Sí. El dinero falso que ponía 'Amamos las calabazas' en lugar de 'Confiamos en Dios'," explicó Rost, "¿Qué? ¿Le gusta la calabaza?" se volvió Rost a Vega, "¿Ahora le da vergüenza? Venga a enseñarme cómo se llevó el dinero. ¡Entre en la caja!" gritó Rost. Vega entró en la caja y miró hacia Rost.
"¡Saque la bolsa, ábrala y meta dentro el dinero!

You decide, man

The bank guard George Titan was not surprised at all when he saw the former bank manager John Vega, accompanied by Detective Paul Rost.
"Good morning, George," Rost said to him, "I'm conducting an investigation about the robbery in your bank. I am now accompanying John Vega for an investigative experiment."
"I understand. Come in, please," Titan said, "Good day, Mr. Manager. How is it going?" the guard asked the manager as if he were a good friend.
"Thank you, George," former bank manager John Vega said, "Well or badly, but it is going."
Rost and Vega went into the bank and saw that the safe was closed. Then they asked the guard to lead them to the new bank manager. They walked into the manager's room. Titan introduced Rost and Vega to the new manager. The new bank manager was a forty-five year old woman. Her name was Anna Furtada. Ms. Furtada was surprised when Rost asked her to open the safe for the investigative experiment. But she went with them to the safe and opened it.
"Why is a private detective and not the police conducting the investigative experiment?" Ms. Furtada asked.
"The police asked me to do this part of the investigation," Rost explained, "Because I'd conducted the investigation on the first case, when John Vega robbed ten thousand dollars from his own bank."
"Was this the incident where he exchanged the money for fake bills?" Ms. Furtada asked.
"Yes. The fake money said 'We Love Cabbage' instead of 'In God We Trust'," Rost explained, "What? You like cabbage?" Rost turned to Vega, "Are you ashamed now? Come show me how you took that money. Come into the safe!" Rost shouted. Vega went into the safe and looked at Rost.

¡Y dígame todo lo que va haciendo!" ordenó Rost. Encendió la cámara de vídeo y empezó a filmar todo lo que estaba haciendo Vega
"Abrí la bolsa," dijo Vega, abriendo la bolsa, "Después la puse aquí y empecé a meter dinero dentro," continuó Vega, empezando a meter el dinero en la bolsa.
"Siga," ordenó Rost.
"Estaba metiendo dinero… metiendo dinero en la bolsa." Continuó Vega, "Cuando se llenó la coloqué aquí," Vega señaló la puerta.
"Ponga ahí la bolsa," ordenó Rost. Vega puso la bolsa junto a la puerta rápidamente. La Sra. Furtada miraba atentamente todo lo que estaba ocurriendo.
"Después saqué una segunda bolsa y empecé a meter más dinero dentro," continuó Vega, y empezó a meter dinero en la bolsa. Rost se dio cuenta de que Vega estaba empezando a disfrutar el proceso. La Sra. Furtada miró para Vega como si fuera un loco.
"¡Estaba metiendo dinero! ¡Metiendo dinero! ¡Metiendo dinero!" decía Vega rápidamente.
"Cuando la bolsa se llenó también la puse allí," y velozmente colocó la bolsa junto a la primera.
"¡Pare!" gritó Rost y Vega se paralizó. Entonces Rost miró a la Sra. Furtada, "Por favor, no diga a nadie lo que le voy a decir," le pidió Rost, y se volvió hacia Vega, "Escuche, es usted un rufián sinvergüenza. Cuando me dijeron que había robado su propio banco dos veces, no lo creí. Ahora, cuando lo miro, puedo comprender por qué la gente piensa que usted es un animal avaricioso," dijo Rost en voz baja. Vega bajó los ojos y se giró. Rost miró a la Sra. Furtada, "Disculpe, Sra. Furtada. Continúe la reconstrucción," ordenó Rost. Vega sacó una tercera bolsa y empezó a meter dinero dentro.
"Buenas tardes, Sra. Furtada," escuchó Rost, y miró a la persona que había pronunciado esas palabras. Andrew estaba al lado de la Sra. Furtada y miraba a Rost. Sus ojos se encontraron. Se miraron. Vega dejó de poner dinero en la bolsa y se paralizó. Paul y Andrew seguían mirándose. Andrew, por supuesto, sabía que Paul había escapado de la prisión. Paul pensó que Andrew no le dejaría marchar. Como oficial de policía, debía

"Take out the bag, open it, and put the money in it! And tell me everything that you're doing!" Rost ordered. He turned on the video camera and began to film everything that Vega was doing.
"I opened the bag," Vega said, and opened the bag, "Then I put it here, and began to put the money in it," Vega continued and began to put the money into the bag.
"Go on," Rost ordered.
"I was putting the money... putting the money in the bag..." Vega continued, "When the bag was full, I put it there," Vega pointed to the door.
"Put the bag there," Rost ordered. Vega quickly put the full bag by the door. Ms. Furtada carefully watched everything that was happening.
"Then I took out a second bag and began putting the money in it," Vega continued and began to put the money in the bag. Rost noticed that Vega was beginning to like this process. Ms. Furtada looked at Vega as if he were a madman.

"I was putting in the money! Putting in the money! Putting in the money!" Vega was saying quickly. "When the bag was full, I also put it over there," and he quickly put the second bag next to the first one.
"Stop!" Rost cried and Vega froze. Then Rost looked at Ms. Furtada, "Please don't tell anyone about what I am about to tell him," Rost asked her and turned to Vega, "Listen, you are a shameless scoundrel. When I was told that you robbed your own bank twice, I didn't believe it. Now, when I look at you, I can understand why people say that you are a greedy animal," Rost said quietly. Vega lowered his eyes and turned away. Rost looked at Ms. Furtada, "Excuse me, Ms. Furtada. Continue the investigative experiment," Rost ordered. Vega took out a third bag and began quickly putting in the money.
"Good afternoon, Ms. Furtada," Rost heard and looked at the person who said these words. Andrew stood next to Ms. Furtada and looked at Rost. Their eyes met. They looked at each other. Vega stopped putting the money in a bag and froze. Paul and Andrew kept looking at each other. Andrew, of course, knows that Paul escaped from prison. Paul thought that Andrew

hacerlo. También tenía el derecho moral de arrestarlo. Tenía cuatro niños, si perdiera el trabajo o fuera a la cárcel por culpa de Paul, ¿qué les ocurriría a los niños? La Sra. Furtada percibió la larga pausa y miró a Andrew de forma inquisitiva.
"Hola, Andrew," dijo Paul, bajando los ojos.
"Sra. Furtada, ¿puedo hablar un momento con usted?" preguntó Andrew. La Sra. Furtada fue a un lado con el oficial de policía. Vega lanzó a Paul una mirada inquisitiva.
"¿Cuánto hay en esas dos bolsas?" preguntó Rost.
"Alrededor de un millón y medio," respondió Vega.
"Vámonos," ordenó Rost. Rápidamente ayudó a Vega a levantar las bolsas y caminaron hacia la salida del banco.
"Paul Rost!" Rost escuchó una voz detrás de él. Se detuvo y se volvió despacio. Andrew, la Sra. Furtada, y George Titan caminaban rápidamente hacia ellos.
"¿Ya has terminado la reconstrucción? ¿Tan rápido?" le preguntó Andrew a Paul.
"Sí," contestó Rost, dándose cuenta de la inutilidad de su plan, "Solo le queda meter las bolsas en la furgoneta. Eso es todo." Miró a Andrew. Ambos se miraron de nuevo, y otra vez se produjo una larga pausa.
"¿Quién te dio permiso para dirigir esta reconstrucción?" preguntó Andrew.
"El jefe de policía," dijo Paul, y añadió: "Si tienes que hacer tu trabajo, adelante..." Rost estaba preparados para que Andrew lo arrestara.
"Sí. Haré lo que debo hacer. Normalmente las recreaciones las hacen dos policías," explicó Andrew, "Como estás solo, yo tengo que cumplir el papel del segundo oficial. Continúa," dijo Andrew. Rost hizo una señal a Vega y siguió llevando las bolsas hacia la furgoneta. Andrew siguió a Rost y a Vega.
"Hablé con tu madre," le dijo Andrew cuando ya habían salido del banco e iban caminando hacia la furgoneta, "Si lo he entendido bien, ¿estás planeando ir a Damasco?"
"Sí, necesito ayudar a una persona," respondió Paul.
"Si te estás refiriendo a Lisa Pandora, la van a

wouldn't let him leave. As a police officer, he must do it. He also has the full moral right to arrest him. He has four children. If he loses his job or goes to jail because of Paul, what would happen to his children? Ms. Furtada noticed this long pause and gave Andrew a questioning look.
"Hi, Andrew," Paul said, and lowered his eyes.
"Ms. Furtada, may I speak to you for a moment?" Andrew asked. Ms. Furtada walked to the side with the police officer. Vega gave Paul Rost a questioning look.
"How much is in those two bags?" Rost asked.
"About a million and a half," Vega replied.

"Let's go," Rost ordered. He quickly helped Vega lift both bags, and they walked to the bank exit.
"Paul Rost!" Rost heard a voice behind him. He stopped and turned around slowly. Andrew, Ms. Furtada, and George Titan were quickly walking toward them.

"Are you finishing the investigative experiment already? So quickly?" Andrew asked Paul.
"Yes," Rost replied, realizing the uselessness of his plan, "He just needs to put the money into the van. That's it." He looked up at Andrew. They looked at each other again, and once again there was a long pause.
"Who gave you permission to conduct an investigative experiment?" Andrew asked.
"The chief of police," Paul said, and added: "If you have to do your job, then come on..." Rost was prepared to be arrested by Andrew.
"Yes, I will do what I must do. Usually, two police officers conduct investigative experiments," Andrew explained, "Because you are alone, then I have to fulfill the role of the second officer. Continue," Andrew said. Rost waved to Vega and he carried the bags of money further toward the door. Andrew followed Rost and Vega.
"I talked to your mother," Andrew said when they'd left the bank and were walking toward the car, "If I understand correctly, you are planning to go to Damascus?"
"Yes, I need to help one person," Paul replied.
"If you're talking about Lisa Pandora, then she is going to be executed for crimes against the state,"

ejecutar por crímenes contra el estado," explicó Andrew, mirando hacia la entrada del banco, "En Libia, ella y Ashur pudieron evitar el juicio, pero en Siria Ashur decidió no arriesgarse. Sin embargo, Pandora no se detuvo. Yo no confiaría en ella si fuera tú," sugirió Andrew.
"No voy a confiar en ella," Paul miró a Andrew, "Simplemente no quiero que la maten."
"Espero que sepas lo que estás haciendo," dijo Andrew, y volvió al banco. Vega y Rost entraron en la furgoneta y Ashur arrancó.
"Más rápido. No tenemos más de diez minutos," ordenó Rost. La furgoneta pasó muy rápido por el aeródromo. Cuando llegaron al bosque, Ashur detuvo el furgón. Rost, Vega y Stravinsky se bajaron.
"Salude a su padre de mi parte," le dijo Rost a Ashur.
"Paul, no se fíe de Pandora," le aconsejó Ashur, miró largamente a Rost y se fue. Rost, Vega y Stravinsky treparon por el muro y entraron en el hangar.
"Este volará hasta Siria y destruirá medio Damasco," dijo Rost, señalando la enorme bomba. Vega corrió hacia el bombardero y empezó a trepar por él.
"Espere, Sr. Director. Es fácil soltar esta bomba," añadió Rost, y Vega volvió inmediatamente,
"Pero solo un misil alcanzaría este avión," dijo Paul, refiriéndose a un pequeño avión "pero tenemos un buen medio para evitar los misiles," dijo, entrando en el avión.
"¿Qué medio?" dijo Vega con interés, y también entró en el avión.
"Es usted, John. Usted y el dinero que hay en las bolsas. En el momento adecuado, cuando se lo ordene arrojará el dinero fuera del avión. Eso creará una nube que será lo único que vea el misil."
"¡No tiraré el dinero!" gritó Vega, "Tiremos..." Vega miró a su alrededor, "¡a Stravinsky!" dijo. Pero Rost estaba ocupado despegando el avión y no contestó a Vega. Stravinsky ocupó el asiento del copiloto y Vega se sentó entre sus piernas.
"Stravinsky, ¿sabe a dónde dirigir su catapulta?" preguntó Vega, pero Stravinsky colocó las bolsas del dinero sobre Vega y cerró la puerta de la

Andrew explained, looking back at the bank entrance, "In Libya, she and Ashur were able to avoid the trial. But in Syria Ashur decided not to risk it. But Pandora didn't stop. I wouldn't trust her if I were you," Andrew suggested.
"I'm not going to trust her," Paul looked at Andrew, "I just don't want them to kill her."
"I hope that you know what you're doing," Andrew said, and went back to the bank. Vega and Rost got into the van. Ashur began to drive.
"Faster. We have no more than ten minutes," Rost ordered. The van was driving very fast past the military airfield. When they reached the forest, Ashur stopped the van. Rost, Vega and Stravinsky got out of the van.
"Say hello to your father," Rost said to Ashur.
"Paul, don't trust Pandora," Ashur advised, gave Rost a long look, and drove away. Rost, Vega and Stravinsky climbed over the wall and ran to the airplane hangar.
"This one will fly all the way to Syria and blow up half of Damascus," Rost said, pointing to the huge bomber. Vega ran to the bomber and started to climb into it.
"Wait, Mr. Manager. It is easy to catch up to and knock down this bomber," Rost added, and Vega immediately returned, "But only a missile could catch up to this plane," Paul said about a small plane, "But we have a very good means against missiles," he said, getting in plane.
"What means?" Vega said with interest, and also climbed into the airplane.
"It is you, John. You and the money in the bags. At the right time, on my command, you will throw the money out of the plane. It will create a cloud, and the missile will only see a cloud."
"I won't throw out the money!" Vega shouted, "Let's throw out..." Vega looked around, "Stravinsky!" he said.
But Rost was busy launching the plane and didn't answer Vega. Stravinsky took the co-pilot's seat, and Vega sat between his legs.
"Stravinsky, do you know where to turn on your catapult?" Vega inquired, but Stravinsky put the money bags on top of Vega and closed the cabin door. The plane slowly drove out of the hangar. Several people saw that a plane was leaving

cabina. El avión salió despacio del hangar. Varias personas vieron que un avión se estaba yendo sin permiso y corrieron tras él por el hangar, pero Rost encendió la postcombustión y el avión de combate despegó a enorme velocidad. Rost llevó el avión cerca del suelo para que los radares no lo pudieran ver. Stravinsky comenzó a gritar por la tensión nerviosa acumulada:
"¡Siria! ¡Nos vamos a Siria! ¡Siria!" gritaba sin parar Stravinsky. Vega lo miró con los ojos muy abiertos, después se tapó los oídos con las manos y bajó la cabeza.
En aquel momento Andrew estaba en el cuartel de la policía, removiendo cuidadosamente el azúcar de su taza de café. Sonó el teléfono y él lo contestó, era un oficial del Ministerio de Defensa.
"Andrew, ¿vuelve a estar tu amigo presumiendo de sus proezas?" preguntó con indignación el oficial del ministerio.
"Creo que es él," dijo Andrew, "Tiene algunos asuntos en Siria."
"¡Entonces debería comprar un billete de avión normal en vez de mostrar sus proezas!" gritó el oficial, "¡Si no aterriza en tres minutos le lanzaremos un misil!"
"La última vez le diste una medalla por sus proezas," dijo Andrew, "Al menos no lo mates esta vez. ¡No lo mates, si todavía necesitas héroes!" pidió Andrew, y colgó. Se levantó, salió del edificio y caminó por la calle. Sabía que no podría ayudar a los que gritaban.
El avión voló por encima del mar. El continente había quedado detrás y ya no era visible, solo el humo de los misiles que volaban hacia el avión señalaba el lugar en que se hallaba la tierra.

(Continuará)

without permission and ran after it out of the hangar. But Rost turned on the afterburner and the fighter plane took off at an enormous speed. Rost flew the plane close to the ground, so that the radars couldn't see it. Stravinsky began to shout out of nervous tension:
"Syria! We are flying to Syria! Syria!" Stravinsky shouted without stopping. Vega looked at him wide-eyed, then covered his ears with his hands and put his head down.
At that time Andrew was in the police headquarters. He thoughtfully stirred the sugar in a cup of coffee. The phone rang and he answered it. It was an officer from the Ministry of Defense.
"Andrew, is your friend showing off his stunts again?" the officer from the ministry asked indignantly.
"I think it's him," Andrew said, "He has some business in Syria."
"So he should buy a ticket for a regular plane instead of showing off his stunts!" the officer cried, "If he doesn't land the plane in three minutes, we will launch a missile at it!"
"Last time you awarded him a medal for his stunts," Andrew said, "At least don't kill him this time. Don't kill him, if you still need heroes!" Andrew asked and hung up. He got up, left the building and walked down the street. He knew that he would not be able to help those who shouted.
The plane flew over the sea. The continent was left behind and was no longer visible. Only the smoke from the missiles, flying toward the airplane, pointed to the place where the land was.

(To be continued)

Repaso de nuevo vocabulario

- Siéntese, Sr. Presidente.
- Gracias, Sr. Juez. Por cierto, no lo recuerdo. ¿Cuánto tiempo lleva trabajando en el juzgado?
- Tres días. Pero no vamos a hablar sobre mí. ¿Ordenó a los bombarderos bombardear ciudades

New vocabulary review

- Sit down, Mr. President.
- Thank you, Mr. Judge. By the way, I don't remember you. How long have you worked in court?
- Three days. But we are not going to talk about

de nuestro país?
- Entonces dígame, por favor, ¿este juicio es a puerta cerrada?
- No. Hay reporteros de periódicos y periodistas de televisiones en la sala de audiencias.
- En ese caso, señor, no fui yo. ¡Fueron órdenes del Primer Ministro! ¡Él ordenó el bombardeo!
- ¡No es cierto, señor Juez! ¡El Presidente ordenó todo! ¡Es un animal desvergonzado! ¡Yo no lo ordené! ¡Él es el culpable!
- ¡Silencio todo el mundo! ¡Solo pueden hablar con mi permiso!
- Por supuesto, Sr. Juez.
- Sr. Presidente, en el momento del arresto encontraron en su poder un pasaporte del estado de Panamá a su nombre. ¿Cómo explica esto?
- Puedo explicarlo. Cuando el Primer Ministro voló a Colombia a un simposio de botánicos, no solo compró varias plantas asombrosas y productos hechos con ellas, sino que también compró varios pasaportes de distintos países a mi nombre y al suyo. En muy conveniente viajar alrededor del mundo con esos pasaportes. ¿Ha oído hablar del anterior Primer Ministro ucraniano Lazarenko, Sr. Juez?
- No, no he oído nada. Siga.
- Lo pasó de maravilla viajando por el mundo con un pasaporte ucraniano y otro panameño al mismo tiempo. Es muy conveniente si lleva mucho dinero en efectivo en las maletas. Él nos lo aconsejó al Primer Ministro y a mí.
- ¿Ordenó que dispararan a la gente durante una manifestación?
- ¿Tengo derecho a permanecer en silencio?
- ¡Responda la pregunta!
- Entonces solicito una taza de café y una pistola con una bala. El café es para mí y la pistola para el Primer Ministro.

me. Did you order bombers to bomb cities in our country?
- *Then tell me, please, is this trial taking place behind closed doors?*
- *No. There are reporters from newspapers and television stations in the courtroom.*
- *In that case, it wasn't me. These were the orders of the Prime Minister! He ordered the bombing!*
- *Not true, Mr. Judge! The President ordered everything! He is a shameless animal! I didn't order it! He is guilty!*
- *Silence, everybody! You can speak only with my permission!*
- *Of course, Mr. Judge.*
- *Mr. President, at the time of the arrest, they found in your possession a Panama state passport in your name. How can you explain this?*
- *I can explain it. When the Prime Minister flew to Colombia for a botanists' symposium, he bought not only various amazing plants and products made from them. He also bought several passports from different countries in my own name and in his name. It is very convenient to travel around the world with these passports. Have you heard of the former Ukrainian Prime Minister Lazarenko, Mr. Judge?*
- *No, I have not. Go on.*
- *He had a wonderful time traveling around the world with a Ukrainian and a Panamanian passport at the same time. It's very convenient if you're carrying a lot of cash in your suitcases. He advised it to me and my Prime Minister.*
- *Did you order to shoot at people during a demonstration?*
- *Do I have the right to remain silent?*
- *Answer the question!*
- *Then I demand a cup of coffee and a gun with one bullet! The coffee is for me, and the pistol for the Prime Minister.*

* * *

Spanish-English dictionary

Aa
a ellos - them
a partes iguales - equally
a través de - through
a veces - sometimes
abandonar - abandon
abandonó - left
abierta - open
abogado - lawyer
abrazó - hugged
abrigos - coats
abrió - opened
abrir - open, unlocked
abruptamente - abruptly
absolutamente - absolutely
aburrido - boring
acabar - conclude, finish
acabó - finished
acariciar - pet
acarició - stroke
accidente - accident
acción - action
acelerador - gas
aceptó - accepted
acera - sidewalk
acercándose - approaching
acercarse - approach
acercó - approached
acompañando - accompanying
acompañó - accompanied
activar - active
actuar - act
actuó - acted
acuerdo - agreement
acusado - charged
adelantó - passed
además - besides
adiós - bye
adivinado - guessed
adolescente - teenager
adormilado - sleepy
aduanas - customs
aéreas - air
aeródromo - airfield
aeronave - aircraft

aeropuerto - airport
afeitado - shaved
afueras - suburbs
agarrando - clutching
agarrar - grab
agarró - grabbed
agitado - agitated
agradable - nice
agradecer - appreciate, thank
agradecido - pleased, thankful
agua - water
aguacero - downpour
ahora - now, right now
aire - air
ajustó - adjusted
al lado - near
al otro lado - other side
ala - wing
alarma - alarm
alcanzó - reached; struck
alcohol - alcohol
aldea - village
alegremente - happily
algo - anything, something
alguien - someone
algún - any
alimentar - feed
allí - there
alrededor - about, around
alta - loud
altamente - highly
altitud - altitude
alto - high, tall
amar - love
amarilla - yellow
ambos - both
amenazó - threatened
ametrallador - gunman
amigo - friend
amó - loved
analgésico - painkiller
ancha - wide
animal - animal
antena - antenna
anterior - previous

antes - before, earlier
antibalas - bulletproof
antiguo - old
antílope - antelope
anuncio - add
añade - adds
añadió - added
años - years
apagar - disconnect
aparato - device
aparcamiento - parking
aparecer - appear
apareció - appeared
aparte - apart
apasionadamente - passionately
apasionado - passionate
apellidarse - last name
apenas - barely
apestar - stink
apestoso - stinky
aplastar - crush
apoyar - support
aprender - learn
aprendí - learnt
apresuradamente - quickly
apunta - points
apuntó - aimed, pointed
aquellos - those
aquí - here
árabe - Arab
árbol - tree
arcén - side
ardía - burned
ardiendo - burning
arena - sand
arma - weapon
armado - armed
armario - closet
armarios - closets
arrancó - started
arrastrar - drag
arrastró - dragged
arreglando - repairing
arreglar - repair
arrestado - arrested
arrestar - arrest
arriba - up

arse cuenta - realize
as - ace
ascensor - elevator
asco - disgust
así que - so
asiento - seat
asistente - assistant
asqueroso - disgusting
asunto - affair
atacando - attacking
atacar - attack
atado - tied
atar - tie
atascado - stuck
atasco - jam
atemorizado - scared
atemorizante - frightening
atención - attention
atentamente - attentively, intently
aterrizando - landing
aterrizar - land
aterrizó - landed
atracador - robber
atrás - behind
audiencias - court room
aullido - wailing
aulló - yelled
auténtico - sheer
autobús - bus
automática - automatic
autopista - highway
autoridad - authority
avanzar - advance
avaricioso - greedy
avenida - avenue
avergonzada - ashamed
ávidamente - eagerly
avión - aeroplane, plane
condecorar - awarded
ayer - yesterday
ayuda - help
ayudar - help
ayudarme - help me
azúcar - sugar
azul - blue
Bb
baja - low

bajando - lowering
bajar - go down
bajo - low, short
bala - bullet
banco - bank
banderas - flag
bar - bar
barba - beard
barra - bar
barril - barrel
barrote - bar
básica - basic
basura - rubbish
batalla - battle
bebe - drinks
beber - drink
bengala - flare
beso - kiss
besó - kissed
bien - ok, well
billete - bill, ticket
billetera - wallet
bistec - bistec
blanca - white
bloqueó - blocked
boca - mouth
bolsa - bag
bolsas - bags
bolsillo - pocket
bolso - purse
bomba - bomb
bombardeando - bombing
bombardeó - bombed
bombardero - bomber
borde - edge
bordo - board
borracho - drunk
bosque - forest
bostezó - yawned
botar - bouncing
botella - bottle
botón - button
bramando - roaring
bramó - roared
brazo - arm
brillante - brilliant
brisa - breeze

broma - kidding
bronceadora - tanning
buen - good
buscar - search
buscó - searched

Cc

cabello - hair
cabeza - head
cabina - cabin
cada - each
caer - fall, fall down
café - coffee
cafeteria - café
cafetería - café
caja - box, cash register
caja fuerte - safe
cajera - teller
cajón - drawer
calabaza - cabbage
calcetines - socks
caldera - boiler
callar - shut up
calle - street
callejón - alley
calmarse - calm
calmó - soothed
calor - heat
calor- hot
calor - warm
cama - bed; cama de agua - waterbed
cámara - camera, vault
camarero - waiter
cambiaron - exchanged
cambió - changed
camellos - camels
caminando - walking
camino - road
caminó - walked
camión - truck
camisa - shirt
camiseta - T-shirt
campamento - camp
cansado - tired
cantó - sang
capital - capital
capitalismo - capitalism
capó - roof

191

capturar - capture
cara - face
cargar - load
cargo - cargo
caro - expensive
carretera - road
carro - chart
carta - menu
casa - house
casada - married
casi - almost
caso - case
castigar - punish
castigo - punishment
catapultar - catapult
cayendo - falling
cayó - fell
celda - cell
celo - tape
cena - dinner
central - central
centro - center
cerca - close, near
cercano - nearby
cerebro - brain
ceremoniosamente - ceremoniously
cerrada - locked
cerrados - closed
cerradura - lock
certificado - certificate
chaleco - vest
chaqueta - jacket
chatarra - junk
chica - girl
chico - boy
chiste - joke
chocolate - chocolate
choque - crush
ciego - blind
cielo - sky
cien - hundred
cierra - closes
cierto - true
cigarrillo - cigarette
cinco - five; cinco minutos - five-minute
cincuenta - fifty
cintura - waist

ciudad - city, town
ciudadano - citizen
claro - clear, sure; light
clase - kind
clasificación - classification
cliente - client, customer
cobarde - coward
coche - car
cocina - kitchen
cocinero - cook
coger - catch, take
cogí - took
cola - tail
colegio - school
colgaban - hung
colgando - hanging
colgar - hang
colocar - put
color - color
colores - colors
columna - column, pillar
combate - combat
comer - eat
cometí - committed
comida - food, lunch
comido - eaten
comiendo - eating
comisaría - police station
comisión - commission
comiste - ate
como - as
cómo - how
compañero - colleague
compañía - company
compartimento - compartment
compensación - bonus
completamente - completely, fully
comportarse - behave
comprar - buy
comprendió - understood
compró - bought
comprobar - check
comprobó - checked
compuesto - compound
con - with
con talento - talented
con vistas a - overlooking

concluir - conclude
concluyó - concluded
condenación - condemnation
conducido - driven
conduciendo - driving
conducto - shaft
conductor - driver
condujo - drove
conectaba - connected
conejo - rabbit
conexión - connection
confiar - trust
confidencialmente - confidently
confiscación - confiscation
conocido - acquaintance
consciencia - conscience
conspiración - conspiration
constantemente - constantly
consultar - consult
consultor - consultant
contando - counting
contar - count
contemplar - stare
contener - contain
contesta - replies
continente - continent
continuando - continuing
continuar - continue
continuó - continued
contra - against
contratar - hire
contrató - hired
control - control
controlarse - control
convencido - convinced
conversación - conversation
convertirte - become
coordinar - coordinate
copiloto - co-pilot
corazón - heart
correctamente - correctly
correr - run
corriendo - running
corrió - ran, rushed
cortan - cut
cosa - thing
cosas - things

costa - shore
costar - cost
creando - creating
crear - create
creer - believe
criminal - criminal
cruce - crossing, intersection
crucigrama - crossword
cualquiera - anyone
cuando - when
cuánto - how much
cuarenta - forty
cuartel - headquarter
cuarto - fourth
cuarto de baño - bathroom
cuatro - four
cubrió - covered
cuello - neck
cuerda - rope
cuerpo - body
cuidadosamente - neatly, thoroughly, thoughtfully
culo - butt
culpa - fault
cultiva - grows
cumple - fulfill
cumplir - commit
cuota - fare
Dd
da - gives
dado - give; dado que - as
dálmata - Dalmatian
dando - giving
dar - give
dar vueltas - spin
darse cuenta - realize
de - of
de madera - wooden
de medicina - medical
de nada - you are welcome
de otra forma - otherwise
de pie - standing
de repente - suddenly
de todas formas - anyway
de una patada - kicked
de veras - really
debajo - below, under

debe - must
deber - duty
debería - should
decidió - decided
decidir - decide
decir - say
decisión - decision
decisivo - decisive
declaró - declared
dedo - finger
defendido - defendant
defendió - defended
defensa - defense
defensor - defender
déjame - let me
dejando caer - dropping
dejó caer - dropped
del - by; del detective - detective's; del director - manager's
delante - in front of
delgada - slender
delgado - thin
delincuencia - crime
demandar - demand
demasiado - too
democrático - democratic
dentro - inside
deportes - sports
depósito - repository
derramado - spilled
derribar - topple
derrumbó - broke down
desabrochó - unbuttoned
desaparecido - gone
desastre - disaster
desató - untied
descanso - rest
descubre - finds out
descuelga - picks up
desear - wish
desempleados - unemployed
desgracia - misfortune
desierto - desert
despacho - office, room
despacio - slowly
despegar - take-off
despensa - pantry

despertó - woke
después - then
destelleando - glittering
destellear - glitter
destino - fate
destruir - destroy
detective - detective
detener - stop
detenerse - stop
detenido - Detainee
detrás - behind
deuda - debt
devolver - return
devolverme - return
día - day
diablo - devil
diamante - diamond
dibujo - picture
dice - says
diciendo - saying
dictadura - dictatorship
dictáfono - dictaphone
diez - ten
diferente - different
difícil - difficult
dijo - said
diminuto - tiny
dinero - money
dio - gave
dio un golpecito - patted
Dios - God
dirección - address, direction
director - manager
dirigiendo - conducting
dirigió - conducted
dirigir - manage, steer
disculpe - excuse
disfrutar - enjoyed
disfruto - enjoy
disparar - shoot
distancia - distance
distribuyó - distributed
divorciada - divorced
doble - double
doce - twelve
documento - document
dólar - dollar

dólares - dollars
dolor - pain; dolor de cabeza - headache
domingo - Sunday
donde - where
dormido - asleep
dormir - sleep
dormitorio - bedroom
dos - two; dos pisos - two-story; dos veces - twice
dosis - dose
drogas - drugs
ducha - shower
dueño - owner
duna - dune
durante - during
durmiendo - sleeping
Ee
echa - pours
echando - pouring
echar - fire
economía - economy
educación - education
educadamente - politely
educado - polite
eh - hey
ejecución - execution
ejecutada - executed
ejemplo - example
ejército - army
él - he
el - the
elección - choice
elecciones - elections
eléctrica - electric
electricista - electrician
eléctrico - electric
elefante - elephant
elegido - chosen
elegir - choose
elevó - lifted
eligió - chose
eliminar - remove
ella - she
ellos - they
embarazada - pregnant
emoción - emotion
empezando - beginning

empezar - begin, start
empezó - began
empleado - employee
empujar - pushed
en - in, within
en lugar de - instead
en punto - o'clock
en voz alta - loud
encantar - love
encendió - lit
enciende - lights
encima - above, top; encima de - on
encontré - found
enemigo - enemy
enfadada - angrily
enfermera - nurse
engañar - cheat
engañaron - cheated
enhorabuena - congratulations
enorme - enormous, huge
enseguida - sometime soon
enseñar - teach
entender - understand
enterradas - buried
entonces - then
entra - enters
entre - among, between
entregando - handing
entregó - handed
entró - entered
enviar - send
envolver - wrap
equipaje - luggage
equipo - equipment, team
error - mistake
es - is
escaleras - stairs
escapar - escape
escapó - escaped
escasamente - dimly
escribir - draw
escucha - listen
escuchando - hearing
escuchar - hear
ese - that
eso - that
especial - special

espejo - mirror
esperaba - hoped
esperado - expected
esperando - waiting
esperanza - hope
esperar - wait
espere - wait
espiral - swoop
esposar - handcuff
esposas - handcuffs
está - is
esta - this
esta noche - tonight
está regando - is watering
está sentado - sits
está tumbado - lays
estaba - was
estación - station
estado - country
están - are
estantería - shelf
estar - be
este - east, this
estiró - straightened
estómago - stomach
estos - these
estrella - star
estrelló - crashed
estruendo - din, roar
estudio - study
estupendamente - excellently
estúpidas - stupid
eufórico - euphoric
Europa - Europe
europeo - European
evento - event
evidente - evident
evitar - avoid
exactamente - exactly
exacto - exactly
examinar - examine
examinó - examined
excepto - except
exótico - exotic
exotismo - exotics
experiencia - experience
experimentado - experienced

experimento - experiment
explicar - explain
explicó - explained
explosión - explosion
explotó - exploded
expresión - expression
extenderse - extend
extendió - extended
extraño - strange
Ff
fábrica - factory
facial - facial
fácil - easy
falsa - fake
falso - false
familia - family
fantasma - ghost
farmacia - pharmacy
farola - lamppost
favorito - favorite
femenina - female
finalmente - eventually, finally
firmando - signing
fiscal - prosecutor
flor - flower
fluía - flowed
Ford - Ford
foto - photo
freno - brake
fresco - cool
frialdad - coldness
fríamente - coldly
frío - cold
fronteras - borders
fruta - fruit
fue - was
fuego - fire
fuera - out, outside
fuerte - strong
fuertemente - tightly
fuerza - strength
fuerzas - forces
fumando - smoking
funcionar - work
funcionó - worked
furgón - van
furgoneta - van

futuro - future
Gg
gabinete - cabinet
gallineta - redfish
ganador - winner
ganar - win
gané - won
garaje - garaje
garantizar - guarantee
gasolina - gasoline
gastar - spend
gatear - crawl
gemir - groan
genial - great
genio - genie
gente - people
gesticular - wave
gesticuló - gestured
gimió - groaned
giran - turn
girando - turning
gobernantes - rulers
gobernar - rule
gobierno - government
golpe - hit, knock
golpear - beat
golpeó - knocked
goma - rubber
gotas - drops
gracias - thank you
gradualmente - gradually
gran - great
grande - big, large
granja - farm
gris - grey
gritando - screaming, shouting
gritar - shout
gritó - screamed
grito - shout
gritó - shouted
grupo - group
guapa - beautiful, pretty
guardaespaldas - bodyguard
guerra - war
guiar - lead
guiñó - winked
guió - led

gustar - like
gustaría - would like
Hh
habitación - room
hablar - speak, talk
habló - spoke, talked
hace - it's
hacer - do
hacer - make
hacer ver - pretend
hacia - toward
hambre - hungry
hangar - hangar
hasta - until
hecho - done, made
helado - ice cream
helicóptero - helicopter
herida - injury, wound
heridas - injuries
herido - injured, wounded
hermano - brother
héroe - hero
herramienta - tool
hierba - grass
hijo - kid, son
historia - history, story
hizo - made; hizo una pausa - paused
hoguera - bonfire
hoja - leaf
hola - hello
hombre - man
hombro - shoulder
hora - hour
horizonte - horizon
horrible - terrible
horror - horror
hospital - hospital
hotel - hotel
hoy - today
huir - escape
humo - smoke
Ii
iajó - traveled
iba - were going
idea - idea
idioma - language
idiota - idiot

ido - gone
igual - same
ilegalmente - illegal
iluminando - lightening
imaginarse - imagine
impedir - prevent
imperial - imperial
importa - matters
importancia - importance
importante - important
imposible - impossible
incidente - incident
incluso - even
increíble - incredible, unbelievable
indescriptible - indescribable
indignación - indignately
inferior - bottom
infernal - infernal
información - information
informar - inform
informó - informed, reported
inmediatamente - immediately
inocente - naive
insiste - insist
insistió - insisted
inspección - inspection
inspeccionar - inspect
intentando - trying
intentar - try
intento - attempted
intentó - tried
intercambiaron - exchanged
interés - interest
interesante - interesting
interesar - interest
interior - inside
internacional - international
interrumpió - interrupted
interrumpir - interrupt
inutilidad - uselessness
investigación - investigation
invitar - invite
invitarlo - invite
ir - go
iré - I'll come
Islam - Islam
italiana - Italian

izquierda - left
Jj
jardín - garden
jaula - cage
jefe - chief, master
joven - young
juego - game, play
jueves - thursday
juez - judge
jugó - played
juguetes - toys
juicio - trial
junto a - next to
junto con - together, together with
jurar - swear
justicia - fairness
justificar - justify
justificó - justified
Kk
Khan - Khan
kilómetro - kilometer
Ll
la - the
la mejor - best
labio - lip
lado - beside
ladrando - barking
ladrón - thief
lamer - lick
lamió - licked
lámpara - lamp
lanzando - launching
lanzar - launch
lanzó - launched
largo - long
legal - legal
lejos - far
lenta - slow
lentamente - slowly
levanta - picks up
levantar - lifted
levantarse - get up, rise, stand
levantó - picked up
ley - law
libertad - freedom
libre - free, spare
licenciatura - bachelor's degree

licor - liquor
líder - leader
ligero - light
limpiamente - cleanly
limpieza de casas - house-cleaning
limpio - clean
limpió - wiped
línea - line
listo - ready
llama - name
llamar - call
llave - key
llega - arrives
llegada - arrival
llegar - arrive
llegó - arrived
lleva - is wearing
llevaban - carried
llevar - carry, take, wear
llevarse - take
llorando - weeping
llorar - cry
lloró - wept
lloviendo - raining
lluvia - rain
local - local
loción - lotion
loco - mad, maniac
lomo - back
lucha - fight
luchando - fighting
luchar - fight
lugar - place
luna - moon
lunes - monday
luz - light
Mm
madre - mom, mother
maestro - teacher
mafioso - mob
mal - bad
maleante - crook
maleta - suitcase
maloliente - smelly
malvadas - evil
mancha - spot
mandó - ordered

mano - hand
manta - blanket
manzana - block
mañana - morning, tomorrow
mapa - map
mar - sea; mar Mediterráneo - Mediterranean Sea
marcar - dial
marcharse - leave
marrón - brown
martes - tuesday
más - more, most
más alto - higher
más apestoso - stinkiest
más bajo - lower
más fuerte - stronger
más lejos - farther
más rápido - faster
más tarde - later
masa - mass
masculina - male
matar - kill
mató - killed
matrícula - license
mayor - old
mecánicamente - mechanically
medalla - medal
media - half
medicinas - medicine
médico - doctor
médicos - doctor
medio - middle
mediodía - noon
mejor - better
menos - less
mensaje - message
mentiroso - liar
mercancías - freight
merecer - deserve, worth
mes - month
mesa - table
meses - months
metro - meter
mi - my
mía - mine
micrófono - microphone
miedo - afraid, fear, scared

miembro - member
mientras - while
miércoles - wednesday
mil - thousand
militar - military
millón - million
millonario - millionaire
mineral - mineral
ministro - minister
minuto - minute
mira - look
mirada - stare
mirando - looking, staring
miró - looked
misil - missile, shell
misiles - missiles, shells
moda - fashion
modales - manner
modelo - model
moderno - modern
momento - moment
monitor - monitor
monumento - monument
moral - moral
morir - die
mostrador - counter
mostrar - show
mostró - showed
motor - engine
moviendo - moving
mozo - porter
mucho - lot
muchos - many
muebles - furniture
muerte - death
mujer - wife, woman
mujeres - women
multando - fining
multitud - crowd
mundo - world
música - music
mutuo - mutual
muy - very
Nn
n - in
nación - nation
nacional - national

nada - nothing
nadie - nobody
nariz - nose
nativo - native
navaja - knife
navegador - navigator
necesitar - need
necesitó - needed
negocios - business
negra - black
nergía - energy
nervio - nerve
nerviosamente - nervously
nerviosismo - nervously
nervioso - nervous
niebla - foggy
nieve - snow
ningún sitio - anywhere
niño - child
niños - children
no - no
no se movían - motionless
noche - night
nombre - name; nombre de pila - first name
normal - normal
normalmente - normally
norte de África - North of Africa
nosotros - we
nota - note
ntre - among
ntregó - handed
nube - cloud
nublado - cloudy
nuestro - our
nueve - nine
nuevo - new
número - number
nunca - ever, never
Oo
o - either, or
obedecer - obey
obedecieron - obeyed
objetivo - goal, purpose
océano Índico - Indian Ocean
ocenas - dozen
ocho - eight
ocultar - hide

ocultó - hid
ocupado - busy
ocupar - occupy
ocurriendo - happening
ocurrió - happened
ocurrir - happen
odio - hatred
oficial - officer
ofrece - offers
ofreció - offered
oh - oh
oído - ear
ojo - eye
ojos - eyes; ojos muy abiertos - wide-eyed
ola - wave
oler - smell
olisqueando - sniffing
olisquear - sniff
olisqueó - sniffed
olvidar - forget
olvidaron - forgot
ópera - opera
operación - operation
oportunidades - opportunities
orden - command
ordenó - ordered
ordinario - ordinary
organización - organization
orgasmo - orgasm
orinar - urinate
orinó - urinated
oscurecer - get dark
otra vez - again
otro - other
oyó - heard
Pp
paciente - patient
padre - father
pagar - pay
pagó - paid
país - country
pájaro - bird
palabra - word
palanca - gear
pálido - pale
palo - stick
pan - bread

panel - panel
panfleto - leaflet
pantalones - pants
papá - dad
papel - paper, role
paquete - package
par - pair
para - for ; para siempre - forever
paracaídas - parachute
paracaidista - paratrooper
paralizó - froze
parecer - resembled
pared - wall
pareja - couple
parientes - relatives
parque - park
parte - part
participar - participate
partir - leave
pasajeros - passengers
pasaporte - passport
pasar - pass; past
pasillo - corridor
pasos - steps
pastilla - pill
patio - yard
patrullar - patrol
pausa - pause
pavimento - pavement
pecho - chest
pedir - order
película - film
peligro - danger
peligro, riesgo - risk
peligroso - dangerous
pena - penalty, pity
pensando - thinking
pensó - thought
peor - worse
pequeña - small
pequeño - small
percibiendo - realizing
percibió - noticed
perdedores - losers
perder - lose, missing
perdí - lost
perdido - missing

perdonar - forgive
perecieron - killed
periódico - newspaper
permanente - permanent
permiso - permission, permit
permitido - allowed
permitir - allow
pero - but
perro - dog
persecución - chase
persona - person
personal - personal, staff
pesadilla - nightmare
pesado - heavy
petróleo - oil
pidió - asked
pie - foot
piedra - stone
piel - skin
piensa - thinks
pierna - leg
pies - feet
piloto - pilot
pintado - painted
pintando - painting
pintar - paint
piso - floor
pista - hint, runway
pistola - pistol
pizza - pizza
placa - badge
planeando - planning
planear - plan
planta - floor
plástico - plastic
plataforma - platform
plato - plate
plaza - square
pobres - poor
poco - a bit, little ; poco amablemente - unkindly ; poco amistosa - unfriendly
poder - power
podría - could
policía - police
polizón - stowaway
polvo - dust
poner - put

por - through, throughout
por ciento - percent
por favor - please
por lo tanto - therefore
por qué - why
por supuesto - of course
porcentaje - percentage
porche - porch
pornográfica - pornographic
porquería - garbage
porra - baton
poseso - madman
posible - possible
posiblemente - possibly
postcombustión - afterburner
practicando - practicing
practicar - practice
pregunta - ask, question
preguntando - questioning
preguntar - ask
preguntó - asked
preocupado - worry
preocuparse - worry
preparar - prepare
presentó - introduced
presidente - president
presionado - pressed
preso - convict
prestar - pay
primer ministro - prime minister
principal - main
principalmente - mainly
principio - principle
prisión - jail, prison
prisionero - prisoner
privado - private
probablemente - probably
probar - prove
problema - problem
proceso - process
proeza - stunt
profesión - profession
prohibición - ban
prohibir - forbid
promesa - promise
prometió - promised
propia - own

propiedad - property
propina - tip
proponer - suggest
proporcionó - provided
propuse - suggested
propuso - suggested
protegió - shielded
protestar - protest
protestó - protested
proveedor - provider
provincia - province
proyectil - rocket
pueblo - town
puede - may
puedo - can
puerta - door
puerto - port
puesto - post
puestos - posts
pulsa - presses
punto - dot; punto de mira - crosshairs
puso - put
Qq
que - that
qué - what
que aproveche - bon appetit
quedar - stay
quedar bien - fit
quedarse - stay
quedó - stayed; quedó bamboleándose - stood uncertainly
quería - wanted
querido - dear
quién - who
quiere decir - means
quiero - want
quiero decir - mean
quince - fifteen
quinientos - five hundred
quizás - maybe
Rr
radar - radar
radio - radio
rápidamente - rapidly
rápido - fast
rascó - scratched
rasgar - tear

rayas - stripes
razón - reason
razonablemente - reasonably
realidad - reality
realmente - actually, really
rebaño - herd
recepción - reception
receptor - receiver
rechazar - refuse
rechazó - refused
recibidor - hall, hallway
recibió - greeted
recibir - meet, receive
reciente - recent
recluso - inmate
recoger - pick up
recomendar - recommend
reconocer - recognize
reconocieron - recognized
recordar - remember
recordó - remembered
recto - straight
recuperarse - recover
recuperó - recovered, regained
reflejar - reflect
refuerzo - reinforcement
regalo - gift
régimen - regime
registrado - registered
regresa - returns
reir - laugh
relajó - relaxed
relámpagos / rayos - lightning
religión - religion
reloj - clock
remover - stir
reparar - repair
repartir - divide
repentino - sudden
repitiendo - repeating
rescatar - rescue
resistencia - resistance
resistió - resisted
resistir - resist
respetable - respectable
responde - answers
responder - answer

respondió - answered, replied
responsabilidad - responsibility
responsable - responsible
reunido - gathered
reunión - meeting
reverencia - bow
revista - magazine
revolución - revolution
rey - king
rica - tasty
ridículo - ridiculous
rió - laughed
robado - stolen
robando - robbing
robar - rob, stealing
robó - robbed
robo - robbery
robó - stole
rodeado - surrounded
rodeó - circled
rodilla - knee
rojo - red
romper - break
rompían - tore
ropa - clothes
rosa - pink
rotación - rotation
rotar - rotate
rubio - fair
rufián - scoundrel
rugido - roar
ruidos - noises
Ss
sábado - Saturday
saber - know
sabía - knew
sabido - known
sacan - carry out
sacó - pulled
sala - room
salarios - salary
salida - exit
saliendo - leaving
salir - get out, go out, leave
saltar - jump
saltó - jumped
saluda - greets
saludaban - waved
saludando - greeting
salve - save
sangre - blood
sanidad - healthcare
sapo - toad
saqué - removed
sarcasmo - sarcasm
sarcásticamente - sarcastically
satélite - satellite
sé - know
se aproximan - approach
se deslizó - slipped
se detuvo - stopped
se dio a la fuga - fled the scene
se dobló - bent
se extiende - stretch
se jubiló - retired
se puso - became
se sentó - sat
se supone - supposed
seguir - follow
según - according
segundo - second
seguridad - safety, security
seis - six
semáforo - traffic light
semana - week
sencillo - simple
sensación - sensation
sentado - sitting
sentencia - sentence
sentir - feel
señal - signal
señala - points
señalando - pointing
señalar - point
señaló - pointed
señora - madam
señoría - honor
ser - be ; ser (un peligro) - pose (a danger)
seriamente - seriously
serio - serious
servicial - attentive
servicio - service
severa - severe
sexualmente - sexually

shock - shock
si - if
sí - yes
siática - Asian
siempre - always
siete - seven
silencio - silence
silenciosamente - silently
silla - chair; silla de ruedas - wheelchair
sillón - armchair
SIM - SIM
símbolo - symbol
simplemente - simply
sin - without
sintió - felt
sinvergüenza - shameless
sirena - flashing lighting, siren
sirvió - served
sistema - system
sitio - location
situación - situation
situado - located
sobornar - bribe
soborné - bribed
sobre - envelope
sofá - couch
solamente - only
solar - solar
soldado - soldier
soleado - sunny
solo - alone
soltera - single
sonaba - ticked
sonando - sounding
sonido - sound
sonó - sounded
sonríe - smiles
sonriendo - smiling
sonrió - smiled
soñado - dreamt
sopla - blows
soplando - blowing
sorda - deaf
sorprendido - stunned, surprised
sorpresa - amazement, surprise
sorteo - lottery
sótano - basement

soy - am
spaghetti - spaghetti
Sr.- Mr.
Srta.- Miss
su - his, your
suavemente - gently, softly
subió - climbed
subir - climb up, go up
sucia - dirty
sucias - dirty
sudor - sweat
suelo - floor, ground
suena - sounds
sueño - dream
sueños - dreams
suficiente - enough
sufrimiento - suffering
sujetando - holding
superestrella - superstar
superficial - slight
superficie - surface
super-ladrón - super-theft
supervisar - supervise
suplicar - plead
suplicó - pleaded
sur - south
sustancia - substance
susto - frightened
susurró - whispered
Tt
tablero de mandos - dashboard
también - too
tanque - tank
tapa - lid
tarde - evening, late
tarea - task
tarjeta - card
Taser - Taser
tatuaje - tattoo
taxi - taxi
taza - cup
teatro - theatre
técnico de reparaciones - repairman
tejanos - jeans
telaraña - cobweb
teléfono - phone, telephone
temerosamente - fearfully

temporal - temporary
temporalmente - temporarily
tengo - have
teniendo - having
tensión - tension
tercero - third
terminando - finishing
términos - terms
terraza - terrace
terrorista - terrorist
texto - text
tienda - shop, store, tent
tiene - have, hold
tintorería - cleaners
tipo - guy
tira - pull, throw down
tirando - pulling
tiroteo - shoot-out
tocó - touched
toda - all
todas partes - everywhere
todavía - still
todo - all
todos - all
tolerar - tolerate
tonterías - nonsense
trabajador - worker
trabajo - job, work
tradicional - traditional
traer - bring
trajo - brought
tranquilamente - calmly
tranquilidad - quietly
transportaba - transported
transportar - move, transporting
transportista - mover
trayecto - drive
treinta - thirty ; treinta y cinco - thirty-five
tren - train; tren de aterrizaje - landing gear
tres - three
triste - sadly
tristemente - sadly
trompa - trunk
trozo - piece
trueno - thunder
tú - you ; tú mismo - yourself
turista - tourist

tuyas - yours
Uu
ugitivo - fugitive
último - last
un - a, an ; un poco - a little bit
una - a ; una vez - once
uniforme - uniform
unión - union
universidad - university
uno - one
urgentemente - urgently
usando - using
usted - you
utilizar - use
Vv
va - goes
vacaciones - vacations
vacío - empty
vagabundo - vagabond
vainilla - vanilla
vamos - let's go
Van Gogh - Van Gogh
vano - vain
vaquera - denim
varios - several
vaso - glass
vasto - vast
vecino - neighbor
vehículos - vehicles
veinte - twenty
veintisiete - twenty-seven
velocidad - speed
vendados - bandaged
vendar - bandage
vendedor - clerk, salesman
vender - sell
vendí - sold
vengarse - revenge
venir - come
ventana - window
ventilación - ventilation
ver - see
verde - green
verja - gate
verticalmente - vertically
vestido - dress
vía - track

viajando - traveling
viajar - travel
viandante - passersby
vías - railroad
vibrar - vibrate
victorioso - victorious
vida - life
vídeo - video
viendo - seeing
viento - wind
viernes - Friday
vigilante - guard
vigilar - oversee, watch
vino - wine
vio - saw
violó - violated
visible - visible
visita - visit
vista - view
visto - seen
vive - lives
viví - lived
vivo - alive
volando - flying
volante - wheel
volar - fly
volcar - overturned
voz - voice

Yy
y - and
ya - already
yaciendo - lying
yo - I ; yo mismo - myself

Zz
zapatos - shoes
zoólogo - zoologist
zumo - juice

English-Spanish dictionary

Aa
a - un, una
a little bit - un poco
abandon - abandonar
about - alrededor
above - encima
abruptly - abruptamente
absolutely - absolutamente
accepted - aceptó
accident - accidente
accompanied - acompañó
accompanying - acompañando
according - según
ace - as
acquaintance - conocido
act - actuar
acted - actuó
action - acción
active - activar
actually - realmente
add - anuncio
added - añadió
address - dirección
adds - añade
adjusted - ajustó
advance - avanzar
aeroplane - avión
affair - asunto
afraid - miedo
afterburner - postcombustión
again - otra vez
against - contra
agitated - agitado
agreement - acuerdo
aimed - apuntó
air - aéreas, aire
aircraft - aeronave
airfield - aeródromo
airport - aeropuerto
alarm - alarma
alcohol - alcohol
alive - vivo
all - toda, todo, todos
alley - callejón
allow - permitir

allowed - permitido
almost - casi
alone - solo
already - ya
altitude - altitud
always - siempre
am - soy
amazement - sorpresa
among - entre
an - un
and - y
angrily - enfadada
animal - animal
answer - responder
answered - respondió
answers - responde
antelope - antílope
antenna - antena
any - algún
anyone - cualquiera
anything - algo
anyway - de todas formas
anywhere - ningún sitio
apart - aparte
appear - aparecer
appeared - apareció
appreciate - agradecer
approach - acercarse, se aproximan
approached - acercó
approaching - acercándose
aquí - here
Arab - árabe
are - están
arm - brazo
armchair - sillón
armed - armado
army - ejército
around - alrededor
arrest - arrestar
arrested - arrestado
arrival - llegada
arrive - llegar
arrived - llegó
arrives - llega
as - como, dado que

ashamed - avergonzada
Asian - asiática
ask - preguntar
asked - pidió, preguntó
asks - pregunta
asleep - dormido
assistant - asistente
ate - comiste
attack - atacar
attacking - atacando
attempted - intento
attention - atención
attentive - servicial
attentively - atentamente
authority - autoridad
automatic - automática
avenue - avenida
avoid - evitar
awarded - condecorar
Bb
bachelor's degree - licenciatura
back - lomo
bad - mal
badge - placa
bag - bolsa
bags - bolsas
ban - prohibición
bandage - vendar
bandaged - vendados
bank - banco
bar - bar, barra, barrote
barely - apenas
barking - ladrando
barrel - barril
basement - sótano
basic - básica
bathroom - cuarto de baño
baton - porra
battle - batalla
be - estar, ser
beard - barba
beat - golpear
beautiful - guapa
became - se puso
become - convertirte
bed - cama
bedroom - dormitorio

before - antes
began - empezó
begin - empezar
beginning - empezando
behave - comportarse
behind - atrás, detrás
believe - creer
below - debajo
bent - se dobló
beside - lado
besides - además
best - la mejor
better - mejor
between - entre
big - grande
bill - billete
bird - pájaro
bit - poco
black - negra
blanket - manta
blind - ciego
block - manzana
blocked - bloqueó
blood - sangre
blowing - soplando
blows - sopla
blue - azul
board - bordo
body - cuerpo
bodyguard - guardaespaldas
boiler - caldera
bomb - bomba
bombed - bombardeó
bomber - bombardero
bombing - bombardeando
bon appetit - que aproveche
bonfire - hoguera
bonus - compensación
borders - fronteras
boring - aburrido
both - ambos
bottle - botella
bottom - inferior
bought - compró
bouncing - botar
bow - reverencia
box - caja

boy - chico
brain - cerebro
brake - freno
bread - pan
break - romper
breeze - brisa
bribe - sobornar
bribed - soborné
brilliant - brillante
bring - traer
broke down - derrumbó
brother - hermano
brought - trajo
brown - marrón
bullet - bala
bulletproof - antibalas
buried - enterradas
burned - ardía
burning - ardiendo
bus - autobús
business - negocios
busy - ocupado
but - pero
butt - culo
button - botón
buy - comprar
by - del
bye - adiós
Cc
cabbage - calabaza
cabin - cabina
cabinet - gabinete
café - cafetería
cage - jaula
call - llamar
calm - calmarse
calmly - tranquilamente
camels - camellos
camera - cámara
camp - campamento
can - puedo
capital - capital
capitalism - capitalismo
capture - capturar
car - coche
card - tarjeta
cargo - cargo

carried - llevaban
carry - llevar ; carry out - sacan
case - caso
cash register - caja
catapult - catapultar
catch - coger
cell - celda
center - centro
central - central
ceremoniously - ceremoniosamente
certificate - certificado
chair - silla
changed - cambió
charged - acusado
chart - carro
chase - persecución
cheat - engañar
cheated - engañaron
check - comprobar
checked - comprobó
chest - pecho
chief - jefe
child - niño
children - niños
chocolate - chocolate
choice - elección
choose - elegir
chose - eligió
chosen - elegido
cigarette - cigarrillo
circled - rodeó
citizen - ciudadano
city - ciudad
classification - clasificación
clean - limpio
cleaners - tintorería
cleanly - limpiamente
clear - claro
clerk - vendedor
client - cliente
climb up - subir
climbed - subió
clock - reloj
close - cerca
closed - cerrados
closes - cierra
closet - armario

closets - armarios
clothes - ropa
cloud - nube
cloudy - nublado
clutching - agarrando
coats - abrigos
cobweb - telaraña
coffee - café
cold - frío
coldly - fríamente
coldness - frialdad
colleague - compañero
color - color
colors - colores
column - columna
combat - combate
come - venir
command - orden
commission - comisión
commit - cumplir
committed - cometí
company - compañía
compartment - compartimento
completely - completamente
compound - compuesto
conclude - acabar, concluir
concluded - concluyó
condemnation - condenación
conducted - dirigió
conducting - dirigiendo
confidently - confidencialmente
confiscation - confiscación
congratulations - enhorabuena
connected - conectaba
connection - conexión
conscience - consciencia
conspiration - conspiración
constantly - constantemente
consult - consultar
consultant - consultor
contain - contener
continent - continente
continue - continuar
continued - continuó
continuing - continuando
control - control, controlarse
conversation - conversación

convict - preso
convinced - convencido
cook - cocinero
cool - fresco
coordinate - coordinar
co-pilot - copiloto
correctly - correctamente
corridor - pasillo
cost - costar
couch - sofá
could - podría
count - contar
counter - mostrador
counting - contando
country - estado, país
couple - pareja
court room - audiencias
covered - cubrió
coward - cobarde
crashed - estrelló
crawl - gatear
create - crear
creating - creando
crime - delincuencia
criminal - criminal
crook - maleante
crosshairs - punto de mira
crossing - cruce
crossword - crucigrama
crowd - multitud
crush - aplastar, choque
cry - llorar
cup - taza
customer - cliente
customs - aduanas
cut - cortan
Dd
dad - papá
Dalmatian - dálmata
danger - peligro
dangerous - peligroso
dashboard - tablero de mandos
day - día
deaf - sorda
dear - querido
death - muerte
debt - deuda

decide - decidir
decided - decidió
decision - decisión
decisive - decisivo
declared - declaró
defendant - defendido
defended - defendió
defender - defensor
defense - defensa
demand - demandar
democratic - democrático
denim - vaquera
desert - desierto
deserve - merecer
destroy - destruir
Detainee - detenido
detective - detective
detective's - del detective
device - aparato
devil - diablo
dial - marcar
diamond - diamante
dictaphone - dictáfono
dictatorship - dictadura
die - morir
different - diferente
difficult - difícil
dimly - escasamente
din - estruendo
dinner - cena
direction - dirección
dirty - sucia, sucias
disaster - desastre
disconnect - apagar
disgust - asco
disgusting - asqueroso
distance - distancia
distributed - distribuyó
divide - repartir
divorced - divorciada
do - hacer
doctor - médico, médicos
document - documento
dog - perro
dollar - dólar, dólares
done - hecho
door - puerta

dose - dosis
dot - punto
double - doble
downpour - aguacero
dozen -docenas
drag - arrastrar
dragged - arrastró
draw - escribir
drawer - cajón
dream - sueño
dreams - sueños
dreamt - soñado
dress - vestido
drink - beber
drinks - bebe
drive - trayecto
driven - conducido
driver - conductor
driving - conduciendo
dropped - dejó caer
dropping - dejando caer
drops - gotas
drove - condujo
drugs - drogas
drunk - borracho
dune - duna
during - durante
dust - polvo
duty - deber
Ee
each - cada
eagerly - ávidamente
ear - oído
earlier - antes
east - este
easy - fácil
eat - comer
eaten - comido
eating - comiendo
economy - economía
edge - borde
education - educación
eight - ocho
either - o
elections - elecciones
electric - eléctrica, eléctrico
electrician - electricista

elephant - elefante
elevator - ascensor
emotion - emoción
employee - empleado
empty - vacío
enemy - enemigo
energy - energía
engine - motor
enjoy - disfruto
enjoyed - disfrutar
enormous - enorme
enough - suficiente
entered - entró
enters - entra
envelope - sobre
equally - a partes iguales
equipment - equipo
escape - escapar, huir
escaped - escapó
euphoric - eufórico
Europe - Europa
European - europeo
even - incluso
evening - tarde
event - evento
eventually - finalmente
Ever - nunca
everywhere - todas partes
evident - evidente
evil - malvadas
exactly - exactamente, exacto
examine - examinar
examined - examinó
example - ejemplo
excellently - estupendamente
except - excepto
exchanged - cambiaron, intercambiaron
excuse - disculpe
executed - ejecutada
execution - ejecución
exit - salida
exotic - exótico
exotics - exotismo
expected - esperado
expensive - caro
experience - experiencia
experienced - experimentado

experiment - experimento
explain - explicar
explained - explicó
exploded - explotó
explosion - explosión
expression - expresión
extend - extenderse
extended - extendió
eye - ojo
eyes - ojos
Ff
face - cara
facial - facial
factory - fábrica
fair - rubio
fairness - justicia
fake - falsa
fall - caer
fall down - caer
falling - cayendo
false - falso
family - familia
far - lejos
fare - cuota
farm - granja
farther - más lejos
fashion - moda
fast - rápido
faster - más rápido
fate - destino
father - padre
fault - culpa
favorite - favorito
fear - miedo
fearfully - temerosamente
feed - alimentar
feel - sentir
feet - pies
fell - cayó
felt - sintió
female - femenina
fifteen - quince
fifty - cincuenta
fight - lucha, luchar
fighting - luchando
film - película
finally - finalmente

finds out - descubre
finger - dedo
fining - multando
finish - acabar
finished - acabó
finishing - terminando
fire - echar, fuego
first name - nombre de pila
fit - quedar bien
five - cinco ; five hundred - quinientos
five-minute - cinco minutos
flag - banderas
flare - bengala
flashing lighting - sirena
fled the scene - se dio a la fuga
floor - piso, planta, suelo
flowed - fluía
flower - flor
fly - volar
flying - volando
foggy - niebla
follow - seguir
food - comida
foot - pie
for - para
forbid - prohibir
forces - fuerzas
Ford - Ford
forest - bosque
forever - para siempre
forget - olvidar
forgive - perdonar
forgot - olvidaron
forty - cuarenta
found - encontré
four - cuatro
fourth - cuarto
free - libre
freedom - libertad
freight - mercancías
Friday - viernes
friend - amigo
frightened - susto
frightening - atemorizante
froze - paralizó
fruit - fruta
fugitive - fugitivo

fulfill - cumple
fully - completamente
furniture - muebles
future - futuro
game - juego
garaje - garaje
garbage - porquería
garden - jardín
gas - acelerador
gasoline - gasolina
gate - verja
gathered - reunido
gave - dio
gear - palanca
genie - genio
gently - suavemente
gestured - gesticuló
get dark - oscurecer
get out - salir
get up - levantarse
ghost - fantasma
gift - regalo
girl - chica
give - dado, dar
gives - da
giving - dando
glass - vaso
glitter - destellear
glittering - destelleando
go - ir
go down - bajar
go out - salir
go up - subir
goal - objetivo
God - Dios
goes - va
gone - desaparecido, ido
good - buen
government - gobierno
grab - agarrar
grabbed - agarró
gradually - gradualmente
grass - hierba
great - genial, gran
greedy - avaricioso
green - verde
greeted - recibió

greeting - saludando
greets - saluda
grey - gris
groan - gemir
groaned - gimió
ground - suelo
group - grupo
grows - cultiva
guarantee - garantizar
guard - vigilante
guessed - adivinado
gunman - ametrallador
guy - tipo
Hh
hair - cabello
half - media
hall - recibidor
hallway - recibidor
hand - mano
handcuff - esposar
handcuffs - esposas
handed - entregó
handing - entregando
hang - colgar
hangar - hangar
hanging - colgando
happen - ocurrir
happened - ocurrió
happening - ocurriendo
happily - alegremente
has - tiene
hatred - odio
have - tengo
having - teniendo
he - él
head - cabeza
headache - dolor de cabeza
headquarter - cuartel
healthcare - sanidad
hear - escuchar
heard - oyó
hearing - escuchando
heart - corazón
heat - calor
heavy - pesado
helicopter - helicóptero
hello - hola

help - ayuda, ayudar; help me - ayudarme
herd - rebaño
here - aquí
hero - héroe
hey - eh
hid - ocultó
hide - ocultar
high - alto
higher - más alto
highly - altamente
highway - autopista
hint - pista
hire - contratar
hired - contrató
his - su
history - historia
hit - golpe
hold - tiene
holding - sujetando
honor - señoría
hope - esperanza
hoped - esperaba
horizon - horizonte
horror - horror
hospital - hospital
hot - calor
hotel - hotel
hour - hora
house - casa ; house-cleaning - limpieza de casas
how - cómo ; how much - cuánto
huge - enorme
hugged - abrazó
hundred - cien
hung - colgaban
hungry - hambre
Ii
I - yo
I'll come - iré
ice cream - helado
idea - idea
idiot - idiota
if - si
illegal - ilegalmente
imagine - imaginarse
immediately - inmediatamente
imperial - imperial

importance - importancia
important - importante
impossible - imposible
in - en
in front of - delante
incident - incidente
incredible - increíble
indescribable - indescriptible
Indian Ocean - océano Índico
indignately - indignación
infernal - infernal
inform - informar
information - información
informed - informó
injured - herido
injuries - heridas
injury - herida
inmate - recluso
inside - dentro, interior
insist - insiste
insisted - insistió
inspect - inspeccionar
inspection - inspección
instead - en lugar de
intently - atentamente
interest - interés, interesar
interesting - interesante
international - internacional
interrupt - interrumpir
interrupted - interrumpió
intersection - cruce
introduced - presentó
investigation - investigación
invite - invitar, invitarlo
is - es, está
is watering - está regando
is wearing - lleva
Islam - Islam
it's - hace
Italian - italiana
Jj
jacket - chaqueta
jail - prisión
jam - atasco
jeans - tejanos
job - trabajo
joke - chiste

judge - juez
juice - zumo
jump - saltar
jumped - saltó
junk - chatarra
justified - justificó
justify - justificar
Kk
key - llave
Khan - Khan
kicked - de una patada
kid - hijo
kidding - broma
kill - matar
killed - mató, perecieron
kilometer - kilómetro
kind - clase
king - rey
kiss - beso
kissed - besó
kitchen - cocina
knee - rodilla
knew - sabía
knife - navaja
knock - golpe
knocked - golpeó
know - saber, sé
known - sabido
Ll
lamp - lámpara
lamppost - farola
land - aterrizar
landed - aterrizó
landing - aterrizando; landing gear - tren de aterrizaje
language - idioma
large - grande
last - último; last name - apellidarse
late - tarde
later - más tarde
laugh - reir
laughed - rió
launch - lanzar
launched - lanzó
launching - lanzando
law - ley
lawyer - abogado

lays - está tumbado
lead - guiar
leader - líder
leaf - hoja
leaflet - panfleto
learn - aprender
learnt - aprendí
leave - marcharse, partir, salir
leaving - saliendo
led - guió
left - abandonó; izquierda
leg - pierna
legal - legal
less - menos
let me - déjame
let's go - vamos
liar - mentiroso
license - matrícula
lick - lamer
licked - lamió
lid - tapa
life - vida
lifted - elevó, levantar
light - claro, ligero, luz
lightening - iluminando
lightning - relámpagos / rayos
lights - enciende
like - gustar
line - línea
lip - labio
liquor - licor
listen - escucha
lit - encendió
little - poco
lived - viví
lives - vive
load - cargar
local - local
located - situado
location - sitio
lock - cerradura
locked - cerrada
long - largo
look - mira
looked - miró
looking - mirando
lose - perder

losers - perdedores
lost - perdí
lot - mucho
lotion - loción
lottery - sorteo
loud - alta, en voz alta
love - encantar, amar
loved - amó
low - baja, bajo
lower - más bajo
lowering - bajando
luggage - equipaje
lunch - comida
lying - yaciendo
Mm
mad - loco
madam - señora
made - hecho, hizo
madman - poseso
magazine - revista
main - principal
mainly - principalmente
make - hacer
male - masculina
man - hombre
manage - dirigir
manager - director
manager's - del director
maniac - loco
manner - modales
many - muchos
map - mapa
married - casada
mass - masa
master - jefe
matters - importa
may - puede
maybe - quizás
mean - quiero decir
means - quiere decir
mechanically - mecánicamente
medal - medalla
medical - de medicina
medicine - medicinas
Mediterranean Sea - mar Mediterráneo
meet - recibir
meeting - reunión

member - miembro
menu - carta
message - mensaje
meter - metro
microphone - micrófono
middle - medio
military - militar
million - millón
millionaire - millonario
mine - mía
mineral - mineral
minister - ministro
minute - minuto
mirror - espejo
misfortune - desgracia
missile - misil
Miss - Srta.
missing - perder, perdido
mistake - error
mob - mafioso
model - modelo
modern - moderno
mom - madre
moment - momento
monday - lunes
money - dinero
monitor - monitor
month - mes
months - meses
monument - monumento
moon - luna
moral - moral
more - más
morning - mañana
most - más
mother - madre
motionless - no se movían
mouth - boca
move - transportar
moving - moviendo
Mr. - Sr.
music - música
must - debe
mutual - mutuo
my - mi
myself - yo mismo

Nn
naive - inocente
name - llama, nombre
nation - nación
national - nacional
native - nativo
navigator - navegador
near - al lado, cerca
nearby - cercano
neatly - cuidadosamente
neck - cuello
need - necesitar
needed - necesitó
neighbor - vecino
nerve - nervio
nervously - nerviosamente, nerviosismo
nervous - nervioso
never - nunca
new - nuevo
newspaper - periódico
next to - junto a
nice - agradable
night - noche
nightmare - pesadilla
nine - nueve
no - no
nobody - nadie
noises - ruidos
nonsense - tonterías
noon - mediodía
normal - normal
normally - normalmente
North of Africa - norte de África
nose - nariz
note - nota
nothing- nada
noticed - percibió
now - ahora
number - número
nurse - enfermera
Oo
o'clock - en punto
obey - obedecer
obeyed - obedecieron
occupy - ocupar
of - de ; of course - por supuesto
offered - ofreció

offers - ofrece
office - despacho
officer - oficial
oh - oh
oil - petróleo
ok - bien
old - antiguo, mayor
on - encima de
once - una vez
one - uno
only - solamente
open - abierta, abrir
opened - abrió
opera - ópera
operation - operación
opportunities - oportunidades
or - o
order - pedir
ordered - mandó, ordenó
ordinary - ordinario
organization - organización
orgasm - orgasmo
other - otro ; other side - al otro lado
otherwise - de otra forma
our - nuestro
out - fuera
outside - fuera
overlooking - con vistas a
oversee - vigilar
overturned - volcar
own - propia
owner - dueño
Pp
package - paquete
paid - pagó
pain - dolor
painkiller - analgésico
paint - pintar
painted - pintado
painting - pintando
pair - par
pale - pálido
panel - panel
pantry - despensa
pants - pantalones
paper - papel
parachute - paracaídas

paratrooper - paracaidista
park - parque
parking - aparcamiento
part - parte
participate - participar
pass - pasar
passed - adelantó
passengers - pasajeros
passersby - viandante
passionate - apasionado
passionately - apasionadamente
passport - pasaporte
past - pasar
patient - paciente
patrol - patrullar
patted - dio un golpecito
pause - pausa
paused - hizo una pausa
pavement - pavimento
pay - pagar, prestar
penalty - pena
people - gente
percent - por ciento
percentage - porcentaje
permanent - permanente
permission - permiso
permit - permiso
person - persona
personal - personal
pet - acariciar
pharmacy - farmacia
phones - teléfono
photo - foto
pick up - recoger
picked up - levantó
picks up - descuelga, levanta
picture - dibujo
piece - trozo
pill - pastilla
pillar - columna
pilot - piloto
pink - rosa
pistol - pistola
pity - pena
pizza - pizza
place - lugar
plan - planear

plane - avión
planning - planeando
plastic - plástico
plate - plato
platform - plataforma
play - juego
played - jugó
plead - suplicar
pleaded - suplicó
please - por favor
pleased - agradecido
pocket - bolsillo
point - señalar
pointed - apuntó, señaló
pointing - señalando
points - apunta, señala
police - policía ; police station - comisaría
polite - educado
politely - educadamente
poor - pobres
pornographic - pornográfica
porch - porche
port - puerto
porter - mozo
pose (a danger) - ser (un peligro)
possible - posible
possibly - posiblemente
post - puesto
posts - puestos
pouring - echando
pours - echa
power - poder
practice - practicar
practicing - practicando
pregnant - embarazada
prepare - preparar
president - presidente
pressed - presionado
presses - pulsa
pretend - hacer ver
pretty - guapa
prevent - impedir
previous - anterior
prime minister - primer ministro
principle - principio
prison - prisión
prisoner - prisionero

private - privado
probably - probablemente
problem - problema
process - proceso
profession - profesión
promise - promesa
promised - prometió
property - propiedad
prosecutor - fiscal
protest - protestar
protested - protestó
prove - probar
provided - proporcionó
provider - proveedor
province - provincia
pull - tira
pulled - sacó
pulling - tirando
punish - castigar
punishment - castigo
purpose - objetivo
purse - bolso
pushed - empujar
put - colocar, poner, puso
Qq
question - pregunta
questioning - preguntando
quickly - apresuradamente
quietly - tranquilidad
Rr
rabbit - conejo
radar - radar
radio - radio
railroad - vías
rain - lluvia
raining - lloviendo
ran - corrió
rapidly - rápidamente
reached - alcanzó
ready - listo
reality - realidad
realize - darse cuenta
realizing - percibiendo
really - de veras, realmente
reason - razón
reasonably - razonablemente
receive - recibir

receiver - receptor
recent - reciente
reception - recepción
recognize - reconocer
recognized - reconocieron
recommend - recomendar
recover - recuperarse
recovered - recuperó
red - rojo
redfish - gallineta
reflect - reflejar
refuse - rechazar
refused - rechazó
regained - recuperó
regime - régimen
registered - registrado
reinforcement - refuerzo
relatives - parientes
relaxed - relajó
religion - religión
remember - recordar
remembered - recordó
remove - eliminar
removed - saqué
repair - arreglar, reparar
repairing - arreglando
repairman - técnico de reparaciones
repeating - repitiendo
replied - respondió
replies - contesta
reported - informó
repository - depósito
rescue - rescatar
resembled - parecer
resist - resistir
resistance - resistencia
resisted - resistió
respectable - respetable
responsibility - responsabilidad
responsible - responsable
rest - descanso
retired - se jubiló
return - devolver, devolverme
returns - regresa
revenge - vengarse
revolution - revolución
ridiculous - ridículo

right now - ahora mismo
rise - levantarse
risk - peligro, riesgo
road - camino, carretera
roar - estruendo, rugido
roared - bramó
roaring - bramando
rob - robar
robbed - robó
robber - atracador
robbery - robo
robbing - robando
rocket - proyectil
role - papel
roof - capó
room - despacho, habitación, sala
rope - cuerda
rotate - rotar
rotation - rotación
rubber - goma
rubbish - basura
rule - gobernar
rulers - gobernantes
run - correr
running - corriendo
runway - pista
rushed - corrió
Ss
sadly - triste, tristemente
safe - caja fuerte
safety - seguridad
said - dijo
salary - salarios
salesman - vendedor
same - igual
sand - arena
sang - cantó
sarcasm - sarcasmo
sarcastically - sarcásticamente
sat - se sentó
satellite - satélite
Saturday - sábado
save - salve
saw - vio
say - decir
saying - diciendo
says - dice

scared - atemorizado, miedo
school - colegio
scoundrel - rufián
screamed - gritó
screaming - gritando
sea - mar
search - buscar
searched - buscó
seat - asiento
second - segundo
security - seguridad
see - ver
seeing - viendo
seen - visto
sell - vender
send - enviar
sensation - sensación
sentence - sentencia
serious - serio
seriously - seriamente
served - sirvió
service - servicio
seven - siete
several - varios
severe - severa
sexually - sexualmente
shaft - conducto
shameless - sinvergüenza
shaved - afeitado
she - ella
sheer - auténtico
shelf - estantería
shell - misil
shells - misiles
shielded - protegió
shirt - camisa
shock - shock
shoes - zapatos
shoot - disparar
shoot-out - tiroteo
shop - tienda
shore - costa
short - bajo
should - debería
shoulder - hombro
shout - gritar, grito
shouted - gritó

shouting - gritando
show - mostrar
showed - mostró
shower - ducha
shut up - callar
side - arcén
sidewalk - acera
signal - señal
signing - firmando
silence - silencio
silently - silenciosamente
SIM - SIM
simple - sencillo
simply - simplemente
single - soltera
siren - sirena
sits - está sentado
sitting - sentado
situation - situación
six - seis
skin - piel
sky - cielo
sleep - dormir
sleeping - durmiendo
sleepy - adormilado
slender - delgada
slight - superficial
slipped - se deslizó
slow - lenta
slowly - despacio, lentamente
small - pequeña, pequeño
smell - oler
smelly - maloliente
smiled - sonrió
smiles - sonríe
smiling - sonriendo
smoke - humo
smoking - fumando
sniff - olisquear
sniffed - olisqueó
sniffing - olisqueando
snow - nieve
so - así que
socks - calcetines
softly - suavemente
solar - solar
sold - vendí

soldier - soldado
someone - alguien
something - algo
sometime soon - enseguida
sometimes - a veces
son - hijo
soothed - calmó
sound - sonido
sounded - sonó
sounding - sonando
sounds - suena
south - sur
spaghetti - spaghetti
spare - libre
speak - hablar
special - especial
speed - velocidad
spend - gastar
spilled - derramado
spin - dar vueltas
spoke - habló
sports - deportes
spot - mancha
square - plaza
scratched - rascó
staff - personal
stairs - escaleras
stand - levantarse
standing - de pie
star - estrella
stare - contemplar, mirada
staring - mirando
start - empezar
started - arrancó
station - estación
stay - quedar, quedarse
stayed - quedó
stealing - robar
steer - dirigir
steps - pasos
stick - palo
still - todavía
stink - apestar
stinkiest - más apestoso
stinky - apestoso
stir - remover
stole - robó

stolen - robado
stomach - estómago
stone - piedra
stood uncertainly - quedó bamboleándose
stop - detener, detenerse
stopped - se detuvo
store - tienda
story - historia
stowaway - polizón
straight - recto
straightened - estiró
strange - extraño
street - calle
strength - fuerza
stretch - se extiende
stripes - rayas
stroke - acarició
strong - fuerte
stronger - más fuerte
struck - alcanzó
stuck - atascado
study - estudio
stunned - sorprendido
stunt - proeza
stupid - estúpidas
substance - sustancia
suburbs - afueras
sudden - repentino
suddenly - de repente
suffering - sufrimiento
sugar - azúcar
suggest - proponer
suggested - propuse, propuso
suitcase - maleta
Sunday - domingo
sunny - soleado
superstar - superestrella
super-theft - super-ladrón
supervise - supervisar
support - apoyar
supposed - se supone
sure - claro
surface - superficie
surprise - sorpresa
surprised - sorprendido
surrounded - rodeado
swear - jurar

sweat - sudor
swoop - espiral
symbol - símbolo
system - sistema
Tt
table - mesa
tail - cola
take - coger, llevar, llevarse
take-off - despegar
talented - con talento
talk - hablar
talked - habló
tall - alto
tank - tanque
tanning - bronceadora
tape - celo
Taser - Taser
task - tarea
tasty - rica
tattoo - tatuaje
taxi - taxi
teach - enseñar
teacher - maestro
team - equipo
tear - rasgar
teenager - adolescente
telephone - teléfono
teller - cajera
temporarily - temporalmente
temporary - temporal
ten - diez
tension - tensión
tent - tienda
terms - términos
terrace - terraza
terrible - horrible
terrorist - terrorista
text - texto
thank - agradecer; thank you - gracias
thankful - agradecido
that - ese, eso ; que
the - el, la
theatre - teatro
them - a ellos
then - después, entonces
there - allí
therefore - por lo tanto

these - estos
they - ellos
thief - ladrón
thin - delgado
thing - cosa
things - cosas
thinking - pensando
thinks - piensa
third - tercero
thirty - treinta
thirty-five - treinta y cinco
this - esta, este
thoroughly - cuidadosamente
those - aquellos
thought - pensó
thoughtfully - cuidadosamente
thousand - mil
threatened - amenazó
three - tres
through - a través de, por
throughout - por
throws down - tira
thunder - trueno
thursday - jueves
ticked - sonaba
ticket - billete
tie - atar
tied - atado
tightly - fuertemente
tiny - diminuto
tip - propina
tired - cansado
toad - sapo
today - hoy
together - junto con
tolerate - tolerar
tomorrow - mañana
tonight - esta noche
too - demasiado, también
took - cogí
tool - herramienta
top - encima
topple - derribar
tore - rompían
touched - tocó
tourist - turista
toward - hacia

town - ciudad, pueblo
toys - juguetes
trabajo - job
track - vía
traditional - tradicional
traffic light - semáforo
train - tren
transported - transportaba
transporting - transportar
transportista - mover
travel - viajar
traveled - viajó
traveling - viajando
tree - árbol
trial - juicio
tried - intentó
truck - camión
true - cierto
trunk - trompa
trust - confiar
try - intentar
trying - intentando
T-shirt - camiseta
tuesday - martes
turn - giran
turning - girando
twelve - doce
twenty - veinte
twenty-seven - veintisiete
twice - dos veces
two - dos
two-story - dos pisos
Uu
unbelievable - increíble
unbuttoned - desabrochó
under - debajo
understand - entender
understood - comprendió
unemployed - desempleados
unfriendly - poco amistosa
uniform - uniforme
union - unión
university - universidad
unkindly - poco amablemente
unlocked - abrir
untied - desató
until - hasta

up - arriba
urgently - urgentemente
urinate - orinar
urinated - orinó
use - utilizar
uselessness - inutilidad
using - usando
Vv
vacations - vacaciones
vagabond - vagabundo
vain - vano
van - furgón, furgoneta
Van Gogh - Van Gogh
vanilla - vainilla
vast - vasto
vault - cámara
vehicles - vehículos
ventilation - ventilación
vertically - verticalmente
very - muy
vest - chaleco
vibrate - vibrar
victorious - victorioso
video - vídeo
view - vista
village - aldea
violated - violó
visible - visible
visit - visita
voice - voz
Ww
wailing - aullido
waist - cintura
wait - esperar, espere
waiter - camarero
waiting - esperando
walked - caminó
walking - caminando
wall - pared
wallet - billetera
want - quiero
wanted - quería
war - guerra
warm - calor
was - estaba, fue
watch - vigilar
water - agua

waterbed - cama de agua
wave - gesticular, ola
waved - saludaban
we - nosotros
weapon - arma
wear - llevar
wednesday - miércoles
week - semana
weeping - llorando
well - bien
wept - lloró
were going - iba
what - que, qué
wheel - volante
wheelchair - silla de ruedas
when - cuando
where - donde
while - mientras
whispered - susurró
white - blanca
who - quién
why - por qué
wide - ancha
wide-eyed - ojos muy abiertos
wife - mujer
win - ganar
wind - viento
window - ventana
wine - vino
wing - ala
winked - guiñó
winner - ganador
wiped - limpió
wish - desear
with - con

within - en
without - sin
woke - despertó
woman - mujer
women - mujeres
won - gané
wooden - de madera
word - palabra
work - funcionar, trabajo
worked - funcionó
worker - trabajador
world - mundo
worry - preocupado, preocuparse
worse - peor
worth - merecer
would like - gustaría
wound - herida
wounded - herido
wrap - envolver

Yy
yard - patio
yawned - bostezó
years - años
yelled - aulló
yellow - amarilla
yes - sí
yesterday - ayer
you - tú, usted ; you are welcome - de nada
young - joven
your - su
yours - tuyas
yourself - tú mismo

Zz
zoologist - zoólogo

Recommended books

First Spanish Reader for Beginners
Bilingual for Speakers of English
Beginner Elementary (A1 A2)

There are simple and funny Spanish texts for easy reading. The book consists of Elementary and Pre-intermediate courses with parallel Spanish-English texts. The author maintains learners' motivation by funny stories about real life situations such as meeting people, studying, job searches, working etc. Method ALARM (Approved Learning Automatic Remembering Method) utilize natural human ability to remember words used in texts repeatedly and systematically. The author had to compose each sentence using only words explained in previous chapters. The second and the following chapters of the Elementary course have only 30 new words each. Audio tracks and a sample are available inclusive on www.lppbooks.com/Spanish/

First Spanish Reader for Beginners Volume 2
Bilingual for Speakers of English
Elementary (A2)

This book is Volume 2 of First Spanish Reader for Beginners. There are simple and funny Spanish texts for easy reading. The book consists of Elementary course with parallel Spanish-English texts. The author maintains learners' motivation with funny stories about real life situations such as meeting people, studying, job searches, working etc. The ALARM method (Approved Learning Automatic Remembering Method) utilize natural human ability to remember words used in texts repeatedly and systematically. Audio tracks and a sample are available inclusive on www.lppbooks.com/Spanish/

First Spanish Reader for beginners Volume 3
Bilingual for Speakers of English
Elementary (A2)

This book is Volume 3 of First Spanish Reader for Beginners. There are simple and funny Spanish texts for easy reading. The book consists of Elementary course with parallel Spanish-English texts. The author maintains learners' motivation with funny stories about real life situations such as meeting people, studying, job searches, working etc. The ALARM method (Approved Learning Automatic Remembering Method) utilize natural human ability to remember words used in texts repeatedly and systematically. Audio tracks and a sample are available inclusive on www.lppbooks.com/Spanish/

Thomas's Fears and Hopes
Short Stories in Plain Spoken Spanish
Bilingual for speakers of English
Pre-intermediate Level

Thomas returned home to Georgia for his father's funeral. He became informed that he would receive the entire estate as he was the only child. Then a few events happened that scared him. The audio tracks are available inclusive on www.lppbooks.com/Spanish/Thomas_audio/En/

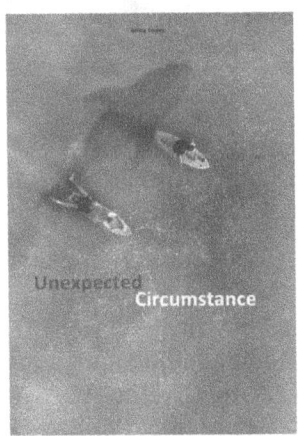

Unexpected Circumstance
Bilingual Spanish Reader for Speakers of English
Intermediate level B2

Forensic science was one of Damien Morin's passions. However, the first real crime that he investigated led him to his own past. The audio tracks are available inclusive on www.lppbooks.com/Spanish/Lopez/En/

Strange Waters
Intermediate Spanish Reader
Parallel Translation for Speakers of English

Being a co-founder of a two-men business has it's pros and cons. However the cold waters of self-employment do not fit everyone. The audio tracks are available inclusive on www.lppbooks.com/Spanish/BusinessSE/En/

www.ingramcontent.com/pod-product-compliance
Lightning Source LLC
Chambersburg PA
CBHW080334170426
43194CB00014B/2566